JN287774

アメリカ経営管理論生成史

今井　斉 著

文眞堂

まえがき

　本書は，19世紀末から1920年代までのアメリカにおける経営管理論の生成過程を歴史的に追究し，今日の経営管理の原型となる近代的管理が，どのような要因や背景によって生み出されてきたかを明らかにしようとしたものである。

　このような研究は，1960年代から80年代にかけてのリッテラー（J. A. Litterer）やチャンドラー（A. D. Chandler, Jr.）やネルソン（D. Nelson）の研究の影響によって隆盛を極めたものであるが，今日もなおこうした経営管理に関する歴史研究はその重要性を失っていない。

　本書で特に著者が強調したかった点は，今日の管理の原型を作り上げたとも言える「体系的管理」（systematic management）の歴史的意義に関するものである。これが登場する19世紀末までは，工場はクラフツマンと呼ばれる職人たちの牙城であり，かれらは仕事と配下の労働者たちを支配していた。労働者たちにとっては，熟練を積んでクラフツマンになり，やがては自ら企業家になることが夢だったのである。しかし，機械化の進展と体系的管理の登場はそのような職場状況を一変させた。つまり，クラフツマンや労働者の作業に関する自由裁量の余地は，しだいに機械と管理システムに奪い取られていったのである。テイラーの科学的管理も作業速度や作業内容を管理システムによって統制しようとした点で，まさにこのような体系的管理を代表するもののひとつといえる。そして，この延長線上にフォード・システムが登場し，現代大量生産システムの基礎が築かれたのである。

　また，こうした動きは工場レベルにとどまらず，次第に企業全体の管理システム化へと進行し，管理階層が形成され，トップ・マネジメントが企業全体を管理していくようになるのである。

本書では，このような流れを念頭に置きながら，アメリカにおける経営管理の理論と歴史を関連づけながら体系的にまとめようと試みている。著者の力量不足の故に残された問題点も数多いが，それらは今後の課題としたい。

　ところで，本書は，著者のこれまでの研究を集大成したものであるが，本書を刊行するにあたっては，多くの方のお世話になった。まず，本書を編むきっかけを作って頂いたのは，わが母校明治大学の高橋俊夫先生であり，この場をお借りして特に感謝の念を捧げたい。また，明治大学時代には，故醍醐作三先生に学部のゼミ生時代から大学院生時代まで9年間の長きに亘ってお世話になり，研究者への道を開いて頂いた。また，院生時代には，故山田坂仁先生，木元進一郎先生から研究上の有益なご指導・ご助言を頂いた。院生時代の先輩である磯和男先生，故平尾武久先生にも研究面でのアドバイスをはじめとして公私ともに大変お世話になった。

　名城大学では明治大学の先輩である小林康助先生に出会い，研究面からプライベートな面までひとかたならぬお世話になった。また，故永井統先生，中根敏晴先生をはじめとして名城大学の諸先生方にも研究面で貴重なアドバイスを頂いた。中部企業経済研究会のメンバーの諸先生方，特に中京大学の西郷幸盛先生と故相馬志都夫先生には，経営管理に関する歴史研究の先達として資料や研究上の貴重なアドバイスを頂いた。さらに，伊藤健市・関口定一・百田義治・故平尾武久・森川章先生を代表者とするアメリカ労務管理史研究会の諸先生方からも多くの貴重な示唆や助言を頂いた。

　末筆ながら，本書出版に当たっては，文眞堂の前野弘・隆ご兄弟に大変お世話になった。ここに記して，感謝の意を表したい。
　最後に，本書を今は亡き両親の墓前に捧げたい。

　2004年3月吉日

今　井　斉

目　次

まえがき

序章　アメリカ経営管理論生成に関する諸問題 …………… 1
　　Ⅰ　管理問題認識の基盤……………………………………………… 3
　　Ⅱ　能率増進運動の評価……………………………………………… 8
　　Ⅲ　組織的怠業問題………………………………………………… 13
　　Ⅳ　テイラー・システムの本質とその歴史的意義……………… 19
　　Ⅴ　管理論史研究の方向…………………………………………… 23

第1章　「職長帝国」の管理体制 ……………………………… 27
　　Ⅰ　工場管理機構としての内部請負制度………………………… 29
　　Ⅱ　内部請負制度の普及…………………………………………… 36
　　Ⅲ　内部請負制度の普及要因……………………………………… 58
　　Ⅳ　内部請負制度の消滅…………………………………………… 63

第2章　体系的管理の台頭 ……………………………………… 74
　　Ⅰ　管理システムの形成…………………………………………… 76
　　Ⅱ　体系的管理と科学的管理……………………………………… 94
　　Ⅲ　体系的管理の本質……………………………………………… 99

第3章　チャーチの管理論 ……………………………………… 101
　　Ⅰ　問題視角………………………………………………………… 102
　　Ⅱ　管理職能論……………………………………………………… 108

Ⅲ　管理原則論……………………………………………………116
　　　Ⅳ　管理原則の管理職能への適用………………………………131
　　　Ⅴ　チャーチの管理論の意味……………………………………140

第4章　経営管理の分化と統合………………………………………144
　　　Ⅰ　産業合理化運動の展開………………………………………151
　　　Ⅱ　人事管理の生成と発展………………………………………174
　　　Ⅲ　マーケティングの進展………………………………………194
　　　Ⅳ　垂直的職能分化の統合………………………………………200

結章………………………………………………………………………202

補章　現代経営管理論概説……………………………………………211
　　　Ⅰ　ホーソン実験と人間関係論…………………………………211
　　　Ⅱ　バーナードの管理論…………………………………………215
　　　Ⅲ　サイモンの意思決定論………………………………………220
　　　Ⅳ　リーダーシップ論……………………………………………222
　　　Ⅴ　モチベーション論……………………………………………224
　　　Ⅵ　コンティンジェンシー理論…………………………………227

参考文献
事項索引
人名索引

序章
アメリカ経営管理論生成に関する諸問題

　今から38年前の日本経営学会第39回大会において，土屋守章氏は，アメリカ経営管理論の生成に関する通説に対して重大な疑問を投げかけられた。[1] その「特殊な新見解」（向井武文氏）の意図したところは，究極的には，テイラー（F. W. Taylor）をアメリカ経営管理論の始祖としての地位から引きずりおろすことであった。こうした結論のインパクトもさることながら，文献史的研究に終始し，「研究者みずからがその時代背景の研究に分け入っていくという実証的態度」[2] を欠いていた従来の研究方法に対する土屋氏の批判は，その後の管理論の研究方向に大きな示唆を与えたという意味において，より重要な意義を持つものであった。[3] かくして，土屋氏の投じた通説批判の一石は，その後のアメリカ経営管理論生成にかかわる全面的・実証的研究に大きな波紋を投げかけた。[4]

　しかし，土屋報告が現われた昭和40年当時には，その提起された問題の大きさに反して，十分な論議は行なわれなかったようである。[5] その理由は不明だが，土屋氏の提起した視点や問題が，19世紀末のアメリカにおける管理論生成にかかわる問題を取り扱う場合に無視できない重要性を持っていることは明らかである。それゆえ，本章においては，当時唯一人真正面から土屋批判を行なった向井武文氏との論争[6] を取り上げ，両氏の主張を問題点別に整理し，争点を明確化し，これらを手がかりとしてアメリカ経営管理論の生成に関する問題点を剔出し，再検討することにしたい。

　なお，論争に直接関係のある文献は，以下の通りである。

2　　序章　アメリカ経営管理論生成に関する諸問題

① 土屋守章「米国経営管理論史上における F.W.テイラーの地位の再検討」(日本経営学会第 39 回大会報告, 1965 年 10 月)。

② 向井武文「生産管理と経営学――経営学会大会の討論を中心として――」(『ビジネス・レビュー』, 第 13 巻 4 号, 1966 年 3 月)。

③ 土屋守章「米国経営管理論の生成, (1), (2), (3)」(『経済学論集』東京大学, 第 31 巻 4 号, 1966 年 1 月, 第 32 巻 1 号, 1966 年 4 月, 第 33 巻 1 号, 1967 年 4 月)。

④ 土屋守章「経営管理史と F.W.テイラー――向井武文氏の批判にこたえて――」(『ビジネス・レビュー』, 第 14 巻 1 号, 1966 年 6 月)。

⑤ 向井武文「アメリカにおける管理論の生成とテイラー――土屋守章氏の批判にこたえて――」(『ビジネス・レビュー』, 第 15 巻 2 号, 1967 年 9 月)。

注
1) 土屋守章「米国経営管理論史上における F.W.テイラーの地位の再検討」日本経営学会第 39 回大会報告, 1965 年 10 月。
2) 土屋守章「経営管理史と F.W.テイラー――向井武文氏の批判にこたえて――」『ビジネス・レビュー』第 14 巻 1 号, 1966 年 6 月, 50 頁。
3) 同様の批判は, 経済学者からも行なわれた。すなわち, 「19 世紀末以降のアメリカ経営管理論の学説史研究は, 各時代の管理論を生んだ社会的背景や企業経営の実践的課題を理論内容と併せて明らかにするという点で, 従来まことにかぎられた成果しか生んでいない」と。(森昃「大量生産体制の歴史的性格」『経済学研究』北海道大学, 第 29 巻第 4 号, 1979 年, 49 頁)。
4) 土屋氏の見解を取り上げた論稿として, たとえば次のようなものがある。寿永欣三郎「アメリカ経営学生成史論(1), (2), (3)」『国学院経済学』第 23 巻第 3・4 号, 1975 年, 第 24 巻第 2 号, 1976 年, 第 25 巻第 2 号, 1977 年, 稲村毅「アメリカ経営学理論の生成」『経営研究』大阪市立大学, 第 28 巻第 4 号, 1977 年, 塩見治人『現代大量生産体制論』森山書店, 1978 年, 森昃, 前掲論文, 泉卓二『アメリカ労務管理史論』ミネルヴァ書房, 1978 年, 平尾武久「管理問題の歴史的性格――アメリカ労務管理形成史の方法に関連して――」札幌大学『経済と経営』第 11 巻第 1・2 号, 1980 年。
5) 「経営学研究において一般に理解されているテイラーの地位からすれば, 土屋教授によって提起された問題はもっと多くの論議をよび起こし, それに触発された多くの研究を輩出させるものと期待されたが, そのような論議も研究も現われなかった」(佐々木恒男「チャーチ研究――土屋守章教授の所論にかかわらしめて――」『武蔵大学論集』第 24 巻第 3・4・5 号, 1976 年, 127 頁)。また, 稲村毅氏も「生成期のアメリカ経営管理論の代表について再考を促す見解が提起されて, 若干の波紋を呼んだことがあるが, 必ずしも一般の深い関心を惹起するには至らなかった」と述べている。(稲村毅, 前掲論文, 37 頁。)
6) 佐々木恒男氏は, この論争について, 「両者の主張は論点が噛み合わず, 決着のつかないまま

論争は打ち切られてしまった」と述べている。(前掲論文, 127頁。)

I 管理問題認識の基盤

土屋氏によれば, 19世紀末葉のアメリカにおいて管理問題が認識された基盤は,「中西部 (イリノイ, インディアナ, オハイオ諸州——引用者)において, 積極的な販売政策を通じ, またあるいはプール・トラストの形成を通じて, 新しく興隆しつつあった消費財産業, 鉄鋼業などの巨大企業ではなく, むしろこうした新興企業に機械設備, 材料部品などを供給する立場にあった東部 (ニュー・イングランド, 中部大西洋岸諸州〔ニューヨーク, ペンシルヴァニア, ニュー・ジャージー諸州〕——引用者) の機械工業, 金属加工業などの」機械工場 (machine shop) であるという (①, 68頁, ④, 51頁)。[1] 消費財産業のうちで, 製造企業が従来中間商人に依存していた製品の販売に直接乗り出し, 垂直的統合を契機として巨大化した業種は, 主として都市市場を対象とした加工冷凍食肉, 紙巻タバコ, 高級小麦粉, バナナ, 刈取機, ミシン, タイプライターなどの製造業であり, プールやトラストの形成, つまり水平的結合を通じて巨大化したのは, 砂糖, 塩, 皮革, ウィスキー, ぶどう糖, でん粉, ビスケット, 灯油, 肥料, ゴムなどの製造業であるが,[2] こうした消費財産業に属する巨大企業においては,「作業現場の管理の合理化」に主たる関心が向けられなかったという。その理由は, こうした巨大企業においては, 積極的な販売政策や独占体の形成による市場支配を通じて独占的利益を獲得できたからであり, 経営者の関心は, むしろ販売活動と生産活動の調整を行なう管理機構の形成や独占体の市場支配力の強化に向けられていたからである (③, (1), 50-51頁)。中西部鉄鋼業についても, 消費財産業の巨大企業と同じ理由から,「作業現場の管理の合理化を, 企業にとって存亡にかかわる重大な課題とした企業ではなかった」(③, (1), 52頁) として除外している。[3]

こうして管理問題認識の基盤は, 東部の機械工業, 金属加工業に求められ

ることになるが，その理由は，当時論議された領域が，「製造活動における作業現場の管理の問題にかぎられて」おり，「経営管理の諸問題のうちとくに作業現場における生産能率の向上が，企業全体の存亡もしくは営利に，最も大きな影響をもっていた」のが，東部の機械工業，金属加工業に属する企業だったからである（③，(1)，49頁）。なぜなら，これらの企業においては，「1870年代の不況以降の販売価格低落に直面して」，作業現場における能率向上（＝原価切下げ）が死活問題化したからである。その結果，作業工程の細分化と「熟練の移転」が急速に進行し，「作業の客観化」が促進され，「細分化された個々の作業を統一のとれた全体に『調整』する」という新しい管理問題がひき起こされた（①，69頁）。

約言すれば，土屋氏は，製品の専門化，作業の細分化の推進による作業の全体的調整の要請という技術的・客体的条件と，[4] 1870年代の不況を契機とした内部請負制度の消滅と原価削減の必要にもとづく作業現場への経営者の直接的関心という主体的条件から，19世紀末の管理問題認識の基盤を東部機械工業に求めるのである。そして，この基盤はさらに機械工場に限定されている。つまり，「管理の合理化は東部機械工業，しかもそこにおいて，作業の客観化という条件が貫徹させられていた機械工場 Machine Shop においてのみ問題となった」のであり，作業の客観化が進まなかった鋳造工場においては，「管理の合理化が殆んど問題とされなかった」のである（③，(2)，77-78頁）。このように土屋氏の場合，「作業の客観化」が「管理の科学」化の「基本的前提」に据えられており，すべてはここから出発する。したがって，土屋氏がこうした基盤を設定した背景には，当時タウン（H.R.Towne）やメトカルフ（H. Metcalf）らによって志向された「管理の科学（Science of Management）」を，客観化された個々の作業を全体として調整するという意味内容において把握し，リッテラー（J. A. Litterer）のいう「体系的管理（Systematic Management）」[5] を当時の管理運動の主流と捉える視点が前提されているのである。

さて，以上のような土屋氏の管理問題認識の基盤に関する理解に対して，

向井氏は，土屋氏が基礎にしたリッテラーの研究では，専門化や細分化は金属加工業一般の動向として論じられているにもかかわらず，これを東部という特殊な地方の特殊な機械工場にのみ認められる特有な問題として引用し，重要な論拠に据えるのは，不適当であると批判する。さらに，向井氏は，「管理論生成の基盤をこのように特殊な地方の特殊な工場に求める時は，『体系的管理運動』が非常に狭い孤立的な運動ではなくて全国的意義をもつ広範な運動として展開され，アメリカにおける管理の科学生成の母胎となったと主張しうるためには，この特殊な地方の特殊な工場に特有であった諸要因（製品の専門化，作業工程の細分化，作業の客観化——引用者）がどのような理由で米国の他のすべての企業に一般化して行ったかを具体的に論証するという困難な課題に答えなければならないことになるであろう」と述べて，専門化や細分化といった特有な要因と結びつけて「体系的管理運動」の一般化を説くことの困難性を指摘し，むしろ管理論生成の基盤を「工業企業の規模の非常な拡大」という一般的要因に求める（⑤，56頁）。

　しかし，こうした向井氏による批判にはいくつかの誤解がある。まず，リッテラーの論文は，アメリカとヨーロッパの工場の比較研究という視点から出発しており，土屋氏のように中西部と東部の産業社会の異質性に着眼し，[6] 両者の企業者活動の差異から管理問題認識の基盤を探究する[7]（③，(2)，73頁）といった視点を持っていない。したがって，この点に関するかぎり，リッテラーは土屋説の基礎ではないのである。製品の専門化の進行も，リッテラーの場合には，上述の観点から取り上げられているのであり，かれが直接挙げている製品名は，ポンプ，機関車，工作機械などであるが，高度な製品の専門化は多数の製品領域に見られるとしているのであって，東部への限定は行なわれていない。[8] そこで，土屋氏は，南北戦争後の製品専門化傾向を「米国企業一般に」認められる特色と認めた上で，これが「とくに東部機械工業に顕著」であったと説くのである。その理由は，東部機械工業においては，互換制部品制度や単能工作機械などによって専門化の技術的条件がすでに存在しており，そこへ南北戦争後の大量需要という市場的条件

が与えられて，「専門化の傾向に拍車をかけられた」からである（③，(2)，73-74頁）。このように，リッテラーと土屋説との矛盾は見られないのであり，その意味において向井氏の批判は当を得ていないと言えよう。

　向井氏は，「工業企業の規模の非常な拡大」という一般的要因に管理論生成の基盤を求める。そして，この企業規模の拡大によって，(1)単能機械の導入という機械設備への投資の急増がもたらされ，その能率的利用のために作業の計画と統制および人員や資材の手配の組織化についての管理技術の開発・利用が要求されることとなった，また(2)従業員数の増加と特殊化された熟練の発展は，「内部的な混乱および無秩序の状態」を作り出し，特殊化されたこれらの諸努力を調整し，諸活動を全体的に統合する根本的必要が痛感されるようになった，さらに(3)管理業務の量的・質的増大に伴う管理者の階級組織の創造，とりわけ管理合理化運動の担い手たる技師の登用が行なわれた，とする。以上のような企業の大規模化に伴う諸要因に加えて，(4)出来高給制度の下での賃率切下げによって惹起された組織的怠業問題，(5)東南ヨーロッパからの雑多な不熟練移民の能率的利用の問題，(6)8時間労働制を要求する労働組合運動の展開，といった「特殊な要因」が相俟って「生産の組織的合理化の確立」を要請するに至ったというのが，氏の主張である（⑤，56-57頁）。だが，この企業規模の拡大という要因は，リッテラーが「体系的管理」の重要な要因として論じたものであり，[9] 土屋氏も作業工程細分化の一要因として南北戦争後の製造業一般におけるこの規模拡大を追認しているのである（③，(2)，74-75頁）。

　管理問題をこのようにリッテラーに依拠して論ずるかぎりにおいては，両氏の見解の間に大差はない。両氏の差異はむしろアプローチ上の問題である。つまり，土屋氏が管理論の生み出された背景をいわば生成史的観点から探究し，その基盤を東部機械工業に求めるのに対して，向井氏はむしろ「体系的管理」の一般性に比重を置いて捉えようとしているのである。リッテラーの場合は，「体系的管理」を官僚制と結びつけ，その生成条件と特性の類似性に着目し，「体系的管理」を「管理職能の官僚制化 Bureaucratization of the Managerial Function の端緒」と捉え，現代への連続性を強調する。たとえば，当時発生した企業規模の増大と労働の専門化の進展という同じ理由から，現代企業の配給活動とか航空産業においても当時と同様な「調整の崩壊」現象が起こりうるのであり，その場合，体系的管理を「一般的解決戦略」として利用可能であると主張する。つまり，リッテラーにあっては，「体系的管理は，一定の規模と労働の専門化の条件下にあるどのような組織においても起こりうる管理様式」として捉えられているのである。[10]しかし，体系的管理が生成してくる領域が特殊であることは，リッテラー自身認めているところであり，[11] その生成の領域に重点を置くか（土屋氏はリッテラーよりもさらにその領域を限定しているが），体系的管理の一般性に注目するかによって土屋，向井両氏の見解の差異が生じてくるのである。

しかし，向井氏の挙げる3つの特殊な要因については，土屋氏は無視ないしその重要性を否定する。この相違は，最終的にはテイラーの評価にかかわる重要な問題であるが，向井氏の場合，この3要因を付加することによって体系的管理と能率増進運動を結びつけ，「生産の組織的合理化」について歴史上初めて確立された管理の原型としてテイラー・システムを評価するのである。逆に，土屋氏の場合は，これらの要因を否定的に評価することによって，テイラーを管理論史上の主役の地位から引きずりおろし，かわりにチャーチ（A. H. Church）をその地位につける。より詳細な検討は次節以下で行なうが，その前にここで指摘しておかなければならないのは，向井氏が列挙している諸要因と「生産の組織的合理化」要請の相互連関性の説明が不十分な点である。たとえば，組織的怠業や労働運動と組織的合理化との関連が具体的に論究されていないために，これらの諸要因を単に列挙したという印象を否めない。このあたりが論争を実りあるものにしなかった所以かもしれない。

注
1）　中川敬一郎氏も，「本格的な作業管理，とくにその高度な現れである『科学的管理』が登場するのは，その発達した東部の機械工業＝金属加工業の技術的過程においてに他ならない」，と述べている。（中川敬一郎「米国における大量生産体制の発展と科学的管理運動の歴史的背景」

『ビジネス・レビュー』第 11 巻 3 号, 1964 年, 18 頁。)
2) 土屋守章「管理機構の編成原理——米国巨大企業におけるその歴史的展開を媒介として——」『商学論集』福島大学, 第 33 巻第 1 号, 1964 年。Alfred D. Chandler Jr., "The Beginnings of "Big Business" in American Industry", *Business History Review*, Vol.XXXIII, No.1, 1959, p.6.
3) しかし, チャンドラーは,「近代的工場管理は, 金属製造業と金属加工業において初めて全面的に達成された」と主張し, 鉄鋼業における専制的な職長に対する強力な管理統制権の確立の必要から鉄道で開発された管理手法や統制手段が導入されたと述べている。(A. D. Chandler, Jr., *The Visible Hand*, Belknap Press, 1977, pp.258-269, 鳥羽欽一郎・小林袈裟治訳『経営者の時代 (上)』東洋経済新報社, 1979 年, 452-466 頁。)
4) この点については, チャンドラーも同様の指摘を行なっている。すなわち, 近代的工場管理は,「金属加工業においては, いくつかの生産工程が細分化された専門化した部門で遂行されていたプラント内で, 原材料の流れを調整し統制しようという挑戦の結果として生じた」。(Chandler, *Ibid.*, p.258, 邦訳, 452 頁)。
5) Joseph A. Litterer, "Systematic Management : The Search for Order and Integration", *Business History Review*, Vol.XXXV, No.4, 1961.
6) 森杲氏も,「ニュー・イングランドの産業資本と中部のそれとは, 資本, 市場, ビジネス・リーダー, 産業構造などに, ひとつの切断があるとみるべきである」, と主張している。(森杲「比較経済史学におけるアメリカ資本主義」『経済学研究』北海道大学, 第 22 巻第 4 号, 1973 年, 82 頁。)
7) 中川敬一郎「米国における巨大企業の成立とマス・マーケティングの発達」『経済学論集』東京大学, 第 31 巻第 3 号, 1965 年, 16 頁, 参照。
8) J. A. Litterer, *op.cit.*, p.467. cf. J. A. Litterer, "Systematic Management : Design for Organizational Recoupling in American Manufacturing Firms", *Business History Review*, Vol.XXXVII, No.4, 1963, p.371, note 10.
9) リッテラーは, 企業規模の増大が管理階層を生み出し,「垂直的調整」の問題をひき起こすと述べ, 一方での専門化の進展に帰因する「水平的調整」の必要性の問題とが相俟って「体系的管理」が生成してくると論じている (cf. *Ibid.*)。
10) J. A. Litterer, "Systematic Management : Design for Organizational Recoupling in American Manufacturing Firms", pp.389-391.
11) リッテラーは,「本稿においては主として製造の領域における体系的管理の生成を検討してきた。その領域や技法は特殊であったが, ……。体系的管理は特殊な背景において説明される一般的現象……。」と述べている (*Ibid.*, p.391)。

II　能率増進運動の評価

　従来, テイラーの科学的管理に至る経緯は, タウン, ハルシー (F.A. Halsey) を中心とする刺激的賃金制度の改善をめぐって展開された能率増進運動から説かれるのが一般的であったが, 土屋氏は, このような理解は「実

証的研究の努力なしに推定したものにすぎない」と批判し，テイラーが管理システム合理化の手がかりを労使双方に満足を与える賃金制度の確立に求めたので，テイラー以前の賃金制度からテイラーに至るまでの発展を説明するために能率増進運動という概念が仮定されたと説く。つまり，テイラーの科学的管理法出現の背景を実証的に跡づけて能率増進運動を析出したのではなく，逆にテイラーの問題意識から遡及して賃金問題を中心とする能率増進運動を仮定した，と批判するのである。氏によれば，当時関心を集めた問題は，賃金支払制度のみではなく，より広範に及んでいた（④，51頁）。それらは，たとえば「作業現場の組織，賃金制度，内部報告制度，原価計算制度など」であり，「作業現場の管理の問題全般に関係していた」という（③，(1)，43頁）。

　こうした通説に対する真っ向うからの批判に対して，向井氏は，タウンの論文が発表された1886年からテイラーの「工場管理（Shop Management）」が発表された1903年までの間は，論理の問題ではなく事実の問題として，管理者たちの関心が主に賃金問題に向けられていたことを立証しようとする。その立証材料は，たとえばASME（アメリカ機械技師協会の略称）の科学的管理問題調査のための特別委員会の報告書（The Present State of the Art of Industrial Management—Majority Report of Sub-Committee on Administration of the American Society of Mechanical Engineers, 1912）である。この報告書によれば，1886～1908年の間にASMEの会報に発表されたIndusrial Managementを取り扱った16篇の論文中，半分の8篇が賃金支払方法を取り扱っており，しかもそのうち7篇は1887～1903年の間に発表されている。[1] したがって，ASMEに関するかぎり，1880年代後半から1890年代にかけては賃金支払問題が主要な関心事であったと言わざるをえない。向井氏が引用しておられるごとく，トンプソン（S.E.Thompson）はこの報告書の発表後の討論で，報告書の附録として掲載されている論文リスト[2]から，1903年を境として賃金問題から工場全体の管理問題へ移行したと述べ，それは「理論の発展ではなく，工場管理における絶対的要請を表現している」[3]と主張している。

こうした論拠から、向井氏は、「この時期に賃金支払制度の改革案がこの協会の中心的な議論であったという事実は否定し難い」と主張する（⑤，58頁）。確かにこうした事実は否定しがたいように思われるが、逆にそうであるならば、19世紀末に「工業企業の規模の非常な拡大」という一般的要因から要請されてくる「生産の組織的合理化の確立」という方向とそれはどのように接合されるのであろうか。向井氏はこの点について、次のように説明しようとされる。つまり、管理合理化を要請するような問題は存在していたのであるが、「管理機能自体ですら必ずしも明瞭に把握されていない段階において組織的合理化について新しい方法を具体的に確立することは至難のことに属し」、問題の正しい認識も正しい解決の方向の明示にも至らなかった、と主張されるのである（⑤，58頁）。それでは、何故当時の議論が賃金支払制度の改革に集中したのか、氏はこれについて次の4つの要因を挙げている。第1の要因は「高賃金・低原価論争」の存在である。ただ、この部分はリッテラーの論文から引用されており、若干の検討を要する。というのは、リッテラーの主張するところによれば、高賃金をめぐる論議が頻繁に行なわれたために、賃金支払問題が当時の中心問題化したと説くのではなく、高賃金から低原価を実現する鍵は管理（management）にあるというのである。[4] すなわち、アメリカの製造業はヨーロッパ市場での価格競争において、相対的に高い賃金と大西洋横断費用の負担というコスト面での不利を克服するために企業効率を向上させ（専門化の促進）、より安価な製品作りに努力した。しかし、専門化の促進は逆に企業の内部不効率を惹起し、これへの対応として体系的管理が展開される、というのがリッテラーの論旨であって、向井氏のように能率増進運動の一要因に含めることは無理があるように思われる。[5] また、後の3つの要因はすべて管理者側の関心の方向、つまり主体的側面の要因として提示されており、こうした問題認識を管理者がなぜ持つに至ったかを説明する客体的要因ではない。たとえば、日給制度と出来高給制度はいずれも欠陥があり、「新しい能率奨励的な賃金制度を確立する必要が痛感されていた」とか、「当時の現場管理者は、作業方法および標準作業

時間について科学的知識を持ち合わせていなかったので生産の増大については労働者の創意に専ら依頼し，労働者の創意を獲得するために賃金制度を最高度に利用しようとする傾向があった」，さらに「労働組合運動は漸次進展する様相を示し，管理者はしだいにこの方向に強い関心を払うようになったのであるが，当時賃金問題の解決は労働問題と生産問題とを一元的に解決する一石二鳥の課題として意識されていた」といった表現に見られるように（⑤，58頁）。こうした要因はむしろ結果から，つまり管理者側の問題認識から逆に類推したものであり，当時の客観的問題状況の実証的分析から帰納的に導き出されたものではない。したがって，これらの要因は当時の管理者たちがなぜ賃金支払方法の改革に主要な関心を抱いたかを説明しうる要因として不十分と言わざるをえない。

　以上見てきたように，向井氏は一貫して管理者側からの主観的認識の眼を通じて管理運動を把握しようとしており，そのためにかえって能率増進運動と「生産の組織的合理化」の実質的接合に非常に苦労し，最後には，「能率増進運動は，その初期の段階においては実質的には賃金支払制度を改革する運動のような外観を呈した」（⑤，58頁）と非常に苦しい表現を行なっている。しかし，このような説明によって，能率増進運動の内実を「生産の組織的合理化」と捉えることを合理化とすることは無理である。私見によれば，むしろ能率増進運動を実質的には賃金支払制度改革運動と捉え，組織的合理化の問題とは一応区別した方が論理的整合性が得られるように思われる。リッテラーの論理展開と能率増進運動を結びつけることは，元来無理なのである。

　それでは，土屋氏の能率増進運動を単なる仮定とする見解が正しいのであろうか。しかし，それではASMEの賃金支払制度の改革をめぐる論議はどのように位置づけられているのか，という問題が生じてくる。ここで土屋氏の見解を振り返ってみると，氏はASMEにおける賃金制度に関する論議の存在を否定しているのではなく，賃金問題のみが19世紀末アメリカの管理問題であったかのごとくに主張することを批判しているのである。氏は次の

ように述べている。すなわち，「1880年代に認識されていた管理の問題は，従来いわれていたように単に賃金支払制度のみではなく，他に作業現場の組織，在庫管理，生産管理のための諸手段，内部報告制度，原価計算制度なども包含した作業現場の管理の問題全般に関連していた」(③, (3), 57頁)。したがって，氏は賃金問題を従来の中心的管理問題の位置から，単なる作業現場管理の一部分へその位置を格下げしたことになる。しかし，このような理解が妥当かどうかは，なお問題を残している。

土屋氏は，こうした作業現場の管理全般の問題を意識して主張したのが，タウンやメトカルフのいう「管理の科学」であると理解し，いわばこの「管理の科学」の形成過程を管理論史の本流と捉え，リッテラーのいう体系的管理こそ19世紀末アメリカの現実の管理問題に対応した管理論形成の動きであると主張するものである。それゆえ，能率増進運動とか成行管理と呼ばれるものに含められるものは，すべて賃金制度に関する論議のみであり，「このような扱い方は，テイラーの業績を説明するには便利であっても，『管理の科学』形成の説明とはなっていない」(③, (1), 43頁，注58頁)，ということになるのである。したがって，テイラーの地位はこの体系的管理の展開との関連で再び問い直されることになる。

注

1) C. B. Thompson ed., *Scientific Management*, Harvard Univ. Press, 1922, pp.162-163.

2) Following is a complete list of papers published in the *Transactions of the American Society of Mechanical Engineers* dealing with industrial management :——

No.			
207	The Engineer as an Economist	Henry R. Towne	1886
256	A Problem in Profit Sharing	Wm. Kent	1887
341	Gain Sharing	Henry R. Towne	1889
449	The Premium Plan of Paying for Labor	F. A. Halsey	1891
596	The Relation of the Drawing Office to the Shop in Manufacturing	A. W. Robinson	1894
647	A Piece Rate System	Fred. W. Taylor	1895
928	A Bonus System for Rewarding Labor	H. L. Gantt	1902
965	Gift Propositions for Paying Workmen	Frank Richards	1903
1001	The Machine Shop Prolbem	Charles Day	1903

1002	A Graphical Daily Balance in Manufacture ·················H. L. Gantt ······1903
1003	Shop Management ···Fred. W. Taylor ······1903
1010	Slide Rules for the Machine Shop as a Part
	of the Taylor System of Management ·····················Carl G. Barth ······1904
1011	Modifying Systems of Management ·····························H. L. Gantt ······1904
1012	Is Anything the Matter with Piece Work ················Frank Richards ······1904
1115	A History of the Introduction of a System
	of Shop Management ···James M. Dodge ······1906
1221	Training Workmen in Habits of Industry
	and Cöperation ··H. L. Gantt ······1908

(出所) *Ibid.*, p.173.

3) *Ibid.*, pp.201-202.
4) J. A. Litterer, "Systematic Management : The Search for Order and Integration", pp.462-464.
5) J. A. Litterer, "Systematic Management : Design for Organizational Recoupling in American Manufacturing Firms", pp.369-372.

III 組織的怠業問題

　この論争における白眉とも言える部分が，この組織的怠業をめぐる論議であり，この問題の捉え方によってテイラーの管理論史上における地位の評価が確定するだけに，両氏とも白熱的な議論を展開している。したがって，ここでは論争の経過にやや詳しく立入りながら，論点を整理してみたい。

　従来，組織的怠業は当時のアメリカ産業界の中心問題であったという理解が一般的であり，これが能率増進運動をひき起こし，またテイラーの科学的管理を生み出す重大な要因として説かれるのが一般的であった。[1]

　こうした通説的理解に対して土屋氏は，「わが国のテイラー研究者はこのテイラーの指摘になる『組織的怠業』をこそ，当時の管理の問題の中心であり，『管理の科学』を志向させた19世紀末葉に固有の歴史的問題であったと理解している」（④，52頁）と総括し，この点に批判を集中する。要するに，氏はこのような理解を真っ向から否定する。つまり，「当時の管理者が，現実に『組織的怠業』を問題としていたかいなか疑問であり」，「『怠業』そのものは常に相対的にのみ認識できる問題であり，19世紀末葉に特有な歴

史問題ということはできない」(①, 69頁) と主張する。こうした批判は，19世紀末の管理運動の主流を体系的管理運動に求め，当時の管理問題を作業現場の計画，組織，調整などの問題と理解する土屋氏の見解から当然派生してくるのであり，むしろ氏の見解からすればなされてしかるべき批判であろう。

しかし，こうした組織的怠業への疑問に対して，向井氏は土屋氏の挙げる論拠 (1911年3月にアメリカン・マシニスト誌に掲載された社説で，そこではテイラーの「科学的管理の原理 (The Principles of Scientific Management)」とフィッチ (J. A. Fitch) の「40才で老人 (Old Age at Forty)」という論文が対比的に扱われ，テイラーの主張した労働者の「故意の怠惰 the deliberate slothfulness」という認識が痛烈に皮肉られている。[2]) を「源泉資料と程遠い一片の記事」(②, 65頁) と批判して，通説批判の資料としては不適切であると主張する。つまり，それは組織的怠業について直接的に調査を行なったわけでもなく，テイラーとフィッチの論文の感想文程度の「信頼度の低い3等史料」であり，通説否定の根拠に乏しいというのである (⑤, 60頁)。そして，怠業は19世紀中葉頃から賃率切下げに対する労働者の自己防衛行為として欧米に広範に流布していたという通説支持の論拠として，以下の文献を列挙する。

(1) C. B. Thompson, ed., *Scientific Management*, 1922, p.672.

(2) H. B. Drury, *Scientific Management, a History and Criticism*, 1922, pp.53-55.

(3) G. Friedman, *Industrial Society*, 1955, pp.280-284.

土屋氏は，向井氏の挙げたこれらの文献を逐一検討し，組織的怠業を当時の中心問題であり，19世紀末葉に固有の歴史的問題があったとする通説的理解に反論する。

まず第1のトンプソンの文献であるが，これは，テイラーが1895年にASME大会で「一つの出来高給制度 (A Piece Rate System)」を報告した後の討論部分である。向井氏の指示された672頁は，以前鋳物工組合の代

表であったジョン・A・ペントンの発言部分である。かれは，出来高給制度のもとで賃率切下げによって生じる怠業に関するテイラーの論述に共感し，出来高給制度の取り扱いに苦労したという意味の発言を行なっている。しかし，土屋氏は，「これは組織的怠業の解決が当時の深刻な課題であったという論拠として，あまりにも弱い」（④，52頁）と批判する。確かに，ペントンの発言はテイラー礼讃に終始しており，感情的で抽象的な性格を持っており，論拠として弱い。

次にドルーリーの文献であるが，かれは確かに出来高給制度が賃率切下げをひき起こし，その結果労働組合が組合員の所得を制限し，組織的怠業が行なわれることを指摘している。[3] しかし土屋氏は，このように労働組合が組織的怠業を指示したというような言い方は，この文献だけであり，ドルーリーがテイラーの立場からの科学的管理法の紹介者であるということから，「このことはそのまま信じがたい」と述べている（④，52頁）。

向井氏が3番目に挙げたフリードマンの文献については，土屋氏はむしろこれを自己の見解の論拠に逆利用している。つまり，土屋氏はここで取り上げられているマシューソン（S. B. Mathewson）の非組合労働者による生産制限の研究に着目し，マシューソンがいかに科学的に決定された賃金であっても，労働者は職場内の社会的関係や仲間意識によって組織的怠業をやめないと述べ，テイラーの死後15年たっても科学的管理法によって労使の信頼関係は実現できなかったと結論づけているところから，組織的怠業が普遍的・超歴史的に存在するという自己の主張の裏づけにしているのである（④，52-53頁）。

このフリードマンの著書の280－284頁は，「生産制限（Restriction of Output）」の問題を扱った部分であり，フリードマンはそれを「一種の潜在的総労働力能の抑制」と捉え，これは「合理化された大規模企業の観察者によって，多様な形態で数多くの事例が示されている」と述べている。そこでまず第1に挙げられているのが，テイラーと組合による組織的怠業との戦いである。フリードマンは，資本主義的合理化を様々な刺激を用いて労働者の

諸力能を最大限発揮させるよう強制する方法の集合と見なす。したがって，労働者による生産制限は，資本主義的合理化が促進される場合には，国や時期を問わず発生してくるのであり，その第2の例として，マックス・ウェーバー（Max Weber）による第1次大戦前の産業労働の研究が指示される。ウェーバーは，合理化運動の中で「怠業 slow down」＝意識的生産制限が存在することを強調し，しかもそれが賃金合理化とストの実効力の減退から20世紀初頭以来増大していると述べている。こうした文脈において，問題のマシューソンの研究が登場してくるのである。その背景は，合理化の進展と出来高給制度の複雑化による意識的生産制限のよりいっそうの進展と複雑化であり，労働者の全力能を発揮させるための刺激方法としての「科学的管理」の登場である。マシューソンは，一労働者としてアメリカにおける非組合労働者間の生産制限の研究を行ない，3人1組のボーナス制度のもとでかれの仲間が賃率引下げを回避するために生産制限を行なっていたことを明らかにしている。また，増大したコンベアー・ベルトの速度を低下させようとして労働者がブリキの破片を機械に投げ入れて妨害する事例も示されている。こうして，マシューソンは，アメリカの労働者間の「怠業」の重要性を指摘し，「科学的管理は労使間に信頼関係をつくり出すことに成功しなかった」と結論づけている。[4]

以上，フリードマンの文献の当該箇所を検討した限りでは，土屋氏の主張されるごとく，怠業問題がアメリカのみに限られないという意味の普遍性，ある一時期のみに限定されないという意味の超歴史性（ただし，資本主義の枠内で）が強調されているといえる。その意味で，組織的怠業が19世紀末葉に固有の問題であったという結論は確かに出てこない。しかし，だからといって19世紀末に怠業が問題にならなかったわけではない。ネルソン（D. Nelson）によれば，出来高給制度のもとでの賃率切下げによって労働者への刺激が消え，「労働者は現行賃率を得るのに必要な生産をおこなうだけ」となり，こうした情況は雇用者によって深刻に受け止められ，ボールドウィン機関車会社，ブラウン・シャープ会社，ウィリアム・セラーズ会社などで

は，1890年代には仕事が変わらないかぎり，賃率を保証する対策が採用された，という。また，労働者による「能力以下での生産制限の確立・維持」は技師たちの重大な関心を引き，特別なボーナス制度の考案への注意を喚起した。そして，この賃金制度の改革が，管理運動の主要な論点になったという。[5]

さて，以上向井氏の挙げた3つの論拠に対する土屋氏の批判を検討してきたが，土屋氏は新たな論拠として，ASME大会でのハルシーの割増制度（Premium Plan）の報告後の討論を挙げている。氏は，この討論において「多くの出席者から組織的怠業を重大な問題として認識することに対する反論がなされている」（④，52頁）と主張し，組織的怠業が当時重大な問題として一般に認識されていなかったことの論拠の一つに据えられている。しかし，この討論参加者の発言部分を注意深く検討すれば，それらは，向井氏が主張しているごとく，直接的にはハルシー・プランへの批判であり，「組織的怠業を重大な問題として認識することに対する反論」とは言えない（⑤，59頁）。[6] 2，3例を挙げると，たとえばホーキンス（J. T. Hawkins）は，労使関係の改善において割増制度は出来高給制度よりもはるかに劣っていると言い，ウェバー（W. O. Weber）は，出来高給制度は労使間の完全なる公平と単価の正しい設定が行なわれるならば，常に成功すると述べている。また，デーヴィス（E. F. C. Davis）は，出来高給制度は自動調節的であるとして，割増制度に対する優位を強調している。かれらの発言内容の共通点を整理すれば，かれらは日給制度や出来高制度を弁護し，割増制度を最もすぐれた賃金制度と位置づけるハルシーを批判したと言えよう。

テイラーやハルシーの主張する出来高給制度のもとでの賃率切下げによる組織的怠業の可能性については，土屋氏も認めているところであるが（③，②，88頁），問題はそれが「当時の歴史的な課題」であったかどうかであり，論争はここに収斂する。その場合，歴史的課題かどうかを判断する基準が問題になるが，これには当然認識の仕方が問題になる。怠業というような問題は，特に認識の仕方に依存する問題であろう。テイラーは，「科学的管

理法の原理」において，怠業というきわめて重大な問題をだれも取り上げない，と慨嘆している。[7] ここからも明らかなように，怠業を怠業問題として認識し，その社会的重要性を強調したのはテイラーであって，当時社会的にはあまり問題視されていなかったのではないか，という推測が成り立つ。ハルシーのプレミアム・プラン報告後の討論においても，組織的怠業は直接議論の対象にされておらず，したがって「組織的怠業を重大な問題として認識することに対する反論」すら行なわれず，出来高給制度でもやり方によってはうまくゆくといった程度の認識でしかないのである。つまり，討論参加者の問題意識はきわめて属人的なレベルにとどまっており，労使の公正な交渉が賃金問題の真の解決につながるといった理解が一般的であり，出来高給制度のもつ制度的欠点を十分認識しえていないといえる。

このように見てくれば，出来高給制度と組織的怠業の因果関係を正確に把握し，その解決を賃金支払制度の改革ではなく，標準作業時間の「科学的」設定に求めたのは，テイラーの傑出した問題意識によるところ大である。しかし，もちろん問題の所在しないところに問題意識は生まれないのであって，出来高給制度の普及とともに賃率切下げに伴う労働者の組織的怠業は行なわれていたであろう。しかし，前述の討論参加者の発言に見られるように，そのことを重大な問題と認識しない場合もありうるのである。向井氏は，賃率切下げの事例をもって組織的怠業が当時一般に問題化していた根拠にしているが，たとえ賃率切下げが組織的怠業をひき起こしたとしても，そのことをもってただちに組織的怠業が当時の主要な課題として一般に認識されていたとすることはできない。向井氏自身指摘されたごとく，問題が所在しても直ちにそれが正しく認識され，解決されるとは限らないのである。したがって，組織的怠業が当時の中心的課題として認識されていたと断定するためには，当時の論者の多くが（ハルシーやテイラーだけでなく）組織的怠業を重要な問題として認識していた事実を検証しなければならないであろう。

注
1) 「当時アメリカ産業界に一般的に認められていた生産の不能率が，労働者間の組織的怠業

(Systematic soldiering) に起因すること，しかも，このような組織的怠業を誘発するものが，使用者の側における賃率の切下げ (rate-cutting) にもとめられうることは，当時の識者のひとしく認めるところであったのであるが，他の能率増進論者は，こうした賃率切下げの弊害が，さらに，当時広く行われていた出来高給制度に起因するものと解し，したがって，この弊害を除去するために，出来高給制度に代位しうる賃金支払い制度の発案に努力したのであって，いわゆる『能率増進運動』(efficiency movement) は，賃金支払い制度の改善にその端を発しているのである。」(藻利重隆『経営管理総論 (第2新訂版)』千倉書房，1972年，43頁)。また，野口祐氏は，「恐慌を契機とする資本の集積，集中の強化＝独占資本過程の中で，出来高給による賃率の増大，利潤の増大の制限，蓄積の停滞を阻止するための『賃率の引下げ』による『組織的怠業』をいかに防止するかが科学的管理創出の現実的条件にほかならない。」としている (野口祐『経営管理論史』森山書店，1981年，66頁)。

2) ①，11頁。③，(2)，89-90頁。*American Machinist*, Editorial, "F. W. Taylor and the Steel Mills", March 9, 1911, pp.463-464.
3) H. B. Drury, *Scientific Management, a History and Criticism*, AMS., 1918, p.35.
4) G. Friedman, *Industrial Society*, The Free Press of Glencoe, 1964, pp.280-284.
5) D. Nelson, *Managers and Workers*, The University of Wisconsin Press, 1975, pp.45-46. (小林康助・塩見治人監訳『20世紀新工場制度の成立』広文社，1978年，82-83頁。)
6) A. D. Chandler ed., *Pioneers in Modern Factory Management*, Arno Press, 1979, pp.764-780. (三戸公他訳『タウン，ハルセー，ローワン賃金論集』未来社，1967年，87-116頁。)
7) F. W. Taylor, *The Principles of Scientific Management*, Harper & B., 1923, p.14. (上野陽一訳・編『科学的管理法』産業能率短期大学出版部，1973年，231頁。)

IV テイラー・システムの本質とその歴史的意義

ここで問題となるのは，土屋氏のテイラーの「科学」における厳密性の欠如に対する批判もさることながら，テイラー・システムの「科学」の根本的特質をどう把握するかである。

土屋氏は，テイラーの提唱した「科学」は，作業の客観化を目的とした「作業の科学」であり，[1] 客観化された作業を前提とした「管理の科学」ではなかった，と主張する。しかも，その客観化の普及は，「テイラーの主張と関わりなく，大量生産体制という技術的条件の展開によ」るというのである (①，69頁)。最初にみたように，土屋説においては，この作業の客観化は，管理問題認識の重要な前提条件に据えられており，製品の専門化，作業工程の細分化にもとづく大量生産体制の発展によって促進されるものとして措定されている。したがって，テイラーの場合は，「管理の科学」の前提である

作業の客観化が目的化しているという意味において,「19世紀末葉の管理問題を正しく反映させていなかった」(①,69頁)ことになり,「米国経営管理論の始祖にふさわしくない」というのが土屋氏の主張である。[2] 土屋氏によるテイラー・システムに対する否定的評価は,いわゆる4原則実現のための差別的出来高給制度,計画部門,指図票制度,職能別職長制度などの構成要素を,課業決定のための単位時間研究と作業条件・工具の標準化という2つの要件を促進するための一つの試みにすぎないとする捉え方から導き出されるものである。[3] 結局,氏はテイラー・システムの本質的意義を課業概念に求め,しかもその課業決定における科学的厳密性の欠如を指摘することによって,課業概念に疑問を提起し,テイラーの論理的破綻を示唆する(④,53頁)。

こうした痛烈なテイラー批判に対して向井氏は,「テイラーの経営合理化の特質が生産の個別的・要素的合理化をこえて,むしろ生産の組織的・構造的合理化のうちにこそ存する」(②,65頁)ことを強調し,土屋氏の見解を「テイラー・システムに対する……無理解」と真っ向から批判する。

まず,土屋氏がテイラーの直接的課題は賃金支払制度の改革であり,課業決定のための諸施策はその課題に答える過程で登場するとし,基本的な対策は賃金支払制度の改革であったと主張する(③,(2),84頁)のに対して,向井氏は,計画部門,職能別職長制度,指図票制度などの「管理の機構」をもつ「一つのまとまった管理制度」であるテイラー・システムを「賃金支払制度の改革案に類するものと見做すことはできない」と批判する(⑤,61頁)。また,テイラーの問題認識が組織的怠業にあったため当時の管理問題を正しく認識しえず,19世紀末葉の管理問題を正しく反映させた理論形成に失敗し,米国経営管理論の始祖にふさわしくない,という土屋氏による批判に対しては,向井氏もテイラーが当初は研究の出発点を組織的怠業の克服に求めたことを認めつつ,次のように反論する。すなわち,氏によれば,テイラーの問題意識はその後変化し,「時間研究が単に賃率の科学的決定に貢献しうるばかりでなしに,むしろ課業という生産活動を計画し,統制する客

Ⅳ　テイラー・システムの本質とその歴史的意義　21

観的な管理基準を科学的に設定することに想到し……従来の『生産の人的合理化』を越える『生産の組織的合理化』の問題に真剣に取り組むようにな」ったというのである。そして，このテイラーの管理思想の「画期的変化」を示すのが，1903年に発表された「工場管理論」（Shop Management）だというのである。したがって，土屋氏による批判は，「一つの出来高給制度」（1895年）を発表した頃のテイラーには妥当しても，「生産の組織的合理化」に真剣に取り組むようになったその後のテイラーには妥当しないとして退けられる（⑤，61頁）。

　このようにテイラーの問題意識が変化したかどうかには検討の余地があるが，[4] 要するに向井氏は，土屋氏とは正反対に，4原則実現のための諸制度を重視し，これらを包括した課業管理システムとしてテイラーの経営合理化の特質を把握しようとするのである。[5] したがって，テイラーは，向井氏によって措定された19世紀末葉の管理問題である「生産の組織的合理化」に正面から取り組んだ第1人者と評価され，テイラー・システムは「生産職能の組織的合理化について歴史上初めて確立された管理の原型」として管理論史上高い位置づけを与えられるのである（⑤，62頁）。

　このように見てくれば，両氏のテイラー・システムに対する見解の相異は，結局テイラー・システムを「生産の経営的合理化に関するテイラーの施策，すなわち課業管理としてのテイラー・システムの側面を重視し，経営管理制度として評価するか，それとも「生産の人的合理化に関するテイラーの施策，すなわち『作業の科学』の確立」の側面のみを評価し，「管理の科学」の確立への貢献において否定的評価を下すかにある。[6] 向井氏も，テイラーの提唱する「科学」については，一般に承認されているごとく，それが実質的には「管理の科学」ではなく，「作業の科学」にすぎなかったことを認めており，テイラーがこの「管理の科学」について「統一的な知識の体系として提示する」までに至らず，「管理の科学」と「作業の科学」の区別を充分に意識していなかったことを認めている（②，65頁）。しかしそれにもかかわらず，氏は「管理の科学」の具体的内容をなす企業の管理に関する各種の

問題（たとえば，企業の指導原理，職能的管理組織の問題，課業を中心とする生産過程の合理的形成と維持の問題など）についてテイラーが具体的にその主張を展開していることを根拠に，テイラー・システムが「生産の個別的・要素的合理化」にとどまらず，「生産の組織的合理化」に特質を持ち，その後の経営管理論生成の基礎を与えたと主張する。しかし，「生産の組織的合理化」とか，「課業管理」といった概念が，ただちに「管理の科学」に結びつかないとすれば，「テイラーが管理という固有の領域を的確に認識して，それについての科学をうちたてることを第1の課題として努力した人ではない」という土屋氏の批判（④，54頁）をくつがえすことができるであろうか。

注
1） こうした理解は，すでに藻利重隆氏によって指摘されており，何ら通説的理解と異なるものではない。たとえば藻利氏は，テイラーの「いわゆる『科学』は，労働の科学ないし作業の科学であった」と言明している（藻利，前掲書，75頁）。
2） テイラー・システムと作業の客観化の関係について，藻利氏は次のように述べている。すなわち，「課業制度の実施は，工場制度の確立によって手工的な個性的・主観的作業が大衆化・客観化せられるときにはじめて可能となる。換言すれば，テイラー・システムは産業革命によって機械化せられた経営を地盤としてのみ存立しうるものであり，そこに必要とせられる労働を，組織的方法によって，さらにより高度に機械化することこそは課業管理の志向するところにほかならない。」（藻利，前掲書，89頁）。また，中川敬一郎氏は，米国東部の機械工業や金属加工業における工場作業の合理化―熟練度にもとづく分業，専門的工作機械の開発と応用，少数製品への生産の集注―によって作業の客観化がおし進められ，テイラー・システムへの「地ならし」が行なわれたと述べ，テイラーの科学的管理は作業の客観化をさらに高度化し体系化しようとした，と主張している（中川，前掲論文「米国における大量生産体制の発展と科学的管理運動の歴史的背景」，24-25頁）。さらに，塩見治人氏は，テイラー・システムの「作業の科学」の側面の役割として，機種別職場作業組織を流れ作業組織に転換するための前提条件たる「作業の客観化」の創出を挙げている（塩見，前掲書，174頁）。これらの見解は，大量生産体制の発展過程の中にテイラー・システムを位置づけるところにその特色がある。
3） このような理解は，藻利氏の次のような見解を追認したものである。すなわち，藻利氏は，「テイラー・システムの名において，テイラーのみずから提唱した計画部門，職能組織，指導票制度，ないし差別的出来高給制度などの諸制度の絶対性を主張することは，かえって，テイラーの意図に反するものといわなければならない」と述べ，テイラー・システムの本質的意義をこれらの諸制度と切り離す（藻利，前掲書，55-56頁）。これに対して，占部都美氏は，4原則実施のための組織変革の必然性を強調し，計画部門の設置などを含んだ管理システムの形成において科学的管理法の本質を捉えようとする。したがって，「課業管理はむしろ科学的管理法の初期的原理をなすものであり，後の発展においては課業観念は科学的管理法の唯一の基本原理である地位を失って，それは科学的管理法における一要素とみなされるにいたる。」とされ

る。（占部都美「経営管理論の原点」『九共経済論集』，第 6 巻第 1 号，1980 年 12 月，69 頁。）
4） 西郷・相馬氏は，"A Piece-Rate System" に対して，「この論文は一方で管理のシステム化運動の出発点であり，他方で賃金制度による能率増進運動の集約点である」という「二面性」を有するものとして評価している（西郷幸盛・相馬志都夫『アメリカ機械製造工業の発展と Industrial Management－1860～1900』中京大学商学研究叢書 I，1981 年，135 頁）。
5） 塩見氏は，「テイラーの著作だけから，個々の作業を全体的に調整・統合するいわゆる『体系的管理』の問題を読みとることは困難」としながらも，「テイラー化された工場の具体的事例からみれば，テイラー・システムの実践は，管理労働を作業労働から分離し，工場管理を単一の中枢に集中することによって，アメリカ管理運動の『体系的管理』の問題に解答を与えていた」として，テイラーを「体系的管理」論者と捉え，「課業管理制度としてのテイラー・システムは，まさしく『管理の科学』であった」，と結論づけている（塩見，前掲書，176-179 頁）。
6） テイラー・システムの定義については，藻利，前掲書，86 頁参照。

V 管理論史研究の方向

　最後に，土屋・向井論争の要点と論争が提起した問題について整理しよう。

　まず，論争の第 1 のポイントは，管理問題認識の基盤にかかわるものであった。この問題は，管理論生成史の研究上きわめて重大な意義を有している。土屋氏はこの基盤の探究において，従来の諸説を批判し，独占との関連を断ち，東部の金属加工業などの機械工場にその基盤を求め，そこで推進された作業の客観化を前提として作業現場の計画，組織，調整などの管理問題が認識されるようになった，と説く。これに対して向井氏は，より一般的な要因に管理問題認識の基盤を求め，工業企業の規模の非常な拡大を管理への関心を呼び起こした最も根本的要因と見る。そして，この一般的要因が引き起こした諸要因が相俟って，「生産の組織的合理化」を要請するというのである。向井氏も管理問題を賃金問題に限定せず，その点で両者は共通しているが，土屋氏が作業の客観化というきわめて技術的性格の濃い要因のみをとり上げているのに対して，向井氏は組織的怠業や移民，そして 8 時間労働制を求める労働運動といった要因を含めて管理問題を理解している点が両者の相異点であり，この相異故に，向井氏はあえて「生産の組織的合理化」という言葉を選択したものと思われる。

こうした両氏による要因の把握の仕方の相異は，能率増進運動の評価の差違につながる。土屋氏は，19世紀末の管理問題があたかも賃金問題のみに収斂するような従来の理解を批判し，能率増進運動を事実に基づかない仮説と断定し，これを退け，作業現場の管理問題全般に関係する体系的管理運動を主要な動向として設定する。しかし，向井氏はこれについては，当時のASME誌上での議論から，賃金制度の改革に管理論者の関心が向いていたとして，従来通り能率増進運動の実在を再確認しているのである。この点，先の管理問題認識にかかわる氏の主張（生産の組織的合理化）と矛盾する面があるが，向井氏は問題はあったが，それが十分認識される状況になかったと苦しい説明をしている。このような苦しい説明をさせざるを得ないところに，実は問題を解く鍵が潜んでいるのではないだろうか。つまり，賃金問題を主として取り扱う能率増進運動の存在も，生産現場の計画，調整，組織といった全般的問題とかかわる体系的管理運動も共にその存在を否定できないとすれば，両運動の存在を前提にした上で，管理問題をとらえ直し，管理論史をその両面からフォローしていく研究方向が必要になろう。その場合，両運動に共にかかわるのは内部請負制度（Inside Contract System）の崩壊と，それにもとづく製造現場の直接的管理の必要性の問題であり，それらが結果的にもたらすものは，管理の集権化であり，「職長帝国の崩壊」である。[1] テイラーの狙いも実はそこにあったのではないだろうか。[2] この内部請負制度の崩壊過程において，作業組織がどのように編成され，どのような管理問題が発生し，これに対応するどのような管理機構が形成されたかを具体的に検証していくことが，課題となる。

　さて，組織的怠業をめぐる議論は，テイラーの管理論史上の位置づけに直接関係する重大問題であり，この論争の白眉ともなっているが，組織的怠業が19世紀末に広く認められた問題であったか否か，また19世紀末固有の歴史的問題であったか否か，をめぐって争われた。土屋氏は従来の通説を否定し，怠業は人間の行なう集団作業において普遍的・超歴史的に存在すると主張したのに対し，向井氏は組織的怠業を出来高給制度のもとにおける賃率切

下げを原因とし，標準作業時間の非科学的な推測に起因する特殊な歴史現象と主張し，両者の見解は真っ向から対立する。そもそも怠業問題は，労働組合運動といった明確な形をとって展開されたものでなく，労働者が種々の理由から故意に仕事を怠けていると管理者側が見なすところから出発する。テイラーは一貫してこの組織的怠業の解決を自己の課題とし，基本的には賃金問題の改革によって怠業を解消し，生産能率を上げようと努力した。その意味で，テイラーはやはり経済的刺激による生産合理化を追究した能率増進運動論者の1人である。

このような合理化の推進は，何も19世紀末に固有の現象ではない。むしろ生産能率の増大は，資本主義の下ではつねに管理主体によって意図されるところであり，テイラーの場合には，それを結局経済的刺激によって推し進めようとしたにすぎない。歴史性があるとすれば，問題の解決方法，つまり資本主義的合理化の中身の問題であろう。したがって，土屋氏の指摘するごとく，当時出来高給制度のもとでの組織的怠業を防ぐ他の方法がとられたとしてもなんら不思議ではない。

土屋氏の組織的怠業に対する否定的評価は，実は怠業が，「19世紀末葉の東部機械工場において『管理の科学』化を志向させた基本的問題とはいえな」い，というところにある（③, (2), 91頁）。だから問題は，分業の高度化によって惹き起こされた客観化された個々の作業を全体として調整する問題が19世紀末の主要な管理問題であったのか，それとも組織的怠業の問題であったかの二者択一に帰着する。論理展開上は，土屋氏の方が首尾一貫性を持ち，向井氏の場合は能率増進運動の評価の点で曲折している。土屋氏の問題提起は，従来の賃金問題（労使関係）のみを中心とした管理論史（タウン，ハルシー，ローワン（J.Rowan），テイラーと続く）の狭隘性を打破し，工場の管理全般の問題へとわれわれの視野を拡大せしめたところに，その意義がある。しかし，氏は通説批判に性急でありすぎ，賃金問題の重要性を極端に低く評価した。これは，氏の管理に関する基本的な捉え方に起因する。氏は，「およそ管理の問題は，人間の集団において，その集団の目的を達成

するための，より効果的な集団構成員の協働の仕方があり得る，ということに気付くことから出発する。」と述べており，集団の規模拡大に伴う「人間同志の直接的影響関係の稀薄化」と，一方で進行する「意思決定のプログラム化」とのギャップが高まったとき，この管理問題が認識されたという。(③, (1), 33-34 頁)。したがって，氏は当初から体系的管理に照準を合わせて論理を展開しており，そのため賃金問題をめぐる労使対立の問題は完全に欠落していく。しかし，資本主義的管理を理解しようとする場合，賃金問題や職場の主導権をめぐる労使対立からの管理問題へのインパクトを無視すれば，管理問題の捉え方がきわめて一面的なものにならざるをえない。土屋氏の場合，組織的怠業問題を「管理の科学」形成へのインパクトとして否定することによって，労働問題との関連を断ち切り，管理のもつ技術的側面のみを強調する結果，労使の対立的側面が切り捨てられ，管理問題の一面的生産力的把握に帰結するのである。

　以下の諸章ではこうした問題点に留意しつつ，19 世紀末から 1920 年代までのアメリカにおける経営管理論の生成と展開のプロセスを歴史的・実証的に研究する。

注
1) ネルソンは，「分権的な統制を公式的・集権的な統制に置きかえ，工場とその労働力への管理者の影響力を増大させるという，このプロセスに関する主要な課題が，『新工場制度』の基礎であり，またそれが結局，近代的な経営管理の基礎となったのである。」と述べている（D. Nelson, *op.cit.*, p. ix, 邦訳，3 頁）。また，チャンドラーも次のような注目すべき指摘を行なっている。「ヘンリー・タウン，フレデリック・W・ハルシーその他の金属加工業者が，彼らが利益分配制と名付けた制度を考案したのは，一つには，請負人や職長およびその配下の労働者に，工場命令伝票制度やこれに類似した統制手続きを受け入れさせる手段としてであった。……こうした方法は，経営者側が生産工程に対して支配権を得ることを可能にする」（A. D. Chandler, Jr, *op.cit.*, p.275, 邦訳書（上），473 頁）。
2) 泉卓二氏はこれを「作業に関する管理職能の資本への実質的包摂」と把握している（泉，前掲書，32 頁）。

第1章
「職長帝国」の管理体制

　アメリカ工業は，1880年までにそれまでの手工業的熟練労働者を中核とした「手工的作業職場」(handicraft shop) から脱皮し，工場制度が成立し，「製造業者は工場主 (factory owner) ないし工場経営者 (factory manager) とよばれ，従業員は機械操作工 (machine operator) となり，また作業場は水力か蒸気力を動力とする多階層レンガ造り，ないし石造りの大きな建造物になっていた」。[1]

　しかし，このことは，ただちに工場管理体制上の変化を意味したわけではなかった。すなわち，「工場の出現がそれ以前の生産方式との明確な断絶」を意味した繊維産業を除いた多くの産業では，1880年以前における工場管理のありかたは，旧来の手工的作業職場のそれと基本的に変化せず，工場の運営は職長や熟練労働者に委ねられていた。[2]

　そのため，製造現場においては，職長ないし熟練労働者が自己の監督する部門ないし職場の「議論の余地のない支配者」であった。[3] 彼らは仕事の手配から労働者の雇用，訓練，解雇にいたる諸機能を掌握し，職場における一切の管理権限を自己の人格のうちに有していた。このことは工場全体から見ると，個々の作業部門の独立性が強い「ばらばらの分権的組織」を意味する。[4] すなわち，各作業部門が非常に独立性の強い職長に支配されることになった結果，工場は「一つの単位ではなく，一つ屋根の下に収容された全体の収益をかえりみず自分勝手に行動することに慣れた人々によって率いられる1ダースないしそれ以上の小さな企業の集合体」になった。[5]

この「職長帝国」[6]を支えた要素の一つは，現場監督者の記憶力であり，「各人が自分の仕事を完全に知っているかぎり，生産はほぼ自動的容易さで流れた」といわれているが，一方で「レッドテープ（繁文縟礼）は最小限にとどめられ，いわゆる間接労働はほとんど知られていなかった」。[7] このことは，職長の人格から独立した管理機構の不在を物語っている。

このように第一線監督者は，自己の経験と記憶によって職場を支配したわけであるが，彼の権力がもっとも強大であったのは，ニュー・イングランドと中部大西洋沿岸諸州の機械製造工場（machinery factory）であった。[8] こうした工場の作業の特徴は，「多数の異種部品の組立」を包含していることであった。[9] そして，これらの工場においては内部請負制度（inside contract system）が第一次世界大戦まで重要な産業組織形態であった。したがって，ここでは内部請負制度を職長帝国の典型ととらえ，これを中心に考察する。もちろん，俸給制職長（salaried foreman）の存在も無視できないが，これについては内部請負制度との関連で若干触れるにとどめたい。

注
1) D. Nelson, *Managers and Workers : Origins of the New Factory System in the United States 1880-1920*, The University of Wisconsin Press, 1975, p.3.（小林康助／塩見治人監訳『20世紀新工場制度の成立——現代労務管理確立史論——』広文社，1978年，7頁。）
2) *Ibid.*, pp.3-4.（邦訳書，8頁。）
3) *Ibid.*, p.42.（邦訳書，77頁。）
4) *Ibid.*, p.34.（邦訳書，66頁。）
5) T. R. Navin, *The Whitin Machine Works Since 1831*, New York, Russell & Russell, 1969, p.139.
6) ここで使用している「職長帝国」（foremen's empire）の概念は，ネルソンの著書に依拠している（D. Nelson, *op.cit.*, pp.34-54, 邦訳書，65-106頁参照）。
7) T. R. Navin, *op. cit.*, p.142.
8) *Ibid.*, p.36.（邦訳書，68頁。）
9) たとえば銃器製造を例にとると，政府の兵器であったスプリングフィールド銃は68の部品からなっていた。American Arms and Ammunition, *Scribner's Monthly*, January 1880, p.443.

I 工場管理機構としての内部請負制度

1 構造と機能

　内部請負制度は，経験のある熟練工が工場主と一定数の製品を一定期間（通常1年），一定の価格で製造することを契約することによって成立する。その際，内部請負制度が他の政府請負制度や下請制度と異なる点は，請負作業が工場主の生産手段を用いて，彼の工場内で遂行されることである。すなわち，請負作業に必要な作業場，機械，工具，光熱，動力，原材料，半加工材料は，工場主によって供給されるのである。このように他の請負制度と異なり，請負作業が作業を請負わせる工場主の工場の壁の内側でおこなわれる点に内部請負制度の独自性がある。このことは，内部請負人が工場主によって雇用され，日給をうけとる従業員であることによって可能となる。つまり，内部請負人は自己の生産手段を所有する独立した資本家ではなく，他人によって雇用される1労働者なのである。

　しかし一方，内部請負人は請負作業遂行に必要な労働力を雇用し，訓練し，監督し，賃金を支払い，解雇し，さらに日給とは別に請負利潤を得る。

　したがって，内部請負制度は，工場所有者――内部請負人，内部請負人――労働者という二重雇用関係をもち，内部請負人は被傭者であると同時に雇用者でもあるという相反する立場にある。[1]

　内部請負人の収入は，基本給である日給と請負利潤の合計であり，請負利潤は，請負収入から彼が雇用する労働者への賃金支払分を差し引いた残額である。日給収入は一定であるから，請負人が収入を増加させるためには，請負利潤を増加させるしかない。そのため，内部請負人は請負価格について工場主と「敵対的に交渉」すると同時に，労働者への支払額を引き下げようとする。

　内部請負人の収入は，たとえば表1-1のごとくである。

表1-1 ウインチェスター連発銃会社銃工場内部請負人所得（1881～1889年）

	大部門	中部門	小部門
内部請負人数平均	5人	8人	5人
年平均内部請負人総収入	35,900ドル	9,500ドル	2,700ドル
年平均労働者数	43人	11人	2人
年平均労働者賃金	700ドル	650ドル	570ドル
年平均内部請負人所得	4,800ドル	1,740ドル	1,430ドル

（出所）D. Clawson, *Bureaucracy and the Labor Process*, Monthly Review Press, 1980. p.88. より

表1-2 ホワイティン・マシン・ワークス内部請負人所得（1874年）

内部請負人総収入	内部請負人数	内部請負人平均所得	平均労働者数
2,000ドル以下	8人	952ドル	0.5人
2,000～5,999ドル	14人	1,575ドル	5.0人
6,000ドル以上	9人	1,640ドル	14.0人

（出所）*Ibid.*, p.88. より。

　表1-1，表1-2のごとく，内部請負人の所得は，彼が雇用する労働者数によって相当格差が認められるが，当時の熟練労働者の一般的日給が2ドルで年間総収入が600ドルであったのと比較すれば，内部請負人の所得は平均的規模のものでもその2倍以上に達する。[2]

　しかし，内部請負人の所得は一定しておらず，ビジネス・サイクルにしたがって，繁栄期には急速に増加し，停滞期には減少した。たとえば，ホワイティン・マシン・ワークス（Whitin Machine Works）の紡錘部門長であったヘンリー・F・ウッドマンシー（Henry F. Woodmancy）の請負収入は，1888年5216.51ドル，1889年7931.78ドル，1890年6277.35ドル，1891年3254.21ドルであった。[3] つまり，内部請負制度は，景気循環の安全弁としても利用されていたのであった。

2　存在理由

　内部請負制度は19世紀アメリカの機械製造工場を中心に広く普及していたといわれるが，それは一体いかなる理由によるのであろうか。

　最初に，内部請負制度を採用した主体である工場主側のメリットについて考察しよう。

まず第1に重要なのは，内部請負人が製造過程と労働者の管理について直接責任をもつことによって，工場主側は「生産にかかわる技術的問題，製造過程の改善，労働者の監督から解放された」ことである。[4] すなわち，所有者側は工場設備や原材料，運転資本を準備し，内部請負人と請負契約を結ぶことによって製造過程と労働者を間接的に管理すればよかったのである。極端ないいかたをすれば，それはいわば「管理回避方式」である。[5] こうした利点は，「元来商業活動に従事していた人びとによって設立された会社の場合においてはことに大であった」。[6]

しかし，より重要なのは，内部請負制度が「原価削減に対する強力な刺激」を与えたことである。[7] 内部請負人は，請負契約によって出来高給制的刺激を与えられ，同時に「品質に対する厳格な責任を持たされるので，自分の全思考を仕事の指導，最高の職人，そして新しい機械・工程・工具の発明と応用に向ける」。[8] その結果，この制度のもとで遂行される作業のコストは，より伝統的な職長制度のもとで遂行される場合よりも低かったといわれている。たとえば，広汎に内部請負制度を採用していたプラット・アンド・ホイットニー・ショップス（Pratt&Whitney Shops）で，内部請負人がいる部門が手いっぱいで仕事を別の部門へ回した結果，コストが70％増大し，仕事のできばえもよくなかったという。[9]

第3のメリットは，直接労務費の標準化（standardization）である。請負価格の契約によって直接労務費は事前に決定され，契約後の労務費の変動は内部請負人の責任になるために，工場主側は材料費のみに注目していればよいということになる。つまり，内部請負制度は「ある程度まで，原価計算制度の代わりをした」といえるのである。[10]

内部請負制度は，このように工場主にとって作業現場の管理を肩代わりし，生産能率を上げ，コスト・ダウンを実現するための「簡便で単純な管理法」という利点を有していた。

それでは，内部請負人や労働者の側にはどのようなメリットが存在したのであろうか。内部請負人側のメリットとしては，もちろん請負収入による所

得の大幅な増加がまず考えられるが，彼らが独立した製造業者とならないのは，こうした関係によって「製品販売問題や運転資本や原材料の調達問題を回避できる一方で，工場内で驚くほどの独立性を保持でき」るからである。[11] 彼らは内部請負人として働いている間に，管理者としての経験を積み，独立するための資本を蓄積し，製造業者に上昇していったのであった。[12]

　労働者側のメリットとして考えられるのは，直接的には熟練労働者たる内部請負人による「十分な指図と監督，『雇用者』との個人的関係，不平や個人的悩みに対する直接的配慮」である。[13] こうした請負人と労働者との密接な結びつきは，請負人が自己の労働者として知人や親類を雇用したことによっていっそう増大した。[14] こうして，内部請負制度は請負人の雇用した労働者にとっても望ましいものであった。

3　デメリット

　内部請負制度は，工場主，内部請負人，そしてその労働者にとって上述したメリットを有していたが，それらは同時に，反面では工場主にとってのデメリットでもあった。そして，それらのデメリットの存在は，単に工場主側の不利益となったばかりでなく，内部請負制度の消滅を用意するものでもあった。以下，内部請負制度の所有者に対するデメリットについて考察しよう。

　まず第1に，内部請負制度のもとでは，内部請負人が自己の労働者に対して賃率を決定していたために，[15] 会社幹部は労働者に支払う実際の賃率を知らず，その結果，内部請負人の利潤を正確に把握することができなかった。[16] それゆえ，内部請負人は請負利潤を操作することによって，請負価格引下げに対処することができた。

　第2に，内部請負人は，「生産方法に関する私的知識，従業員の忠誠心，工場の社会システムにおける地位に依拠して独占的権力を保持していた」が，これによって「会社側の独占的地位」が脅かされることになった。[17] た

とえばホワイティン・マシン・ワークスでは，工場長が製造命令書（building orders）によって部門監督者に一定の規制を加えたが，実際には，それらはほとんど無視されたという。[18]

第3に，このことは同時にまた，各部門間の調整を困難にし，「各請負人からの部品が適切な時間に最終組立に到着するよう部品の流れを規制すること」を困難にした。[19] 要するに，各部門の自律性が強く，工場が内部請負人を中心として分権的に管理されることになったために，工場全体の調和が破壊される傾向があった。[20]

第4に，内部請負制度は生産能率増大の強力な刺激剤として期待されたが，実際には内部請負人が自己の所得が所得者側に過大と思われた場合には，かならず単価が引き下げられると確信していたこと，また労働市場の不完全さが労働者に価格引下げを転嫁することを内部請負人に許容すること，などによって不十分なものとなった。そのうえ，請負作業の勘定はまれにしか決済されず，内部請負人に直接的な金銭的刺激を与えることができなかった。結局，「内部請負人への出来高払方式は粗雑な刺激システムとして機能」したにすぎなかった。[21]

第5に，請負作業は請負単価があらかじめ一定に決められているために，会社の直接労務費を単位当り一定レベルで固定する。そのため，会社が能率的な監督からうけとる利益は生産高の増大のみであり，単位当り労務費を低減することはできなかった。[22]

第6に，適切な在庫管理が不在であったために，原材料の流れや仕損品の数量のチェックが不十分となり，内部請負人が仕損品の責任を負わないという事態が生じた。これと関連して，生産記録が最終出来高のみについてのものであったために，利口な請負人は私的在庫を形成し，それを将来会社に売ることによって利益の増加を図った。[23]

第7に，大部分の内部請負人は自己の利益増大のために，主に労働者に支払う賃金水準に注目した。たとえば，内部請負人は，労働者が稼ぎだす額－賃金＝15セント／日を労働者の判断基準として，短期間に訓練できる

少年のみを雇用し，高賃金をうるようになると，他の部門へ移すこともおこなわれた。[24]

　以上のように，内部請負制度の工場所有者側にとってのメリットは，同時にデメリットでもあり，このことは管理上の弱点を意味した。製造に関する知識も能力ももたない所有者が実質的に管理権限を行使できるのは，請負価格の設定に際してだけであり，これが所有者にとって管理のすべてであった。

4　基本矛盾

　前述したように，内部請負人は工場所有者の従業員であり，所有者側からみれば，労務費を意味する請負価格の決定は，労使の利益が真っ向から対立する場である。請負契約更新の際の価格「調整」は，つねに請負価格の切下げを含み，これが両者の紛争と不満のもととなった。[25] 所有者側は，価格の引下げにもかかわらず，内部請負人が職長より大きな所得をえていると判断したし，また内部請負人が生産コスト引下げのための改善案を保留していると考えた。要するに，内部請負人の不当に高い所得が不満であった。これに対して，内部請負人は利潤が過大となって価格切下げの危険が迫った場合には，支出を操作して利潤を小さくみせたり，価格引下げがおこなわれるまでは，技術革新を抑制する傾向があった。[26] 両者はその利害関係において根本的に対立していた。内部請負制度のもとでは，ストライキはまれであったといわれているが，[27] 両者の間には明確な敵対感情が存在していた。

　内部請負制度は，こうした根本的矛盾を内包しながらも，この制度の利点が欠点を上回り，所有者側がこの制度にメリットを認めている間は存続した。しかし，1873年恐慌を境として，その後の不況は内部請負制度の欠点を浮彫りにしはじめた。すなわち，「1876年から第1次世界大戦開始までの間の内部請負制度の歴史は，主としてその制度の利点を失うことなしに，内部請負人に対する管理者の統制を改善しようという努力の歴史であ」った。[28]

注

1) クローソンは,このことを次のように説明している。すなわち,「請負人は,階級関係のなかで極端に矛盾した情況にあった。すなわち,一方で,彼らは労働者を管理し,生産される各出来高について利潤を手に入れ,他方で,彼らはしばしば製造作業をおこない,一般に資本家からほぼ労働者と見なされ,そして彼らは出来高払労働者がおこなうのとほとんど同じやりかたで請負価格について敵対的に交渉した。請負人は,従業員との関連では資本家であり,雇用者との関係では労働者であった」(Dan Clawson, *Bureaucracy and the Labor Process*, Monthly Review Press, 1980, p.90. 今井斉監訳『科学的管理生成史』森山書店, 1995 年, 91 頁)。

2) T. R. Navin, *op.cit.*, p.143. D. Clawson, *op.cit.*, p.100.
3) T. R. Navin, *op.cit.*, p.143.
4) John Buttrick, The Inside Contract System, *The Journal of Economic History*, Vol. XII, No.3, summer 1952, p.207.
5) Sidney Pollard, *The Genesis of Modern Management*, Penguin Books, 1968, p.51.
6) 井上忠勝『アメリカ経営史』神戸大学経済経営研究所, 1961 年, 146 頁。
7) D. Nelson, *op.cit.*, p.36.
8) American Arms and Ammunition, p.443. ここでは,「アメリカの機械的生産を特徴づける少なからぬ驚くべき労働節約的生産過程は,大規模な作業場における内部請負制度の結果である」という評価が内部請負制度に与えられている。
9) Henry Roland, "Six Examples of Successful Shop Management," V, *The Engineering Magazine*, Vol.XII, No.6, March 1897, p.995.
10) T. R. Navin, *op.cit.*, p.146.
11) J. Buttrick, *op.cit.*, p.207.
12) プラット・アンド・ホイットニーの創設者たちも,コルト社やフェニックス・アイアン・ワークス (Phoenix Iron Works) で内部請負人の経験を積んだ (D. Clawson, *op.cit.*, pp.109-110)。
13) D. Nelson, "The American System and the American Worker," in O. Mayr and R. C. Post ed., *Yankee Enterprise : The Rise of the American System of Manufactures*, Smithsonian Institution Press, 1981, p.179.
14) D. Clawson, *op.cit.*, p.107. (邦訳書, 107 頁。)
15) 賃金の支払い自体は,会社側が直接支払う場合もあった。
16) J. Buttrick, *op.cit.*, p.209.
17) *Ibid.*, p.210.
18) T. R. Navin, *op.cit.*, p.141.
19) J. Buttrick, *op.cit.*, p.210. チャンドラーもこの点に着目し,所有者は労働管理の複雑な問題を内部請負人に転嫁できたが,同時に原価に対する統制とともに数多くの部門を通じた財の流れの調整を失った,と述べている (Alfred D. Chandler, Jr., "The American System and Modern Management," in *Yankee Enterprise*, p.157.)。
20) T. R. Navin, *op.cit.*, p.139. 井上忠勝, 前掲書, 150 頁。
21) J. Buttrick, *op.cit.*, p.210.
22) T. R. Navin, *op.cit.*, p.144.
23) J. Buttrick, *op.cit.*, p.211.

24) T. R. Navin, *op.cit.*, pp.144-145. クローソンは，内部請負人の高所得の基盤は，「労働者によって生産される剰余価値」の取得である，と喝破している（D. Clawson, *op.cit.*, pp. 101-102, 邦訳書, 102 頁）。
25) H. Roland, *op.cit.*, p.996.
26) J. Buttrick, *op.cit.*, p.209.
27) H. Roland, *op.cit.*, p.996.
28) J. Buttrick, *op.cit.*, p.210.

II 内部請負制度の普及

1 普及基盤

19世紀アメリカにおいて，内部請負制度が，一体いかなる産業を基盤として普及していたかについては，すでに一定の見解が諸論者によって示されている。そこでまず，主要と思われる論者を抽出し，かれらの主張の中から共通点と差違を剔出することによって，内部請負制度の普及基盤を確定したい。

(イ) ローランド（H. Roland）説

かれは，1897年に発表した論文の中で，内部請負制度を「ニュー・イングランド・スタイル」と呼び，それがアメリカ東北部のニュー・イングランド地方を中心に普及していたことを明らかにしている。そして，内部請負制度が採用されていた工場として，ほとんどすべての圧延工場（rolling-mills），数多くの大規模な機械工場（machine-shops），銃器工場，そしてミシン工場を，具体的な企業としては，プラット・アンド・ホイットニー製作所（Pratt & Whitney Shops），コルト銃器会社（Colt's Armory），シンガー・ミシン製造会社（Singer Sewing Manufacturing Company）が挙げられている。

圧延工場では，工場所有者と合同鉄鋼労働組合（Amalgamated Societies of Steel and Iron-Workers）との間で圧延工場の最終製品のトン当り価格，すなわち「基準賃率」（scale）を決定した。この協定価格は1年間有効であった。この制度のもとでは，親方圧延工（boos roller）が直接所

有者と契約し，かれとかれの配下の労働者が完成した製品に対する全支払額を受け取り，自ら雇用した労働者に賃金を支払った。かれの収入は，かれの助手たちのそれと比較してきわめて大きいものであったし，金属加工業の内部請負制度のもとでの収入と比べてもかなり大きなものであった，という。[1]

(ロ) グリーン（C. M. Green）説

かれは，繊維工場においても時折，少なくとも仕上部門（finishing departments）においては請負タイプの雇用が見られたが，通常は所長ないし工場長が直接労働者の雇用と解雇を行なったと述べて，繊維工場では直用制が一般的であったことを示唆している。[2]

これに対して，銃器工場や専門化した機械工場は，繊維，紙，靴製造工場と異なった組織，つまり内部請負制度，が存在した。なぜなら，これらの工場では高度な熟練労働者（highly skilled workmen）が必要であり，かれらが内部請負人になったからである。すなわち，有能な親方労働者（master workman）が原材料，機械，重力の提供を受けて仕事を請負い，自己の労働者を雇用し，賃率を設定した。[3]

(ハ) ウィリアムソン（H. F. Williamson）説

かれによれば，内部請負制度は，1798年にネーザン・スター（Nathan Starr）によって初めて銃剣の製造作業に利用されて以来，19世紀中に合衆国の北東部製造地帯に普及したという。とくに，工作機械製造業者や金属加工業者（metal fabricators）によって広汎に利用され，エリ・ホイットニー（Eli Whitney），ロビンス・アンド・ローレンス（Robbins & Lawrence），ブラウン・アンド・シャープ（Brown & Sharpe），コルト，レミントン（Remington），シンガー・ミシン，そして合衆国弾薬会社（U.S. Cartridge Company）といった有名な会社で採用された。[4]

(ニ) クローソン（D. Clawson）説

かれは，従来の諸研究を踏まえて，「請負制度は，19世紀半ばから末までの最大で最も進んだ企業の多くを支配した」と結論づけているのであるが，

具体的には，最大かつ著名な機械製造工場——たとえば，ローウェル（Lowell）〔1900年の70最大企業の1つ〕，プラット・アンド・ホイットニー〔1990年に，従業員数1,200人〕，ホワイティン（Whitin）〔1900年に従業員数1,700人〕——互換性部品を製造し組立てていた会社——たとえば，リード・アンド・バートン銀細工所（Reed and Barton silversmiths）〔1887年に従業員数800人〕，ボールドウィン機関車（Baldwin Locomotive）〔1900年には従業員数13,000人で4大企業の1つ〕，ウォルサム時計（Waltham Watch）〔1900年の70最大企業の1つ〕，シンガー・ミシン〔1900年に従業員数4,000人以上で最大20社の1つ〕——，鉄鋼業の諸工場〔1900年の70最大工場の内15〕，小火器製造企業——たとえば，ウィンチェスター連発銃会社（Winchester Repeating Arms Company）〔1900年の70最大工場の1つ〕，レミントン銃器会社〔1917年に227位〕，コルト〔1860年代に従業員数1,500人〕，ハーパース・フェリー兵器廠（Harper's Ferry Arsenal）〔1900年の70最大工場の1つ〕——，において内部請負制度が利用されていたという。[5]

ただし，鉄鋼業における通常の請負形態は，全体としての作業集団による請負であり，作業集団が各人の取り分を決めたのであって，これをかれは内部請負制度の「変形」と呼ぶ。同様に，ボールドウィン，リード・アンド・バートン，ウィンチェスター社の機械工場には別の「変形」が存在したと述べている。なぜなら，これらの工場には固定的で永久的な請負人は存在せず，古参の従業員はだれでも請負人になることができ，自己の労働者もすでに工場内で働いている者の中から選び出したからである。さらに，請負人は賃金を決定できたが，それまで労働者が受け取っていた賃金よりも低い賃金を支払うことはできなかった。[6] したがって，厳密に言えば，これらの工場の内部請負制度は，本来の内部請負制度とはその内容を異にする「擬似内部請負制度」ないし「変形内部請負制度」と言えよう。

㊎　ネルソン（D. Nelson）説

最後にD・ネルソンの考え方を検討しよう。かれは，「内部請負制度は明ら

かに北東部（ニュー・イングランドと中部大西洋沿岸諸州——今井）の機械製造工場（machinery factories）にのみ普及していた」と主張する。そして他の製造業，たとえば陶器，ガラス，鉄，鋳物製造業，やミュール精紡室は，内部請負制度と多くの類似性を持った助手制度（helper system）を利用していた，という。つまり，助手制度の場合も熟練工（skilled craftman）が助手を雇用し，賃金を支払い，会社から出来高による支払いを受けるのであって，その点では何ら内部請負制度と異なるところはない。しかし，ネルソンによれば，助手制度の場合には，熟練工は職長のもとで働くということ，原材料の割当額が決まっていること，会社の原価記録制度（cost-keeping system）における役割が小さいことから，かれの管理職能は幾分限定されたものであった，という。しかも，かれらは，6人以上の助手（少年や婦人）を雇用することは少なかった。したがって，「かれらの影響力は監督責任よりもかれらの熟練の反映であ」り，内部請負人と同等の権力も職能も管理視点も持たなかった。つまり，これらの産業の熟練労働者は，ニュー・イングランドの機械工場の請負人に比して，助手も少なく，実際の作業が多く，管理責任も小さかった。比較的利潤（出来高収入と作業仲間に支払う賃金との差額）の多かった圧延工の場合も「基本的には生産監督者であり，雇用代理人として活動し」たのであり，「管理者というより労働者」であった。さらに，請負人は会社の幹部であったが，ミュール精紡工，ガラス吹工，陶工，パドル炉工，圧延工，そして鋳造工は最も強力な労働組合を形成したことを，ネルソンは付け加えている。[7]

　以上の検討から，内部請負制度がニュー・イングランドを中心とする北東部の機械工業（銃器，工作機械，ミシンなどの製造業）を基盤として普及していたことは，ほぼ間違いのない事実として確認できる。そして，内部請負制度を採用した企業は，クローソンの研究によって明らかなように，当時の大企業であり，技術的に最も進んだ企業であった。これらの点は，異論の余地のない共通認識と言ってよいであろう。

しかし，こうした共通認識と同時に，論者間に普及基盤についての認識に重大な齟齬が見られる。それは，内部請負制度それ自体に対する認識の問題とも関連する重要な問題である。

　まず問題となるのは，鉄鋼業において，内部請負制度が普及していたかどうか，である。圧延工場において，19世紀末にかなり広汎に内部請負制度が普及していたというローランドの主張に対して，ネルソンは，内部請負制度の普及基盤を機械工業に限定し，製鉄業の場合は似て非なる助手制度であると論じている。また，クローソンは，鉄鋼業の請負形態は集団請負であるために，内部請負制度の「変形」と捉えるのであるが，その普及基盤に含めている。しかしかれは内部請負制度と助手制度の区分に関する叙述部分では，パドル炉工や圧延工を請負人から除外しており，いくぶん矛盾した記述となっている。いずれにしても，この問題は，内部請負制度と助手制度の区分の問題に帰着する。

　さて，ローランドの記述によっても，またネルソンの見解からも両者がその内容においてきわめて類似した制度であることは明らかである。請負契約の存在，熟練工による自己の労働者の雇用・解雇，賃金支払い機能の保持，利潤の大きさなどの点で両者は明らかに共通している。しかし，両者は現場管理者としての責任範囲の大きさ，その労使関係上の位置において異なる。内部請負人の雇用労働者数は0～100人位まで請負う部門によって大きく異なるが，労働者数の少ない部門では当然自ら作業集団の長として作業を指導し，また実際に作業を行なう比率は高まる。しかし，作業規模が大きくなれば，請負人は作業者というよりも管理者としての立場が強まるのであって，この場合，数人の助手を抱え，自ら作業者として集団を指導する親方労働者と異なる。しかし，この点は量的な差違によって質が変化するために内部請負制度と助手制度を区別する明確な一線にはならない。それでは，もう一つの組合員であるかどうかのメルクマールであるが，請負人が組合員でないということは必ずしもかれらが労働者階級でないということを意味しない。クローソンは，「請負人の所得や自治の度合は管理者と同等であることを示す

が，請負人は明らかに労働者によってそして経営者によってもっと明白に経営者や幹部というより労働者階級に近いものであると見なされた。」と述べており，例としてホワイティン社の社長であったジョージ・マーストン・ホワイティン（George Marston Whitin）が，請負人を"job workers"とか単に"workers"と見なしていたことを挙げている。[8] したがって，組合員でないということだけで，労使関係上の立場を規定することは危険である。ただ，請負人が基本的に一定の職種に関する熟練工でありながら，なぜ労働組合に加入しなかったのか，という疑問は残る。

以上の検討によって，内部請負制度と助手制度を区分する明確なメルクマールを設定することは困難であることが，明らかとなった。つまり，両者はともに二重雇用関係を有し，熟練工は作業集団の管理者として指揮・監督した。それでは，一体両者の制度上の差違はどこに求められるのであろうか。ここで注目すべきは，ネルソンが挙げた両者の差違点である。まずかれは，助手制度の場合，熟練工は職長のもとで働く，と述べている。[9] したがって，その意味では，熟練工は自己の属する部門の最高責任者ではなかった。この点からすればかれらの管理権限や管理職能の範囲が，自己の部門の「独立した支配者」[10]たる機械工業の内部請負人に比して，狭小であったと見ることができよう。

2　個別企業における事例

上述したごとく，厳密な意味での内部請負制度の普及基盤は，北東部の機械工業に求められる。以下では，この機械工業に属する代表的な産業，すなわち紡織機械，銃器，工作機械，ミシン製造業を取上げ，内部請負制度が導入された個別企業の事例を検討しよう。

(1) 紡織機械製造業

最初の独立した紡織機械製造工場は，1810年にデビッド・ウィルキンソン（David Wilkinson）によって設立され，この工場は数多くの機械工（machinist）の養成学校になったと言われている。[11] 一般に，紡織機械製造

会社は，繊維工業の機械設備の政策・保守のための付属工場として出発し，19世紀前半に，紡織機械専門の製造会社として独立した。[12] その結果，「40年代半ば以降，紡織機械の製造は，綿・毛織物企業の付属物というより，専業機械製造会社の領分になった」。[13]

　紡織機械製造会社には，トレジャラー（treasurer）と呼ばれる常勤役員がおり，ボストンなどの商業中心地に居住して，会社の財務，法律上の業務，[14] 原材料の購買，販売代理店への製品の出荷などを担当していた。かれは，方針立案を行う取締役会と工場長の中間に位置し，会社の日常的活動の全般的指導を行う立場にいた。一方，工場はトレジャラーの居所から遠く離れた場所に所在し，（当時の主動力源が水力であったため，河川の近くに位置する必要があった）会社の雇用する工場長に日常業務が委ねられた。工場長は，工場労働者の管理者であると同時に，各種の機械の速度や生産量の調節ができる機械の専門家でなければならなかった。このように，購買，生産，財務，販売といった基本的な職能は，異なった場所で行われ，生産と販売は，「法的に異なる2つの企業の手」によって行われた。[15]

　トレジャラーを核とする経営陣が直接生産に関与しなかったのは，当時の生産技術上の問題と同時に，かれらが商業資本家出身だったためでもある，つまり，第2次対英戦争（1812〜1815年）後貿易業が不振に陥り，「定住商人たちは，1812年から1830年にかけてその資本を引き揚げ」，金融業や製造業にたずさわるようになったのであり，新しい事業について何ら知識も経験も有していなかった。[16]

　内部請負制度は，こうした企業の内部事情を背景として導入された。以下，紡織機械製造会社における内部請負制度導入の若干の事例を見ていこう。

　㈣　ロックス・アンド・キャナルス社（Locks and Canals Company, 1825年設立）

　詳細は不明だが，熟練機械工や監督（overseer）が会社と特定の仕事について請負契約を結び，自己の労働者を雇用・解雇・訓練したといわれてい

る。[17]

　㈦　サコ・ウォーター・パワー社（Saco Water Power Company, 1839年設立，従業員600人）

　ここでも，経験のある機械工（machinist）が請負によってある機械の特定部品を製造し，多くは少年である助手（help）を雇用して，単純な作業を繰返し行わせた。作業の遂行に必要なすべての工具と材料は，会社から支給された。請負人は，作業が工場長の満足するような形で完成した時，契約書の条件にしたがって支払いを受けた。さらに，請負人は，自分と自分の助手が働いた時間に対し毎日支払いを受け，請負人自身は日給8シリング（＝1ドル）を受け取った。

　会社は，請負人とは別に何人かの職工を直接雇用した。そのうち，たとえば時間係（time keeper）を例にとると，かれは1日4回工場を巡回して全従業員の作業時間の記録をとる一方，従業員や請負人に工具や材料を渡した。またあらゆる物品は事務所（countinghouse）に付属する倉庫に保管され，工場に引渡される場合記録された。

　鋳・鍛造職場では，請負人は雇用されず，会社が直接操業した。機械加工職場には，1850年に16人の請負人がおり，130人の職工と少年工を雇用していた。この時点の工場長の報告書に表われている工作機械の一覧表には，旧型の手動旋盤，溝削り機械（fluting engine）がまだ記載されていたが，それらにボール盤（vertical drills），squaring machines，平削盤（最大長26フィート，巾3.5フィートの平削可能），card cylinder turning engines, schaft straighteners，重量スラブ・カッター，エンジン付旋盤といった重量物の加工作業が可能な工作機械が加えられていた。[18] つまり，この20年間にアメリカの金属加工技術は，めざましい進歩を遂げたのであって，とくに動力で動く大型の精密な機械の利用にそのことが表われている。

　㈥　ローウェル・マシン・ショップ（Lowell Machine Shop, 1845年設立，従業員300人）

　ここでも内部請負制度が採用され，請負人は工場長と請負契約を結び，日

給を支払われた。材料や機械設備は工場側から支給され，請負人は請負作業を遂行するために，自己の労働者を雇用し，賃金を支払った。

1850年代には，アイルランド人の不熟練・半熟練助手が増大し，本国生れ労働者の優位が崩れていったが，職長や請負人は本国生れで独占していた。また1853年には，労働争議の後11時間労働日が採用されていた（一般的には12時間労働日であった）。[19]

同社の製品政策は，綿業機械への専門化で貫かれ，1861年以後機関車製造中止，1865年頃工作機械の製造中止によって綿紡織機械製造に完全に専業化した。[20]

㈡　ホワイティン・マシン・ワークス（Whitin Machine Works, 1868年設立）

ホワイティン社は，商業資本が産業資本に転化するという形で成立したサコ・ロウェル社と異なり，自生的産業資本として紡織機械製造業者に発展した会社である。すなわち，1864年に紡績工場 P. Whitin & Sons のマシン・ショップが分離・独立し，1868年に個人組織から法人組織に改組されて成立した。[21]

ホワイティン社の最初の請負記録は，1864年に表われ，従業員の約10分の1にあたる56人が請負作業にもとづいて支払いを受けた。

工場所有者は，熟練工と契約を結び，これにもとづいて熟練工は所有者に一定数の製品を明記された価格で供給した。通常，所有者は工場設備や工具だけでなく，すべての必要な材料や消耗品を供給した。熟練工は必要な労働者を選び，自ら「適当な」賃金を支払うか，所有者によって支払われる賃金を承認した。かれらは，日給以外に請負価格と請負作業に要する労務費との差額を受け取っていた。たとえば1864～1898年まで請負人であった紡錘部門長のヘンリー・F・ウッドマンシー（Henry F. Woodmancy）は，最初は2人の助手から始めて最後は50人以上の労働者を雇用したのであるが，かれの生涯の最後の23年間基本給は1日当り12シリング（2ドル），年間600ドルで変わらなかったが，かれの請負収入は，1888年5216.51ドル，

1889 年 7931.78 ドル，1891 年 3254.21 ドルとビジネス・サイクルに応じて変動した。しかし，かれの場合は特許権を会社に譲渡したためにとくに高い請負単価を与えられていたのであって，他の 4 つの部門長の通常請負収入は年間 2,000 ドル強であった。これに対して，最も熟練した日給労働者は年間 1,200 ドル強の収入しか得ておらず，請負人の所得がいかに高かったかが理解できよう。[22]

このように内部請負制度を導入していたホワイティン社の作業組織は一体どのようなものであったであろうか。ネイヴィン（T. R. Navin）によれば，1886 年の時点で，会社は 1 ダース以上の部門に分かれ，各部門が独立した「小企業」のような様相を呈していた。そして，これらの部門は，「機能よりも製品にもとづいて」設置されていた。たとえば，梳綿機の全部品は，1 ヶ所で製造され組立てられていた。つまり，1 人の監督の指導のもとに鋳造から最終組立までの全工程が遂行され，完成した機械が製造された。[23] このような叙述からすれば，ホワイティン社の作業組織は，「万能職場作業組織」[24]であったと推察される。したがって，部門監督者は，ある製品についてその全製造プロセスに対して責任を持つわけで，「かなり大きな権威と威信」を持つことになる。かれらは自己の従業員を雇用し，訓練し，賃率を決定し，かれらの仕事の段取りをし，解雇した。部門監督者は「自分自身の生産管理者として活動し」，自己の部門の「独立自治」を保持した。[25] かれらは形式上工場長によって製造命令を受けたが，実際上はほとんどそれを無視し，自己の記憶によって生産を行なったという。また，かれらは在庫管理機能も自ら非公式に行ない，命令が求める以上の部品を製造し，要求が少量の場合には，費用をかけずに在庫によってその要求を満たした。したがって，生産管理も在庫管理も部門監督者の頭の中で行われ，「管理上の繁文縟礼（red tape）は，最小限にとどめられ，いわゆる間接労働もほとんど知られていなかった」。[26]

(2) 銃器製造業

アメリカにおける最初の内部請負人利用の事例は，1798 年ネーザン・ス

ターの工場に見出される。かれは，政府から請負った銃剣の製造作業に内部請負人を利用し，銃剣や鞘の研磨などの工程に対して別個の請負人と契約した。契約は通常1カ月継続し，口頭によって更新された。しかし，機械工，工具製作者，木型工，工場整備係（shop tender）の仕事に対しては内部請負人を利用できなかった。[27]

これ以後，内部請負制度はコネチカット渓谷の銃器工場に広がっていくことになるのであるが，政府請負により成立し，工場制生産を発展させた銃器工業においては，1830年以前に設立された企業は，大部分1840年代に倒産ないし転業に追い込まれた。たとえば，ネーザン・スターは1845年に操業中止，L・ポメロイは1846年に小銃製造業廃止，シメオン・ノースは1840年代に転業を余儀なくされた。[28]

しかし，1830年代に無煙炭が産業用に大量に利用できるようになり，鉄と石炭の安価な入手が可能となることによって，金属加工業において工場が急速に普及するようになった。[29] その結果，1840年代には「非軍用市場向けに」銃の大量生産を行なうコルト，レミントン，ロビンス・アンド・ローレンス，ウィンチェスターの前身企業といった一群の企業が旧政府請負業者に代わって新たに抬頭し，1850年代にかけて大規模工場の建設を進めた。[30] これらの新興企業においても，内部請負制度は，「支配的な生産管理のための組織形態」として存続した。[31]

この頃，工作機械の発展による機械化の進展と工場組織の改善によって銃器労働者の熟練が平均的に下降し続け，大半の兵器製造者（armorers）は「機械監視工」（machine tenders）になるという状況が生じた。すなわち，以前は目と手の熟練によって行われていた作業を遂行するための機械が，ほとんどすべての作業を行なうようなところまで導入されたことによって，労働者は工作物を適正な位置に取付け，必要な油を注ぎ，機械を動かす以外することをなくした。その結果，作業に必要な熟練が減少したのであった。しかしその一方で，高度に熟練し，高給を得る労働者は残存した。かれらは後年，「鉄砲鍛冶と『機械工』（machinist）――機械監視工は時々こう呼ばれ

た──の混血児」と位置づけられた。[32)]

　こうした機械化による旧型熟練の不要化によって，一方には「機械を調整したり，修理したり，作業を段取りしたり，監督する一定数の高度に熟練した労働者」が存在し，かれらを「機械監視工としての少年工や他の不熟練労働者」が補助するという関係が成立することになった。

　このように旧型熟練が解体し，新たな熟練度にもとづく分業関係が形成されたにもかかわらず，「内部請負は産業を支配し続けた」のであって，直接雇用を維持し続けたスプリングフィールド兵器廠は例外的存在であった。[33)]

　しかし，次のコルト社（1846年再建）の事例に見られるように，請負人の独立性に一定の制限を設ける動きも出てきた。すなわち，コルト社では20～40人の内部請負人を雇用し，請負人1人当り1～40人の労働者を雇用していたが，請負人による不熟練労働者の搾取を制限するために最低賃金を設定し，解雇の際には工場長の承認を必要とすることにし，さらに請負人の作業を検査する検査係を雇用することになった。[34)] これは請負人の広範かつ強力な権限に対する所有者側による規制の先駆的事例である。

　次に，1881年には労働力の半数が請負人の下で働いていたウィンチェスター連発銃会社の事例を検討しよう。

　ウィンチェスター社の前身は，1854年に設立されたスミス・アンド・ウェッソン（Smith & Wesson）までさかのぼるが，この会社はウォルター・ハント（Walter Hunt）による連発銃の発明とその特許権にもとづいて設立された。翌1855年には，その事業を継承してコネチカット州ニューヘイブンにボルカニック連発銃会社（Volcanic Repeating Arms Company）が設立された。[35)] そして，この時すでに内部請負人が，その数は1,2名にすぎなかったが生産を委せられていた。[36)]

　1857年には，さらにニューヘイブン兵器会社（New Haven Arms Company）が設立されてその事業を継承した。同社の授権資本は5万ドルで総株式数2,000株のうち800株をウィンチェスター（O. F. Winchester）が所有し，かれは大株主であると同時に，社長，トレジャラー，組織の最高業務

担当者（active head）になった。[37] 1860年当時の平均従業員数は68人で，年間製造価額は25,000ドルであった。[38] この会社のヘンリー（B. T. Henry）は新しい弾薬（metalic cartridge）を発明し，1860年にこの弾薬を使用した連発銃が製作され，最初の実用的な連発銃が世に送り出された。[39] ウィンチェスターはヘンリーに5,000挺の銃の製造を請負わせたが，これは内部請負によって行われた。[40] この契約のもとでヘンリーは，ニューヘイブン兵器会社の工場で会社の設備と原材料を使用して製造を行ない，自己の労働者を雇用し，監督し，賃金を支払った。かれの収入は，自己のコストと請負価格の差額であり，かれはこの請負のもとで工場長として活動を続けたが，その賃金は支払われなかった。この契約は5年間継続し，ヘンリーはその間に約15,000ドル稼いだが，その額は工場長として受け取ったであろう所得の2倍であった。この請負契約は，ウィンチェスターが自分たちの取得した発明に特許権の使用料を支払わないために，つまり特許料の代わりに結んだものであった。これらのことから，南北戦争前までは，請負人は「小銃製造の全過程について責任をおっていた」[41] つまり万能職場の監督としてふるまっていた，と考えられる。

　南北戦争後の1866年にニューヘイブン兵器会社はウィンチェスター連発銃会社となり，連発銃の新しいモデルを作り出していくことになるのであるが，南北戦争による銃と弾薬市場の拡大は，互換性部品生産方式の改善と結びついて作業組織の変化をもたらした。つまり，製造過程が細分化（銃身，レシーバー，銃尾，小部品などの製造部門に分化）され，それに対応して請負人数も増加した。これに伴い，構成部品の最終組立への流れの規制や作業結果の検査が必要となった。さらに，工場と設備の維持，光熱と動力の準備，簿記，部門間の部品移動の仕事は，工場所有者の直接的業務であった。1876年には，銃製造過程は，12の大部門と6の小部門に分割され，請負人が各部門の長となり製造責任を負った。[42] いわゆる「品種別職場作業組織」の形成である。

　1881年にトップの人事異動があり，内部請負人に対する統制が緊密化し

てくるのであるが，これに伴って，初めて完全な請負記録が保持され，請負価格も正式に記録されるようになる。[43] この頃銃工場では，約半数が部門請負人の雇用する従業員であったが，かれらは主に生産と直接関連した部門（部品製造，仕上作業）で利用され，維持・検査・組立部門では，会社が直接雇用した従業員が用いられた。また圧延工場（rolling mill），蒸気工場（steam plant），鍛冶工場（forge shop），製図・モデル室は会社職長が管理し，専用機械，ジグ，フィクスチュアを作る機械工場（machine shop）には，内部請負制度の変形が存在した。[44]

さて，主に部品製造部門において利用された内部請負制度の中身はどのようなものであったであろうか。内部請負人の権限と機能は，自己の労働者の雇用と解雇，賃金の決定，そして作業の管理であった。これに対し，作業場と機械，光熱，動力，特殊工具，作業用の型は，会社によって供給された。請負人の所得は，請負利潤と最低所得保証としての日給からなっていた。請負利潤の計算は，次のようにして行われる。まず検査を通った完成品100コ毎に請負人の貸方に記入し，労働者の賃金，油，やすり，ウエスの費用を借方に記入して両者を差し引きした残額が請負利潤となる。[45] 典型例として，銃床部を請負ったハリス（J. B. Harris）の勘定（1886年）を以下に掲げておこう。

貸 方 合 計		$ 16,613.35
控　除：		
労働者の賃金総額	$ 14,183.23	
消 耗 品 費	685.14	14,833.37
請 負 利 潤		1,779.98
日　　　給		1,110.40
年 間 総 所 得		$ 2,890.38

　　（出所）H. F. Williamson, *Winchester*, Combat Forces Press, 1952, p.88.

請負人の総所得のうちで，請負利潤は高い割合を占めており，重要な収入源であると同時に，労働者への賃金支払額はその額を決定するきわめて大き

(3) 工作機械製造業

　前述の紡織機械製造業同様，工作機械は19世紀中葉までは，製造会社（織物製造業や銃器製造業）に付属する機械工場で内製されていた。[46] しかし，1830年代には工場が拡大し，多くの分野で機械化が開始され，新しい織物工場の建設，製紙業におけるアメリカ製機械の設置，長靴メーカーと製靴業者による部分的に機械化された工場の建設が進められた。こうした動きに対応して，「工作機械製造は，田舎の鍛冶屋的なものから，はねハンマーと動力で動く鍛冶工場で装備した工場（shops）へ脱皮し始めた」。[47] こうした発展の一因は，20年代の商業的投機による利潤にもとづく資金の蓄積と銀行や新しい保険会社による資金提供が容易になったことである，といわれている。

　すでに1830年前後に，アメリカで最も早く工作機械が市場生産をもくろんだ企業が誕生するが，工作機械製造に専業化した企業が登場するのは1850年から1860年代にかけての時期である。[48] 1840年までは製造業者は広範な製品を局地的市場に向けて生産していたのであり，その理由の1つは「機械輸送の高コスト」であった。この機械輸送のネックを取り払ったのが，全国的鉄道網の発展による輸送の改善とそれに伴う貨物輸送費の低下であった。[49] さらに「1840年代末～1850年代に安価な石炭が有用になり，輸送とコミュニケーションが改善された」ことによって，従来主要な市場であった銃器製造や紡織機械製造に加えて，時計，ミシン，タイプライター，自転車，農業機械，蒸気機関車などの機械工業が発展し，工作機械の市場基盤を拡大した。[50] たとえば，ミシンの生産台数は，1863年7,000台，1872年60万台，1900年75万台と急速に増大した。[51] とくに，ミシン製造業は，工作機械製造業の発展を促進した立役者であった。たとえば，1850年まで時計や測定器具の製造と修理に従事していたブラウン・アンド・シャープ社は，1858年にウィルコックス・アンド・ギブス（Willcox&Gibbs）社のミシンの生産を開始したことによって大きな成功を得，工場を拡張し，工作機械の

本格的生産に乗り出し，種々のすぐれた工作機械を市場に供給することになったのである。同社が製造した最初の工作機械は，タレットねじ切盤 (turret screw machine) で，最初はプロビデンス・トゥール社 (Providence Tool Co.) のミシン部品製造用の機械として出発したが，南北戦争勃発後，他の製造業（たとえば，金物類と工具，製靴機械，機関車，ライフルと弾薬，工作機械など）に普及した。[52] また，1860年代初めに初歩的な円筒研磨盤 (cylindrical grinder) が製作され，ウィルコックス・アンド・ギブス社のミシン針や足踏棒 (foot bars) などの部品を研磨するために使用された。この機械は，後に種々の改良が加えられ，1876年に至って完全な万能研磨盤 (universal grinder) が製作された。[53] さらに，当初の予想をはるかに上回る影響を金属加工業に及ぼした万能フライス盤 (universal milling machine) もミシン製造上の問題を解決するために，ブラウン・アンド・シャープ社によって開発された。この機械は，プロビデンス・トゥール社に1862年に販売され，スプリングフィールド製マスケット銃の製造に使用されたのであるが，この機械は驚くほど有用性が高く，あらゆる種類のら旋フライス削り作業や歯切り，あらゆる種類の不規則な金属形状の切削に利用できた。そのため，ブラウン・アンド・シャープ社は10年のうちに万能フライス盤を金物類，工具，刃物類，錠前，銃器，ミシン，紡織機械，印刷機械，機関車の製造業者，機械工場と鋳造所，工作機械製造業者に販売した。[54] 1877年には，自動歯切盤 (automatic gear cutter) の製造が開始され，かさ歯車 (bevel gear) と平歯車 (spur gear) 用の小型のものと汎用の大型機械が同年発表された。[55]

以上のような経過を辿って工作機械製造会社は生成し，発展したのであるが，銃器工場同様，これらの工場作業には高度に熟練した労働者[56]が必要であり，内部請負制度が南北戦争後も長く存続した。[57] この制度の下では，有能な親方労働者 (master workman) が工場側と契約し，原材料，工具，そして動力の供給を受けながら，自己の部門の製品を一定量製造することを請負った。かれは，自己の労働者を雇用し，賃率を決定した。請負契約の期

間は1年ないし請負った仕事の完成時までであった。また，請負制はしばしば，とくに初期において，一種の徒弟制度として機能し，未経験の少年工を熟練工に養成した。請負人は独立した工作機械製造業者になる場合もあった。たとえば，プラット・アンド・ホイットニーやワーナー・アンド・スウィージーといった工作機械メーカーの社長は，最初は内部請負人であった。[58)]

(4) ミシン製造業

ミシンの製造は，1846年にホウ（E. Howe）が特許を認可されて以降急速に増大した。[59)] そして，特許をめぐる裁判闘争が終結し，特許プールが形成された1856年以後新たな発展段階を迎えた。この特許プール（1856〜1877年）によって，市場獲得競争が開始されたが，ミシンの価格は，期間中ほぼ65ドルに設定された。そのため，市場は「準標準価格（near-standard price）と基本的テクノロジーを共有する競争者によって性格づけられ，規模の経済が生き残り企業を選択することになった。企業は，低生産費を得るため大量生産の規模を実現する必要があったのである。互換性部品を製造するのに必要な工作機械の導入は，莫大な「固定費投資」（fixed-cost investment）を意味し，それはまた大量生産を求めた。[60)] こうして，1860年以後ミシン製造企業は急速な集中化と規模拡張を遂げる。1860〜70年にかけて，企業数は75社から49社に減少し，1社当り平均従業員数は約30人から約150人に増大した。また1880年には，従業員総数の約2分の1が1,000人以上の工員を有する工場に雇用され，約30％は300〜1,000人の工場に雇用された。これらの結果，製造現場に雇用された労働者のうち熟練労働者の比率は約3分の1になった，といわれている。[61)]

ミシン製造工場のしかるべき製造部門では，通常，工員は日給でなく，出来高給制度ないし内部請負制度によって雇用され，内部請負人は，工場長のもとで職長機能を代行し，日給ないし出来高給によって自ら工員を雇用し，作業を遂行した。[62)] ミシンの製造作業は，タイプライターや自転車などと並んで，銃器製造よりもはるかに高い精密さを要求したといわれている。[63)] こ

こでは，シンガー社を事例としてミシン工業における内部請負制度の実態を考察しよう。[64]

シンガー社は1850年に設立され，ミシンの製造と販売に乗り出した。1863年の時点で，シンガー社のニューヨーク工場には約700人の従業員がいたが，その製造作業はすべて旋盤と平削盤で行われ，「部品は全く『測定』されず，組立は非常に高くつき」，「互換性から程遠い」状態であった。そして，当時の賃金は，原則的に日給によって支払われていた。しかし，前述したような工作機械工業の発達により，1863年に10台のフライス盤を設置し，その成功によってガング・ドリル (gang drills) やねじ切盤 (screw machines) を導入し，その結果「すべての部署が急速に銃器工場の水準に達した」。[65] そして，「これら一連の改良された工作機械の導入によって，熟練ないし専門労働者 (skilled or specialized laborers) が機械工 (machinists) に代わって必要となり，内部請負制度が導入され，日給制度は消滅した。1866～67年には内部請負制度が一般化し1883年に固定給職長にとって代わるまでの15年間存続した。[66]

最初は，各請負人が自己の労働者を雇用し，賃金を支払い，そして解雇した。会社側は，請負人の部門に対して何らの規制も行わず，請負人が完全に作業を管理していた。かれらは，自己の工具を保持し，改良した。会社側は，かれらの部門内の事柄についてはほとんど無知であり，推測によって請負単価を引下げることが会社側の唯一の規制方法であった。そのため，200人以上の労働者を支配する大請負人は，年間1万ドル以上の収入を得ていた。しかも，会社側による毎年の単価引下げにもかかわらず，かれらの収入は大して変化しなかったのである。

注
1) H. Roland, "Six Examples of Successful Shop Management, V," *The Engineering Magazine*, Vol.12, No.6. March 1897, pp.994-995.
2) C. M. Green, "Light Manufactures and the Beginnings of Precision Manufacture," in H. F. Williamson, ed., *The Growth of the American Economy*, second edition, Prentice-Hall, New York, 1955, pp.208-209. 井上忠勝氏もノウルトン (E. H. Knowlton) に依拠しつつ，北部ニュー・イングランド紡績会社（ペパレル製造会社，1850年設立）に内部請負制度は

存在しなかったとしている。ただ，各部門の長たる overseers が労働者を雇用・訓練・解雇し，さらに賃金簿を作成しており，職長の権限は内部請負人のそれに近かったという。（井上忠勝『アメリカ経営史』，122頁。cf. E. H. Knowlton, *Pepperell's Progress : History of a Cotton Textile Company, 1844-1945*, Harvard, 1948, p.66.）

3) C. M. Green, *op.cit.*, p.208.
4) H. F. Williamson, *Winchester : The Gun that Won the West*, Combat Forces Press, 1952, pp.86-87.
5) D. Clawson, *Bureaucracy and the Labor Process*, pp.75-79.（邦訳書，75-79頁。）
6) *Ibid.*, p.92.
7) D. Nelson, *Managers and Workers*, pp.38-40.（邦訳書，71-74頁参照。）クローソンも，「内部請負制度と助手制度を区分する明確な一線は存在しない」としながらも，──「50〜100人の部下を単に監督するだけの請負人は，1人の助手に補助される熟練工とは明らかに異なる」と述べている。そして，このような熟練工を請負人と見なさない理由として，1つは作業規模が小さいこと，つまり助手の数が半ダース以下であること，第2にミュール精紡工，ガラス吹工，陶工，パドル炉工，圧延工などの熟練工が強力な組合のメンバーであったこと，を挙げている。（D. Clawson, *op,cit.*, pp.94-95.）
8) D. Clawson, *op,cit.*, p.112.（邦訳書，113頁。）
9) 1860〜70年代の製鉄業の工場の組織は，ライン管理組織であったが，たとえば高炉前作業の場合，熟練工たる吹錬工は技術者たる吹錬工長に直属していた。平尾武久稿「内部請負制の展開と労務管理の歴史的性格──産業資本確立期のアメリカ鉄鋼業を中心として──」札幌大学『経済と経営』第12巻第3号，1981年12月，112頁。
10) H. Roland, *op.cit.*, p.995.
11) J. T. Lincoln, "Material for a History of American Textile Machinery," *Journal of Economic and Business History*, Vol.IV, p.263. 大東英祐「アメリカ工作機械工業の技術と経営」『経済研究』成城大学，第34号，1966年，114頁。
12) 繊維工業は，紡績機械製造企業の母体であるばかりでなく，工作機械や機関車製造企業（たとえば，ローウェル・マシン・ショップスやボールドウィン機関車製作所など）の源流でもあった。（西郷幸盛・相馬志都夫『アメリカ機械製造工業の発展と Industrial Management ──1860〜1980──』中京大学商学研究叢書編集委員会，1981年，76頁。）

次頁の図は，綿工業企業から紡織機械製造会社が独立したことを示している。
13) C. M. Green, *op.cit.*, p.201.
14) 具体的には，株式未払分の集収，勘定の決済，清算で受け取った手形の割引，会社資金の保管と管理，工場長から提出された詳細な営業数字の再検討，概要数字と営業情報の取締役への提出，といった仕事である。G. S. Gibb, *The Saco-Lowell Shops*, Harvard University Press, 1950, p.127.
15) A. D. Chandler, Jr., *The Visible Hand*, 1978, pp.68-72.（鳥羽欽一郎・小林袈裟治訳『経営者の時代』（上），1979年，120-126頁。）
16) 鳥羽欽一郎『企業発展の史的研究』ダイヤモンド社，1981年，211-212頁参照。
17) G. S. Gibb, *op.cit.*, p.89.
18) *Ibid.*, pp.145-148, pp.636-637.
19) *Ibid.*, pp.216-217.
20) *Ibid.*, p.291.

II 内部請負制度の普及

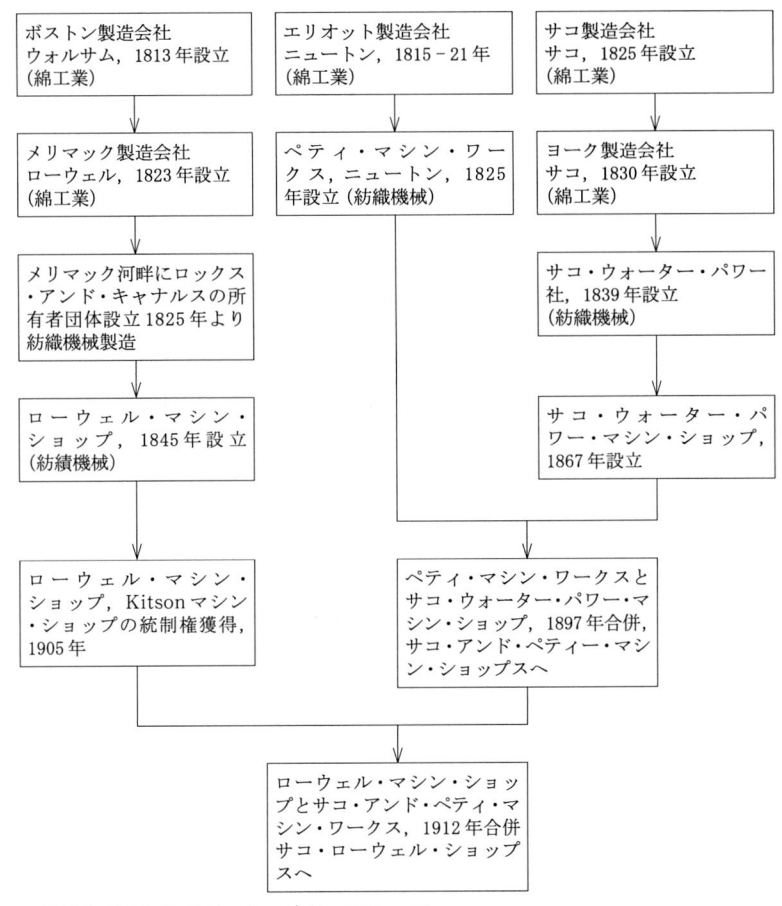

```
┌─────────────────┐     ┌─────────────────┐     ┌─────────────────┐
│ ボストン製造会社  │     │ エリオット製造会社│     │ サコ製造会社     │
│ ウォルサム,1813年│     │ ニュートン,      │     │ サコ,1825年設立  │
│ 設立(綿工業)     │     │ 1815-21年(綿工業)│     │ (綿工業)         │
└────────┬────────┘     └────────┬────────┘     └────────┬────────┘
         ↓                       ↓                       ↓
┌─────────────────┐     ┌─────────────────┐     ┌─────────────────┐
│ メリマック製造会社│     │ ペティ・マシン・ │     │ ヨーク製造会社   │
│ ローウェル,1823年│     │ ワークス,ニュー  │     │ サコ,1830年設立  │
│ 設立(綿工業)     │     │ トン,1825年設立  │     │ (綿工業)         │
│                 │     │ (紡織機械)       │     │                 │
└────────┬────────┘     └────────┬────────┘     └────────┬────────┘
         ↓                       │                       ↓
┌─────────────────┐              │              ┌─────────────────┐
│ メリマック河畔に │              │              │ サコ・ウォーター  │
│ ロックス・アンド │              │              │ ・パワー社,1839年│
│ ・キャナルスの所 │              │              │ 設立(紡織機械)   │
│ 有者団体設立1825 │              │              │                 │
│ 年より紡織機械製造│             │              └────────┬────────┘
└────────┬────────┘              │                       ↓
         ↓                       │              ┌─────────────────┐
┌─────────────────┐              │              │ サコ・ウォーター・│
│ ローウェル・マシ │              │              │ パワー・マシン・ │
│ ン・ショップ,   │              │              │ ショップ,1867年  │
│ 1845年設立       │              │              │ 設立             │
│ (紡績機械)      │              │              └────────┬────────┘
└────────┬────────┘              │                       │
         ↓                       ↓                       ↓
┌─────────────────┐     ┌─────────────────────────────────────────┐
│ ローウェル・マシ │     │ ペティ・マシン・ワークスとサコ・ウォー  │
│ ン・ショップ,   │     │ ター・パワー・マシン・ショップ,1897年  │
│ Kitsonマシン・シ │     │ 合併,サコ・アンド・ペティー・マシン・   │
│ ョップの統制権獲 │     │ ショップスへ                           │
│ 得,1905年       │     │                                         │
└────────┬────────┘     └────────────────────┬────────────────────┘
         └────────────────────┬──────────────┘
                              ↓
              ┌─────────────────────────────────┐
              │ ローウェル・マシン・ショップとサ │
              │ コ・アンド・ペティ・マシン・ワー │
              │ クス,1912年合併                 │
              │ サコ・ローウェル・ショップスへ  │
              └─────────────────────────────────┘
```

(出所) HBS. Bulletin, Jan./Feb. 1891, p.26.

21) 井上,前掲書,99-109頁。
22) T. R. Navin, *The Whitin Machine Works since 1831*, pp.142-144.
23) *Ibid.*, pp.139-140.
24) 万能職場作業組織とは,1つないし2つ以上の「万能職場」から成る作業組織である。「万能職場」とは,「各種の万能機械ないし汎用機械が集合配置」された職場を意味し,その1つの職場で各種製品が完成される「全体作業職場」である。この作業組織は,きわめて低次の工場内分業段階にあり,職場間には「わずかに単純協業が成立しうるのみ」であり,分業の高度化にともなって,「機種別職場作業組織」,「品種別職場作業組織」,「流れ作業組織」へと発展する。(藻利重隆『工場管理』新紀元社,1961年,145-159頁。)
25) T. R. Navin, *op.cit.*, 140-141.
26) *Ibid.*, p.142.

27) H. F. Williamson, *op.cit.*, pp.86-87. F. J. Deyrup, *Arms Makers of the Connecticut Valley : A Regional Study of the Economic Development of the Small Arms Industry, 1798-1870*, George Banta Publishing Company, 1948, p.101.
28) 小林袈裟治「近代的企業成立期における一経営形態——部品互換方式の経営的基礎——」『竜谷大学経済学論文集』3巻1号, 1963年7月, 86-87頁。
29) 無煙炭産出量は, 1828年9万1,100トン, 1830年29万600トン, 1837年103万9,000トンと増大し, 1840年代半ばには200万トンを超えるようになった。また価格は, 1830年代中葉までにトン当り10ドルから5ドル以下に, 1840年代中葉までに3ドルに下落した。(A. D. Chandler, Jr., *op.cit.*, p.76, 邦訳書（上）, 132-133頁。)
30) A. D. Chandler, Jr., "Anthracite Coal and the Beginnings of the Industrial Revolution in the United States," *Business History Review*, Vol.XLVI, No.2, Summer 1972, p.169.
31) 小林, 前掲論文, 98頁。
32) F. J. Deyrup, *op.cit.*, p.160. 塩見氏は, より具体的に銃器工業における機械化とそれにともなう熟練の移転を明確にしている。すなわち,「アメリカ銃器工業は,『不規則部品』の加工作業の機械化をすすめ, 1840年代には多様化した銃器製造用の専門的工作機械（落し鍛造機による型鍛造・フライス盤・形彫り盤・タレット旋盤・多軸ボール盤）を土台とした互換性生産方式を実現させていた。専門的工作機械は一般に, 専用取付具・専用切削工具など機械用補助工具を装備し, 切削速度・送り・切込みなどは一定に固定されている。したがって, 専門的工作機械につく機械工は, 作業方法設定のための精神労働やそれにもとづく機械への加工条件付与作業（複雑なレバー・ハンドルの操作による加工対象や工具の位置ぎめ, 切削速度・送り・切込みの調節）は不用となり, 単なる取付→始動→停止→取はずしからなる機械の監視労働をおこなえばよい。専門的工作機械は, 紡績機械と同一水準の自動機械に到達したといえる。」(塩見治人『現代大量生産体制論——その成立史的研究』森山書店, 1978年, 86-87頁。)
33) スプリングフィールド兵器廠では, 1832年に内部請負制度に類似した熟練工による徒弟の雇用が禁止されており, 一貫して直接雇用制度がとられた。内部請負制度が採用されなかった理由は定かではないが, 内部請負人の雇用する不熟練労働者の昇進機会が限られているために, 兵器廠に対する忠誠心が高まらないこと, また内部請負制度のもとで十分な労働力を確保するには, 賃金等級に融通性が必要であるが, 政府兵器廠ではそれが得られない, といったことがディラップによって挙げられている。要するに, 政府兵器廠という官営工場の特殊な事情が内部請負制度の導入を阻止する要因になったと思われる。ただ, ハーパース・フェリー兵器廠では, 内部請負が用いられていたようである。F. J. Deyrup, *op.cit.*, p.101, pp.161-162.
34) *Ibid.*, p.161. 小林袈裟治『アメリカ企業経営史研究』有斐閣, 1979年, 77-78頁。
35) 井上, 前掲書, 129-130頁。
36) J. Buttrick, "The Inside Contract System," *Journal of Economic History*, Vol.XII, No.3, 1952, p.207.
37) H. F. Williamson, *op.cit.*, p.21.
38) *Idid.*, p.23.
39) 井上, 前掲書, 130頁。
40) H. F. Williamson, *op.cit.*, p.30.
41) 井上, 前掲書, 131頁。
42) J. Buttrick, *op.cit.*, pp.207-208.
43) H. F. Williamson, *op.cit.*, p.87.

Ⅱ　内部請負制度の普及　　57

44) *Ibid.*, p.88.
45) *Ibid.*, p.87.
46) C. M. Green, *op.cit.*, p.206. チャンドラーも，1830年代半ば以前は専門機械工場はほとんど存在しなかった，と述べている。A. D. Chandler, Jr., "Anthracite Coal and the Beginnings of the Industrial Revolution in the United sates," *Business History Review*, vol. XLVI, No.2 Summer 1972, p.169.
47) C. M. Green, *op.cit.*, pp.199-200.
48) *Ibid.*, p.206.
49) N. Rosenberg, "Technological Change in the Machine Tool Industry 1840〜4910," *Journal of Economic History*. 1963, Vol.23, No.4, p.418.
50) A. D. Chandler, Jr., "The American System and Modern Management," in O. Mayr & R. C. Post, ed., *Yankee Enterprise : The Rise of the American System of Manufactures*, 1981, p.156. 大東，前掲論文，126頁。
51) 同上，120頁。
52) N. Rosenberg, *op.cit.*, pp.431-432. 西郷・相馬，前掲書，79頁参照。
53) L. D. Burlingame, "Pioneer Steps Toward the Attainment of Accuracy," *American Machinist*, Vol.41, No. 6, August 6, 1914, p.242.
54) N. Rosenberg, *op.cit.*, p.433.
55) L. D. Burlingame, *op.cit.*, pp.242-243.
56) かれらは，スプリングフィールド兵器廠その他の初期金属加工企業で訓練を受けた熟練機械工 (skilled mechanics) であり，大量生産方式による金属製品製造のための機械を考案し，工作機械専業企業の設立を助けた。(A. D. Chandler, Jr., *The visible Hand*, p.271, 邦訳書，467-468頁。
57) C. M. Green, *op.cit.*, p.208.
58) E. G. Ferguson, "History and Historiography," in O. Mayr and R. C. Post, ed., *Yankee Enterprise*, 1981, p.10.
59) J. W. Roe, "Development of Interchangeable Manufacture," *American Machinist*, Vol.40, No.25, June 18, 1914. p.1084. ランデスによれば「ミシン開発の本系譜は，エリアス・ハウ（先に目処のある針，下糸用梭，特色のある綴糸，1846年），アイザック・シンガー（ペダルと垂直針，1851年。その後改良），アレン・B・ウイルスン（回転フックと木管——これによって，往復運動を連続運動の方に直せるようになった——と4動作送り，1850年および1854年）と繋っている」。(D. S. ランデス著，石坂昭雄・冨岡庄一訳『西ヨーロッパ工業史——産業革命とその後 1750-1968——』1, みすず書房，1980年，318-319頁。)
60) D. O. Whitten, *The Emergence of Giant Enterprise, 1860-1914 : American Commercial Enterprise and Extractive Industries*, Greenwood Press, 1983, p.82.
61) C. H. Fitch, "Report on the Manufactures of Interchangeable Mechanism," in Report on the Manufactures of the United States at the Tenth Census, 1880, in Maxwell Reprint Company, compiled, *American Industry and Manufactures in the 19th Century*, A Basic Source Collection, Vol.8, 1970, pp.651-652.
62) *Ibid.*, pp.649-650.
63) ランデス，前掲書，335頁。
64) 以下の叙述は，H. Roland, *op.cit.*, pp.997-998 を参照。

65）　また，この一連の新型機械の導入によって，1854 年第 2 半期に 331 台であった生産台数が，1864 年第 3 四半期には 7,368 台に増加した。(D. O. Whitten, *op.cit.*, p.82.)
66）　シンガー社の内部請負人は比較的少なかったようである。機械加工（machining）と組立両部門を Hans Reiss が請負い，部品や完成した機械の検査は William Smith が，そして組立てられたミシンの調整は William Inslee が請負った。その他シャトル（下糸入れ）製造，塗装，針製造，箱詰などを請負う者がいた。D. A. Hounshell, "The System : Theory and Practice," in *Yankee Enterprise*, p.144.

Ⅲ　内部請負制度の普及要因

　以上の考察と分析によって，内部請負制度の普及プロセスと普及要因を整理すれば，以下のようになろう。

　まず，内部請負制度の普及は，工場制度の発展と密接な関係を持っている。チャンドラー（A. D. Chandler, Jr.）によれば，アメリカにおいて 1840 年代以前に，50 人以上の常勤労働者を雇用し，「中央集中方式の動力源や熱源に依存する一連の機械類，鋳造場，溶鉱炉を備えた」工場（factory）が，かなりの数存在したのは繊維工業だけであり，これと同様の特徴を持った製造企業は，陸軍向けに火器を製造する企業だけであった。[1] つまり，1840 年以前のアメリカで「工場制的生産形態」をとり，作業現場の管理を必要とした産業は，繊維工業と火器製造業に限定されていた。しかも，「1830 年代中葉以前の合衆国において，アダム・スミスの有名なピン工場と同様に広範な内部分業制をとっていた産業企業は，少数の銃器製造施設だけ」だったのであり，スプリングフィールド兵器廠は，「広範な内部専門化を発展させた合衆国で最初の工場であり，またきわめて数多くの近代工場の管理技術が最初に出現した産業である金属加工業に属していたために，統合された織物工場よりもはるかに重要な，近代工場の原型となった」といわれている。[2] 前述の事例研究やこうした指摘から，初期の内部請負制度は，むしろ直用制が一般的であった繊維工業でなく銃器工業を主たる基盤として普及していたものと考えられる。

　しかし，内部請負制度の広汎な普及は，1840 年代以降の機械工業の発達

によってもたらされる。そして，その機械工業の発展に大きく寄与したのが鉄鋼業の発展である。19世紀初頭には，鉄は大部分海外から輸入されており，1832年にニューイングランドにおける最大の鉄製品製造企業は，必要量の70％を海外から得ていた。[3] しかし，1840年代後半からは，燃料が木炭から無煙炭に切換えられることによって，国内鉄産出量が急激に増大した。表1-3は，そのことを明瞭に示している。

　木炭を燃料に使用した場合，1日の製鉄量は2～4トンに過ぎないが，無煙炭の使用によって製鉄能力は，週40トンに増大した。[4] しかも，燃料費は，木炭ではトン当り20ドルであるのに対し，無煙炭では3.25ドルと約6分の1であり，鉄の製造コストも前者ではトン当り82ドル，後者では47ドルで約2分の1であった。[5] このような国内鉄産出量の急速な増大と石炭と鉄の価格低下によって，鉄製品製造企業が簇生することとなった。さらに，蒸気機関の普及や鉄道網の拡張が，この動きを加速した。また，「19世紀中葉の数10年間に，銃器製造業で発達した金属加工技術が種々の成功をもって他産業に持ち込まれた」[6]。

　こうして，繊維産業からの紡織機械製造業の独立，民間銃器製造業の発展，ミシン製造業に代表される耐久消費財産業の生成，そしてこれら産業の発展に市場基盤を与えられた工作機械工業の発展が，1850～60年代にかけて急速に進展する。そして，これらの産業の発展にともなう工場制度の普及を基盤として内部請負制度は普及していったのである。

　それでは，企業が内部請負制度を採用した直接的理由は何だったのであろうか。まず，チャンドラーの記述を手がかりにして，この点を考察しよう。かれは，内部請負制度の普及について次のように説明している。すなわち，1840年代後半から1850年代にかけて，石炭価格の値下がりと輸送とコミュニケーションの改善によって，錠前，時計，ミシン，農業機械，連発銃，ライフル，ショットガンの製造において，標準部品の量産が普及し，これらの製品に対する消費者需要が1873年恐慌まで順調に増大した。この需要の増大に対処するために製造業者は製造技術の改良に専念し，そのため管理手法

表1-3 アメリカ合衆国における銑鉄総生産トン数の推移

年	トン数
1810	54,000
1820	20,000
1828	130,000
1829	142,000
1830	165,000
1831	191,000
1832	200,000
1840	315,000
1842	215,000
1846	765,000
1847	800,000
1848	800,000
1849	650,000
1850	564,755
1852	500,000
1854	736,218
1855	784,178
1856	883,137
1857	798,157
1858	705,094
1859	840,627
1860	919,770
1861	731,544
1862	787,662
1863	947,604
1864	1,135,996
1865	931,582
1866	1,350,343
1867	1,461,626
1868	1,603,000
1869	1,916,641
1870	1,865,000
1871	1,911,608
1872	2,854,558
1873	2,868,278
1874	2,689,413
1875	2,266,581
1876	2,093,236

(出所) A. S. Bolles, *Industrial History of the United States*, 1879, Henry Bill pub., pp.201-202.

の改善に時間をさく余裕がなく，熟練した職長に労働力の募集，訓練，管理といった工場の日常業務を委ねた。そして，とくに複雑な加工技術が必要な

部門では，職長は特定期間に一定数の部品を納入する契約を結び，内部請負人となった。こうして次第に内部請負制度が採用されていった，と。[7]

チャンドラーは，内部請負制度とアメリカン・システムを密接に結びつけて捉えるのであるが，[8] ホワイティン・マシン・ワークスの事例のごとく，内部請負制度の普及基盤は，必ずしもアメリカン・システムを採用した企業のみではない。ただ，D. ネルソンのごとく，「精密な作業に対する技術的・管理的要求に対応して，19世紀を通じてアメリカン・システムに内部請負制度が付随していた」[9] と言うことはできよう。つまり，アメリカン・システムと内部請負制度の密接な結びつきは，銃器やミシン製造業の事例に典型的に見られるように，確認できるが，アメリカン・システムのみで内部請負制度を説明するには一定の難点がある，ということである。

ところで，チャンドラーは，内部請負制度が導入された理由を，製造業者が需要増大に対応しようとして製造技術の改善に集中したために，製造現場の管理を内部請負人に肩代わりさせた，と述べているが，果たしてそのような消極的理由だけで内部請負制度が採用されたのであろうか。経営者側の主観的要請，つまり「管理回避」[10] 要求，が1つの理由であったことは否定できないとしても，それだけでは不十分であり，より積極的な理由が求められる。すなわち，大量需要に直面した製造業者が生産能率を上げようとすれば，当時の「熟練工の牙城」（ランデス）たる組立工業の製造現場に介入できない経営者側は，むしろ製造現場の外側から金銭的刺激を行うしかなかったのであり，そのために内部請負制度や出来高給制度が採用された，と考えられる。[11] そして，製造技術の改良も，こうした迂回的方法によって，熟練機械工が自己の利益増大を目ざすことによって実現されていったものと思われる。

以上の理由によって，内部請負制度が普及していったものと考えられるが，ウィンチェスター社の事例に見られた製造工程の細分化やシンガー社の事例のごとき専用工作機械 (special-purpose machine tools) の導入[12]による作業の専門化の進展は，内部請負人数を増大させた直接的原因である

と同時に，内部請負のあり方に一定の変質を迫った。すなわち，製造工程の細分化やタレット旋盤やフライス盤に代表される新型専用機械の導入は，従来の内部請負人の熟練を変化させ,[13] 作業組織を万能職場作業組織から品種別（部品別）職場作業組織に再編する基盤となったのであり，これは以後内部請負人は，ある製品に特化した企業の機械加工職場で一定の部品の製造を請負うという形で，請負作業を遂行した。

しかし同時に，こうした工場内分業の進展は，万能職場で絶対的権威をふるっていた内部請負人の権限範囲を縮小することになったし，コルト社の事例に見られるように，経営者側による請負人の権限に対する規制をもたらした。また，このことは細分化した部門間調整の問題を惹起し，経営者側に直接的管理の必要性を意識させる要因ともなった。[14]

したがって，内部請負制度の普及は，経営者側による直接的工場管理の引き金でもあった。

注
1) A. D. Chandler, Jr., *The Visible Hand*, p.51, p.57. （邦訳（上），95頁，105頁）参照。
2) *Ibid.*, pp.72-73. （邦訳（上），127-128頁。）
3) *Ibid.*, p.56. （邦訳（上），103頁。）
4) A. S. Bolles, *op.cit.*, pp.202-203.
5) A. D. Chandler, Jr., "Anthracite Coal and the Beginnigs of the Industrial Revolution in the United states," p.168.
6) P. Strassman, *Risk and Technological Innovation : American Manufacturing Methods during the Nineteenth Century*, first published in 1959, reprinted edition, Greenwood Press, 1981, p.129.
7) A. D. Chandler, Jr., "The American System and Modern Management," p.156. *The Visible Hand*, p.271. （邦訳書（上），467-468頁）参照。
8) 同様の考えが，大東英祐氏によって提示されている。すなわち，「標準製品を互換部品の組立てによって大量生産する生産様式は，ある意味では内部請負制度にきわめてなじみやすい生産様式であり，この技術水準の向上と内部請負制度の採用との間には，より密接な因果関係が認められよう。なぜなら，この生産様式によれば，各部品の仕様を互換性を確保しうる程度にきびしく設定した上で，その生産を分散して請負親方にゆだね，企業家としては，受入検査と納期・数量のチェックを怠らなければ，間接的にではあるが，工場内の各部門の作業の流れを調整していくことが可能だからである。」小林袈裟治他編『西洋経営史を学ぶ』（下），有斐閣，1982年，158頁。
9) D. Nelson, "The American System and the American Worker," in *Yankee Enterprise*, p.179.

10) S. Pollard, *The Genesis of Modern Management : A study of the Industrial Revolution in Great Britain*, Penguin Books, 1968, p.52.
11) 鈴木良隆氏は，イギリスでも，職種別労働組合と工場立法によって，「強権的管理が後退して，賃金が管理の唯一の手段として残され」，19世紀の後半には，「個数賃金や請負制」が，「いまや１つの誘因的賃金支払の方法として，労働支出を増大させるために用いられるようになった」，と述べている。(『西洋経営史を学ぶ』(上)，196-198 頁。)
12) 「1863年から1873年まで，シンガー社は漸次アメリカン・システムを採用し，ますます専用工作機械に依存することになった。」(D. A. Hounsell, *op.cit.*, p.136.)
13) 万能熟練の解体は，機械操作上の熟練を軽減し，機械運転工としての機械監視工と機械のセットや調節を担当する高度熟練工への両極分解を促した。キンボールは，ほとんどすべての熟練が機械に移転され，なおかつ機械には付添人（attendant）が必要な段階の機械を「半自動」（semiautomatic）機械と呼び，タレット旋盤をその代表例に挙げている。(D. S. Kimball, *Principles of Industrial Organization*, McGraw-Hill Company, 1933, p.17.)
14) たとえば，シンガー社では1880年代初めに，内部請負人によって分割統治された部門間の調整や統一的な検査基準の設定が問題になり，混乱した工場管理システムを改善するために経営者が工場管理問題に直接取組むようになった。(D. A. Hounsell, *op.cit.*, pp.144-146.)

Ⅳ　内部請負制度の消滅

1　背景

　アメリカ工業は，南北戦争を境として急速に発展していった。すなわち，南北戦争以前は，一部織物業を除いて，大部分の製品は家内ないし小工場で地域消費向けに製造されていたが，南北戦争を契機に工場生産方式が多くの産業に拡大し，工業生産高が非常な増大をみるにいたった。新製品が市場に加わり，新しい製造過程が発展すると同時に，鉄道網の拡張によって国内市場が急速に拡大したし，製品の輸出においてもアメリカは強力な地位につくことになった。こうして，アメリカ工業は地方向けの小規模な全般的製品系列の製造から，「かなり限定された製品系列の国民的・国際的規模の製造」へと転換をとげることになった。[1]　この転換を数字で捉えると，次のようになる。工業生産高は，1859年の8億2,500万ドルから1899年の56億5,000万ドルへ増大し，非農業労働力は，1870年の600万人から1900年の1,800万人へと3倍に増加した。[2]　また製造施設数でみると，1869年の25万2,148カ所から1899年の51万2,191カ所へと30年間で約2倍となり，しかも1

社当り生産高は 5,500 ドルから 1 万 1,000 ドルへと倍増し，平均従業員数は 8.13 人から 10.4 人へと増加した。[3] 外国市場も急速に拡大し，完成品輸出額は 1871 年の 7,600 万ドルから 1900 年の 3 億 3,200 万ドルへ，半製品輸出額は 1,400 万ドルから 1 億 5,300 万ドルへと増大していった。[4]

しかし，この時期工業価格はほとんど継続的な価格低下傾向を示しており，たとえば綿織物製品の価格指数でみると 1870 年代初期の 130 から 1900 年の 77 へと低下し，金属や金属製品も 250 から 115 へと低下している。一方，この時期同時に賃金水準が漸次上昇し，低価格・高賃金問題が表面化してきた。[5] アメリカは外国市場での競争に打ち勝つため高賃金，低コストを実現していた。これを可能にした要因は製品の専門化，機械化の進展（とくに専用機の利用），熟練度にもとづく分業の発展（賃金の高い熟練工の使用を熟練の必要な作業部分に限定）などによる大量生産であった。[6]

こうした南北戦争後のアメリカ工業の発展のなかで，企業行動に直接重大なインパクトを与えたのが，1873 年恐慌である。1873 年，「アメリカの超一流の銀行商会」であったジェイ・クック商会（Jay Cooke&Co.）が多額の鉄道証券を抱えて破産し，これがきっかけとなってウォール街に深刻な恐慌が引き起こされた[7] のである。そして，「1873 年恐慌から 1878 年に景気が回復しはじめるまでの間に，約 400 行の銀行が破産し，また多くの鉄道会社を含む 47,000 以上の企業が破産した」といわれている。[8] また，この大不況によって，1877 年には労働者の 5 分の 1 が完全失業し，5 分の 2 が半年失業となり，恒久的に雇用を確保できたのは 5 分の 1 にすぎなかったという。[9]

この 1873〜78 年の大不況とその結果生じた注文の激減によって，製造業者は単位当り原価の低減と工場を通じた流れの調整の改善に注意を向けることになった。[10] 価格引下げを迫られた製造業者は，請負価格の激しい引下げという形でそれを内部請負人に転化した。[11] たとえば，ウインチェスター一連発銃会社（Winchester Repeating Arms Company）では，1876〜89 年間に大部門で 1 請負契約当り平均 10 回，中部門で 9 回，小部門でも 5 回の請負価格の改訂がおこなわれ，切下げ率は大部門で 37%，中部門で 50%，

小部門で 54％に達した。[12]

　また，1880 年代の企業の著しい拡大は，別の意味で，内部請負制度に激しい緊張をもたらした。すなわち，雇用，生産，売上高の増大をともなった企業規模の拡大は，管理者による調整，コミュニケーション，統制の仕事をより複雑化し，会社側が直接生産問題に乗りだす条件をつくった。[13]

　さらに，組合活動の脅威に対応して，会社職長や内部請負人によって雇用された新規労働者を工場長がふるいにかけるようになった。つまり，内部請負人の雇用・解雇権への所有者側の介入がみられるようになったのである。[14]

2　個別企業における消滅過程

　このような外的条件の変化をうけて内部請負制度が個別企業において，具体的にどのようにして消滅していったかを，内部請負制度が広汎に利用されていた 2 つの代表的な産業をとりあげて検討してみよう。

(1)　紡織機械工業

〔ホワイティン・マシン・ワークス〕

　まず，内部請負人数の推移によってホワイティン社における内部請負制度の消滅過程をみてみよう。内部請負人数は，1864 年 56 人，1870 年 49 人，1886 年 25 人，1907 年 4 人，1911 年 0 人と，40 年以上かけてゆっくりと減少した。[15] ホワイティン社は 1870 年に法人化されているが，この年から 10 数年間に内部請負人数は半減し，1895 年までには「制度として請負は死文化」し，12 人の古参の監督が内部請負人として残るだけとなった。したがって，それ以後は，彼らの死亡や辞職により自然的に消滅していった。[16]

　ネイヴィン（T. R. Navin）によれば，内部請負制度消滅の一般条件は，次のようである。① 内部請負人の退職ないし死去によって，内部請負人を純粋な直接の給与とボーナスをうけとるだけの職長にとりかえる，② 内部請負人本人の希望によって請負をやめる，この場合内部請負人の赤字が理由である，③ 請負による年間所得が 200〜300 ドルにしかならず，年間ボーナ

ス（中間200ドル，最高1000ドル）の特典をもった職長に転化する。[17]

これら3つの条件をみるかぎりでは，会社側の積極的意思によるというよりも内部請負人自身の都合によって内部請負制度が消滅していったようにみえる。しかし，会社側の意思がまったく働かなかったと考えることは，以下の理由によって難しい。すなわち，会社側は1888年頃，「もっともドラスチックで，もっとも効果的な廃止の策略」として雇用機能を部門レベルから工場長の事務所に移しているのである。その理由は，地域の労働力プールが急速に涸渇し，会社が所在したホワイティンスヴィル（Whitinsville）の外から追加労働者を補充することが必要となり，十分な輸入労働力確保のために集中的な雇用部が不可欠になったことである。これによって部門長たる内部請負人が労働者を確保する機会が消滅したわけであるが，内部請負人の雇用機能は彼の諸権限のうちの一小部分にすぎないとはいえ，彼らの権威の要であり，雇用能力の喪失は，内部請負制度の基盤をなすといわれる初任給の設定能力の喪失をも意味した。[18] さらに内部請負人の権威を無力化したのは，請負単価の引下げであった。1890年の記録によれば，ホワイティン社では内部請負人の受け取るべき所得である「適正な」所得を見積り，これと実際に内部請負人が受け取るであろうと予想される所得を比較し，正当な所得が見込み所得より25％少なくすべきであると思われれば，適正な額まで請負単価を切り下げたという。[19] この場合，明らかに管理者の意思が内部請負人の所得制限という形で貫徹されているといえよう。

会社側は，一方では内部請負人の自然的・自発的消滅を待ちながら，他方では意識的に徐々に内部請負人の権限を蚕食していったことが，ホワイティン社の事例で明らかに看取される。

〔ローウェル・マシン・ショップ（Lowell Machine Shop）〕

ここでも1890年までに内部請負制度は廃止され，内部請負人の雇用・解雇・賃率決定権は会社職長に移行した。機械製造の試行錯誤方式（trial-and-error methods）は青写真と製図版に道を譲り，職工はローウェル織物学校（Lowell Textile School）で製図や設計についての訓練をうけるよ

うになった。職長は依然として機械製造に必要な実際的知識の核であったが，これらの改革は従来の第1線監督者の技術的優越を弱めた。[20]

さらに，1900〜1903年にかけて外部の能率専門家に相談し，彼らの推奨によって職長たちは作業日程計画や原価収集機能の多くを免除され，作業カード方式が設けられた。そして世紀転換期頃には，「不統一な工場を調整し，本部事務所に管理権を集中するために」多くのことがなされ，工場長は純粋な管理業務に多くの時間を費消するようになった。これらの事実は，ローウェル社が「高度にシステム化された製造会社」となったことを示している。[21]

上述した2社以外に，ペティ・マシン・ワークス（Pettee Machine Works）でも1887年までに内部請負制度が廃止された。[22]

(2) 銃器製造業
〔ウインチェスター連発銃会社〕

初期においては，労使関係において重要な役割を果たしていた内部請負制度も，1873年以降の価格低下と競争増大の圧力による原価意識の高揚によって，その位置関係に変化が生じはじめた。[23] 経営者の原価意識はもっぱら労務費部分に集中し，内部請負人に圧力を転嫁すべく，図1-1・表1-4に見られるごとく，76〜80年間に請負単価が激しく引き下げられた。そして，1880年代以降もこの傾向が続き，1890年には1876年と比較して請負単価は半減した。その低下率は，卸売価格のそれを大きく上回っている。こうした動きのなかで，1881年の人事異動によって内部請負人に対する統制の緊密化が図られることとなり，はじめて内部請負に関する完全な記録が保持されるようになった。[24]

この請負単価の激しい切下げは，内部請負労働者の賃金に一定の影響をおよぼした。当時ウインチェスター社では，内部請負労働者は出来高給で支払われており，内部請負人が労働者への支払額を会社に提示して，会社が労働者にその全額を支払うシステムをとっていた。内部請負労働者の年間平均所得（表1-5）をみれば，1881〜1885年間は請負単価の切下げに相関して労

図1-1 ウインチェスター社における請負単価,内部請負人・内部請負労働者所得の推移

(出所) J. Buttrick, "The Inside Contract System," *The Journal of Economic History*, vol.XII, No.3, Summer 1952, p.212. より。

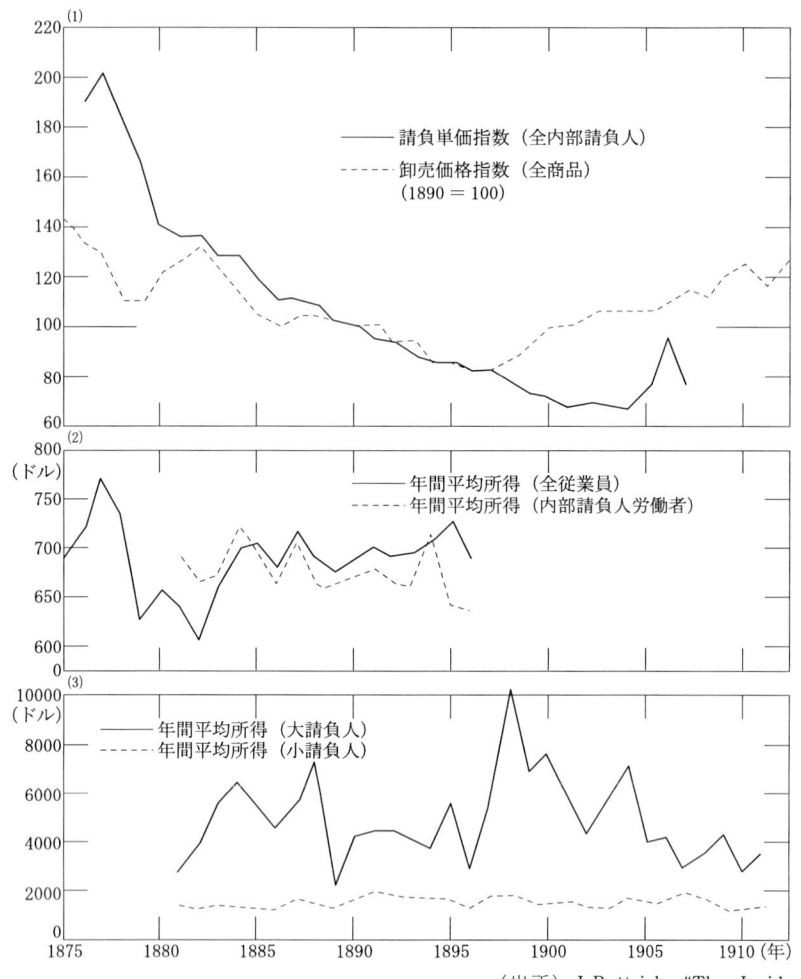

表1-4 モデル73カービン銃の労務費

年次	予想労務費	労務費指数	請負単価指数
1876	6.68 ドル	188	190
1881	4.84	136	136
1890	3.56	100	100
1905	2.81	79	77

(出所) J. Buttrick, *ibid.*, p.213. より。

表1-5 ウインチェスター社における労働者の所得（1881〜1896年）

年次	総労働者数（銃工場）（人）	内部請負労働者比率（銃工場）（%）	年間平均所得			総雇用者数に占める銃工場労働者の比率（%）
			内部請負人（ドル）	内部請負労働者（ドル）	非内部請負労働者（ドル）	
1881	507	48	1,862	731	565	57
1882	540	44	2,298	733	536	56
1883	603	49	2,726	699	572	56
1884	646	48	3,247	716	564	55
1885	689	49	2,727	666	600	57
1886	672	40	2,439	642	599	63
1887	811	48	2,859	688	626	64
1888	966	52	3,393	662	618	66
1889	710	49	2,132	664	608	58
1890	817	49	2,291	674	624	57
1891	995	52	2,772	661	624	59
1892	976	52	2,815	658	628	56
1893	898	51	2,667	635	605	57
1894	860	45	2,325	673	589	49
1895	966	47	3,089	603	666	42
1896	899	42	1,862	603	648	41

（出所）H. F. Williamson, *Winchester*, Appendix J-3, p.479. より。

働者の平均所得は減少しているが，それ以降は労働者の所得はゆるやかに下降している。したがって1881〜85年間は請負単価の切下げは明らかに労働者の賃金に転嫁されて，内部請負人の所得を維持した。しかし，それ以降は単価切下げを内部請負人自ら吸収したか，生産性の増大方法を導入することによって切り抜けたと考えられる。[25]

1880年代末には内部請負制度の諸困難が増大し，欠点が利点を上回りはじめたといわれるが，[26] 1890年代以降労働力の急速な増大[27]と内部請負制度への不満によって，労使関係が会社の内部運営に影響するもっとも重大な問題として取り上げられるようになり，[28] 内部請負制度に対する経営者の統制強化が，大請負人の作業分割や仕損品の費用を請負人の負担にするというかたちで進められ，1904年までに内部請負人所得は激減したといわれている。[29]

また，製造過程の機械化の十分な発展と安定化によって，発明家としての

内部請負人の役割が減少し，彼らの経験的方法は科学的原理と知識にとって代わられていった。1890年以後内部請負人による機械の改良は限界に達しはじめ，単価切下げは以前よりも大きく労働者の賃金に転嫁されるようになった。内部請負人のあまりに低い賃金支払による労働不安の惹起は，経営者によって内部請負制度廃棄の主要な理由の一つに挙げられた。[30]

さらに，経営陣の人事異動が内部請負制度に対する不満増大の重要な要因となった。すなわち，1890年代から1900年代初頭にかけて，若い大学出の重役が誕生したが，彼らはテイラーや彼の仲間たちの科学的管理の原理に通じていたため，内部請負制度のもとでの労働力と生産に対する「ルースな統制」と科学的管理の対照によって，内部請負人の手から統制権を奪うための意識改革をもたらそうとした。[31]

一方，外部要因としての労働組合の影響も無視できない。1897～1904年の間にAFLは，27万2,000人から170万人へと猛烈な勢いで組合員数を拡大したが，この時期にウインチェスター社に組合問題がはじめて発生した。1901年国際機械工連合（International Association of Machinists）は，ウインチェスター社のある集団の組織化を試みた。限定された組織化ではあったが，この試みは経営者を非常に不安がらせ，工場長による雇用に対するより緊密な監督に導いた。これが契機となって1903年頃には，労働者の雇用は工場長事務所でおこなわれるようになり，内部請負人の雇用権は徐々に蚕食されていった。その結果，内部請負人が新規労働者を必要としたときには，その時点で事務所に要求することになった。雇用に関する記録は工場事務所で保持され，組合活動がチェックされた。[32]

以上の諸要因によって，ウインチェスター社は表1-6のごとく1904年頃から内部請負人数を減らしはじめ，1914年に消滅した。同表は，内部請負人数の減少と照応して，賃金支払総額に占める内部請負人とその労働者への支払額の比率が低下していったことを示している。

会社側は，内部請負人から会社職長への移行を円滑にするため，職長が内部請負人の得ていたと同等の所得をえられるようなボーナス制度を工夫した

表1-6　ウインチェスター社銃工場における内部請負人数の推移

年次	内部請負人数(人)	対銃工場比率(%)	対全社比率(%)	年次	内部請負人数(人)	対全社比率(%)
1875	11	—	—	1897	18	28
1878	9	—	—	1898	17	32
1881	15	57	40	1899	17	32
1882	15	55	38	1900	17	35
1883	16	57	39	1902	19	28
1884	15	57	38	1903	18	33
1885	15	55	37	1904	18	32
1886	16	45	32	1905	17	26
1887	16	53	40	1906	14	19
1888	17	57	43	1907	10	11
1889	19	54	37	1908	8	11
1890	20	54	36	1909	7	7
1891	18	56	39	1910	6	7
1892	18	56	37	1911	6	8
1893	20	55	38	1912	6	7
1894	19	52	33	1913	5	6
1895	19	44	28			
1896	18	43	27			

(注) 対銃工場比率とは，銃工場の全労働者に支払われた賃金額に対する内部請負人とその労働者への支払額の比率であり，対全社比率とは，全労働者に支払われた賃金額に対する内部請負人とその労働者への支払額の比率である。
(出所) H. F. williamson, *op. cit.*, Appendix J-2, p.478. より。

り，労働者に対するかなりの自由裁量権を認めた。たとえば職長は，人事部 (personnel office) によって送り込まれる労働者について拒否権を有したし，推薦というかたちで労働者の雇用に影響をおよぼすことができた。[33]

3　内部請負制度の廃棄理由

以上，若干の事例によって個別企業における内部請負制度の消滅過程を検討したが，あえて消滅理由を一般化すれば，つぎのようになろう。

内部請負制度が廃棄された根本原因は，制度自体が内包する固有の矛盾に求められる。すなわち，内部請負制度に固有の特徴である内部請負人の強力な権限と独立性にもとづく分権的管理は，ひとたび資本の側が直接的・集中的管理を必要とした場合に，桎梏に転化するということである。つまり，工

場主側は内部請負制度の存在ゆえに生産を直接掌握し,意思を十分に貫徹することができない。1873年恐慌とそれに続く不況によって企業環境が一変し,原価意識が高揚するなかで,内部請負制度のメリットはデメリットに転化し,企業の意図を阻害することになった。また,企業規模の急速な拡大は,部門間調整の問題をより重要なものとし,工場全体の調和を不可欠にしたが,内部請負人による自治はこれを妨げるものでしかなかった。さらに,請負単価切下げというかたちでの原価削減は,「生産技術革新力」の涸渇した内部請負人による労働者の搾取強化につながり,労働不安を招来した。つまり,内部請負制度の足元を掘りくずしたのであった。[34]

こうした事態に照応して,内部請負人側のメリットも次第に減少することとなった。請負単価切下げが常態化するなかで,これをカバーする生産技術の改良も労働者の賃金へのシワ寄せも一定の限界をもつため,請負利潤は減少する傾向を示した。また,製造作業に対する会社側による統制の強化,雇用や解雇の規制は,内部請負人の権限と独立性を弱めた。さらに,会社側は内部請負人の会社職長への転化を容易にするよう職長のボーナス制度を請負利潤に近づけるよう工夫した。

このように企業環境が一変するなかで,会社側の生産過程・労働力の直接的掌握によるいっそうの原価削減が意図され,内部請負制度のメリットがデメリットに転化し,矛盾を顕在化し,内部請負人側のメリットも減少するなかで,内部請負制度は徐々にその存在理由を喪失して消滅していったのである。

注
1) J. A. Litterer, ph. D. diss., *The Emergence of Systematic Management as shown by the Literature of Management from 1870 to 1900*, University of Illinois, 1959, p.27.
2) *Ibid.*, p.29.
3) *Ibid.*, p.31.
4) 5) *Ibid.*, p.34.
6) *Ibid.*, pp.38–51.
7) Vincent P. Carosso, *Investment Banking in America : A History*, Harvard University Press, 1970, p.25.（アメリカ資本市場研究会訳「アメリカの投資銀行」（上）,『証券研究』第55巻, 1978年5月, 34頁。）

IV　内部請負制度の消滅　73

8) *Ibid.*, p.29.（邦訳書，46 頁。）
9) 津田真澂『アメリカ労働運動史』総合労働研究所，1972 年，59-60 頁。
10) A. D. Chandler, Jr., "The American System and Modern Management", in *Yankee Enterprise*, p.157.
11) J. Buttrick, "The Inside Contract System", *The Journal of Economic History*, Vol.XII, No.3, Sammer 1952, p.211.
12) Harold F. Williamson, *Winchester : The Gun that Won the West*, Washington D.C., Combat Forces Press, 1952, Appendix J-4, p.480.
13) J. Buttric, *op.cit.*, pp.213-214.
14) *Ibid.*, p.218.
15) T. R. Navin, *The Whitin Machine Works Since 1831*, New York Russell & Russell, 1969, p.147.
16) *Ibid.*, pp.148-149.
17) *Ibid.*, p.147.
18) *Ibid.*, pp.147-148.
19) *Ibid.*, p.148.
20) G. S. Gibb, *The Saco-Lowell Shops : Textile Machinery Building in New England 1813-1949*, Harvard University Press, 1950, pp.296-297.
21) *Ibid.*, p.297.
22) *Ibid.*, pp.357-359.
23) 24) H. F. Williamson, *op.cit.*, p.87.
25) *Ibid.*, p.90.
26) *Ibid.*, p.92.
27) 1890 年 1,430 人，1900 年 2,689 人，1910 年 4,653 人と 10 年毎に倍増している。*Ibid.*, Appendix J-1, p.477.
28) *Ibid.*, p.134.
29) *Ibid.*, p.136. 前掲したバトリックの図（図 1-1）では年ごとに大きく変動しているものの激減していない。
30) *Ibid.*, pp.136-137.
31) *Ibid.*, p.137. ただ，テイラー・システムの導入は第一次大戦まで試みられなかったという。
32) *Ibid.*, pp.135-136.
33) *Ibid.*, p.137.
34) ネルソンは，「内部請負人が自己の労働者の忠誠を得られなくなった時，俸給制職長が出現するのは単に時間の問題であった」と述べている（D. Nelson, *Managers and Workers*, p.38, 邦訳書，71 頁）。

第 2 章
体系的管理の台頭

　内部請負制度に象徴される職長帝国の崩壊過程に出現し,「非公式の分権的統制を公式的・集権的統制に置きかえ，工場とその労働力への管理者の影響力を増大させる」[1] ために展開されたのが，リッテラー（J. A. Litterer）によって「体系的管理」（systematic management）とよばれる一連の管理制度である。[2]

　19 世紀末に使用されたシステムなる用語は，一体いかなる内容を意味していたのであろうか。体系的管理を理解しようとする場合，この概念的究明が重要な前提となる。トレゴーイング（J. Tregoing）は，1891 年に発表した *A Treatice on Factory Management* において，システムを「管理の方法」（method in the management）と定義したが，一般に，この時期にはシステムの定義は公式化されなかった。そこでリッテラーは，シェルドン（O. sheldon），デーヴィス（R. C. Davis），ホッジス（H. G. Hodges）といった後年の研究者のシステム概念を検討し，基本的要素を抽出し，自己のシステム概念を構築する。その基本的要素とは，物事を行う標準的方法，目的，手続のネットワーク，反復的業務であり，これらの要素を織り込んで，システムを「管理目的の達成に向けて反復的業務を遂行するために標準化された 1 つ，ないし一連の手続」と定義づける。[3]

　体系的管理は，このシステム概念にもとづいて定義づけられるわけであるが，その場合「調整」（coordination）概念がきわめて重要な意味を持つ。「体系的管理は，現行組織や設備の機能をよりすぐれた調整によって，より

効率的にする試みである。」⁴⁾と述べられているとおり，「調整」概念が体系的管理の中軸的概念である。チャーチによれば，「調整」とは「共通目的の実行，すなわち所与の出来高を製造するために，多くの個人や部門に代わって規則的かつ同時的努力を確保する」ことであると述べている。⁵⁾かれは，この「調整」を「近代産業の基調」と位置づけ，「調整は今日の不可避的要求である」と，その重要性を強調している。⁶⁾

それでは，この体系的管理の成否を決定する「調整」は，どのようにすればもたらされるのであろうか。リッテラーによれば，1つには，「組織のさまざまな職位の職務や責任を明確に定義すること」であり，これによって「組織構成員は個人的決定，あるいはより上位の権威から命令によって作業をするのではなく，前もって設定された作業割当や作業方式によって仕事をする」ようになる。⁷⁾もう1つは，「水平的かつ垂直的情報提供であり，それは活動の決定，分析，統制のための組織を通じておこなわれる」。⁸⁾

こうして体系的管理の基本要素を明確化した後に，リッテラーは，体系的管理を「情報の収集，伝達，整理によって，また与えられた情報に照らして，誰がどのように活動するかについて予め設定された決定（これらの決定は，職位の規定や標準的手続に具体化される）によって，調整をもたらそうとする現行組織の管理への1つのアプローチ」⁹⁾と定義づける。

注
1) D. Nelson, *Managers and Workers*, p.ix.（邦訳書，3頁。）
2) 体系的管理に関するリッテラーの論文は，① Ph. D. diss, *The Emergence of Systematic Management as shown by the Literature of Management from 1870 to 1900*, University of Illinois, 1959. ② "Systematic Management : The Search for Order and Integration," *Business History Review*, Vol.35, No.4, 1961. ③ "Systematic Management : Design for Organizational Recoupling in American Manufacturing Firms," *Business History Review*, Vol.37, No.4, 1963.
　「体系的管理」という呼称自体は，リッテラー以前にも用いられていた。たとえばケンドールは，1911年に管理のタイプを次の3つに分類している。すなわち，1.「非体系的管理」(Unsystematized Management)，2.「体系的管理」(Systematized Management)，3.「科学的管理」(Scientific Management)。(H. P. Kendall, "Unsystematized, Systematized, and Scientific Management," 1911, in C. B. Thompson, ed., *Scientific Management*, Harvard Univ. Press, 1922, p.104)。またカルドウロは，1912年にケンドールと同じ様に管理の3つのタイプを挙げている。すなわち，「伝統的管理」(conventional management)，「体系

的管理」(Systematic Management),「科学的管理」(Scientific Management) がそれである。(F. E. Cardullo, "Industrial Administration and Scientific Management," *Machinery*, vols.18-19, 1912, in C. B. Thompson, *op.cit.*, pp.50-52)。
3) J. A. Littere, *Emergence*, p.125.
4) *Ibid.*, p.127.
5) A. H. Church, "The Meaning of Scientific Management", *Engineering Magazine*, vol.41, No.1, Apr. 1911, p.99.
6) A. H. Church, "The Meang of Commercial Organisation", *Engineering Magazine*, Vol.20, No.3, Dec. 1900, p.393
7) J. A. Litterer, *Emergence*, p.127.
8) *Ibid.*, p.128.
9) *Ibid.*, p.128.

I 管理システムの形成

19世紀末にシステムと呼ばれたものは,まず特定の相互に無関係な問題にこたえるために発展した。つまり,それらは賃金支払い,原価計算,生産管理といった個々の問題領域に対応した個別的なシステムとして展開されたのである。したがって,この段階におけるシステムは,特定の方法とか特定の制度といった意味を持っていた。しかし,それらは次第に「数を増し,適用範囲を広げたので,会社の全般的運営にシステム概念を適用する可能性が現れた」。[1] したがって,システムの発展プロセスは,個別から全体へ,と展開する。

さて,リッテラーは,多数の個別的なシステムを次の3つのタイプに分類している。これらに共通する目的は,体系的管理の基本的目的である「調整」であり,各々タイプの異なる調整の実現を狙いとしていた。

1 原価計算システム (cost accounting systems)
情報の提供によってトップ・マネジメントが行う企業の全般的活動の調整を目的とする。その主要領域は,原価統制,原価削減,他のシステムや方法の分析,そして執行管理者や部門の責任の確立である。

2 賃金システム (wage systems)
労使間の利害の調整を目的とする。これには,時間給,出来高給,割

増給,利潤分配などの制度が含まれる。
3 生産・在庫管理システム (Production and Inventory Control)
　これは製造を行う部門や個人間の調整 (＝水平的調整) を目的とする。ここでは,生産統制,資材統制が問題となる。[2]
以下,体系的管理の主要構成部分であるこれらの3つのシステムの個々の発展プロセスを取り上げ,検討することにしたい。

1 原価計算システム

　原価計算の最初の最も重要な貢献は,原価の見積と価格設定に対してなされた。しかし,最初は素価 (prime cost) の見積を提供することしかできず,総費用 (total costs) 概念を完成する間接費 (overhead costs) 概念が付け加えられるまでは,見積手段として不十分なものにとどまった。メトカルフ (H.Metcalf) は,「製造における成功は,ほとんど完全に見積の正確さに依存する」[3] とその重要性を強調しているが,入札が価格決定の手段であるような企業の場合,事業の成否はこの入札価格決定に左右されることになり,工場原価 (shop cost) の見積は,きわめて重要な問題であった。ディーマー (H. Diemer) も,販売価格の基礎としての工場原価把握の重要性を指摘している。[4]

　こうした正確な原価把握の必要性は,間接費問題への関心を高め,間接費処理のためのさまざまな方法が現れ,1890年代末には素価と間接費の一部をカバーする価格の受け入れ可否に関する論議が行われ,価格決定の一定の洗練化が進められた。[5]

　しかし,より重要なのは,原価計算が管理に果す役割である。それはまず,企業の内部活動の分析と統制に利用される。そして,「この原価計算の内部利用の発展における第1段階は,原価統制において生じた」。[6] 最初は,仕事が完了し,原価が集められ,合計された後に,その仕事の原価を過去に行われた同様の仕事の原価と比較し,それが高過ぎる場合には,次に同じような仕事を行う時に修正するという方法がとられた。この方法はまた,部門

間比較を可能にし，ある部門の原価が他の部門に比べて高い場合には，調査の必要な領域を示唆した。しかし，この方法では，作業の進行中に原価を統制することができず，より迅速に原価データを収集し，作業の進行中に原価を決定することによって，作業と同時に比較し，進行中の作業の原価をより適切に統制できるように改善された。

　原価計算の内部利用の第2段階は，原価統制を超えて原価削減に向かう。1870年〜1900年当時，企業間競争と利益の縮減から価格引下げと利潤の維持が重要な課題となり，それらが原価削減への強力な圧力となった。[7] こうした要求に応えるために，単位原価削減の研究は，生産を能率的に行う最善の方法を考察することに向けられた。そのために，労働，工具，設備などの原価削減に向けた能率的利用が論議され，それを評価するために総単位原価（total unit cost）概念が利用されるようになった。しかし，原価計算はこうした分析のための概念的用具を与えただけでなく，効果的な原価削減に必要な詳細な情報も提供した。アーノルド（H. L. Arnold）は，工場製品を安全に市場で販売できる価格の決定と並んで，原価計算の目的を製造原価の削減に置いている。そして，価格決定には総額（gross sums）で十分であるが，原価削減の達成には，可能な限りの原価の細分化が必要であるとしている[8]。この細分化された詳細な原価情報は，分析目標を選び出すことを可能にする。

　こうして切り開かれた領域の1つが，労務費の分析であった。19世紀の終わり頃には，労務費と種々の賃金決定方法の総原価（total cost）への影響の巧みな分析が行われた。このように労務費と賃金支払方法が工場管理者から大きな注目を受けた理由を，アーノルドは次のように説明している。すなわち，工場管理者の第1目的は労務費の削減に置かれていたが，その理由は，「労務費がつねに，あるいは一般に総原価の最大要素であるためでなく，労務費は削減できる1つの要素だからである」。[9] つまり，他の原価要素，間接費などは工場管理者の統制下になく，したがって工場長が原価削減を行う方法は，労務者の賃金を引き下げるか，生産高の増大しかなかったのであ

る。

　このアーノルドの論文によって,「原価計算概念がどのように会社の諸問題への賃金システムの影響を分析するために利用されたかについての興味ある例」が示されたわけであるが,適切な間接費概念が確立されるまでは,このような分析は不可能であった。[10] なぜなら,たとえばある刺激的賃金システムが採用された場合,システムを運営するための事務員の追加が必要となり,これによって総間接費が増加することになる。したがって,間接費概念の発展,その配賦方法の問題が単位原価削減の方向に大きな影響を与えることになる。

　さて,原価計算の内部利用の第3段階は,執行管理者や部門の責任の確立である。企業規模の増大に従って,工程を基準とした部門化が進められる。当時の典型的な工場組織（factory organization）は,工場プロパーでは,木型工場（pattern shop）,鋳造工場（foundry）,機械工場（machine shop）を持ち,総合事務所（general office）には,製図部門,総合事務部門（general business office）,そして販売部門が属する。[11] いわば,部門別組織制度（departmental system of organization）である。[12] 経営規模の増大,それに伴う従業員数の増加,部門数の増加は,全体的活動の統制をより困難なものにするが,原価計算はこの問題に対する基本的手段を提供した。つまり,原価計算の発達によって,「集められる情報の詳細さが増し,これらのデータが結合される方法が精練化されることによって,製品や契約のみでなく,部門・機械・作業に対して原価を示すことが可能になり,部門に割当てられた仕事や責任がいっそう明確化されるに至った。要するに,「原価計算は,……,部門やその責任のより正確な定義を可能にした」といえる。[13]

　以上述べた原価計算の発達過程を要約すると,まず最初は,原価計算は「会社の対外的活動（見積のような）と関連するか,会社の全般的経過（製品や契約にかかわる利潤や損失の決定のような）にかかわっていた。しかし,有用な方法の洗練化と外部からの圧力の増大につれて,原価計算は管理

者が会社の内部活動を分析し，測定し，評価しうる用具に発展した」。[14) そして，原価計算は賃金や他のシステムの分析用具を提供し，それらのシステムの発展に寄与した。しかし，原価計算が提供した最も基本的なものは情報であり，これによって管理者は仕事の進行状態を知り，統制領域の基準と分析材料を手に入れたのである。

2　賃金システム

　体系的管理を構成する第2のシステムは，賃金システムであり，「この問題は，ここ数十年間の体系的管理の文献において，最大の注目を受けた」[15)]といわれている。賃金システム自体の歴史はもっと古いが，ここで問題となるのは，1880～1890年代に発展した「労使間の利害調整の促進を目的とした特定の賃金システム」である。[16)] 1870年代に使用されていた一般的賃金システムは，時間給制度と出来高給制度であったが，この2つの賃金システムは共に不十分なものであり，19世紀末の管理文献の大部分はこれらについての議論とこれらを改善した賃金システムの叙述によって占められている。

　まず，時間給についてであるが，これはこの当時の最も一般的な賃金形態であったが，最も単純な賃金形態でもあり，数多くの批判を受けることになった。たとえば，ルイス（J. S. Lewis）は，「それ自体では労働強化や生産高の増大をもたらさない。」[17)]と批判している。つまり，このシステムの場合には，作業量の如何にかかわらず，同一作業時間に対して同一の賃金が与えられることになるのであって，労働者は一生懸命働いて出来高を増大させる必要性がない。したがって，作業能率を高めるためには，労働者に対する強力な直接的監督が必要になる。そこで，雇用者側はこの改善案として，生産高の最低限度を設定し，これを下回ると解雇や減給といった厳しい処罰を行うことにした。[18)] しかし，これに対して労働者は，「最大速度を決め」，生産高を制限しようとした。[19)] また，日給制度は労働者の作業能力の差異を無視し，作業能率の高い者にも低い者にも同一の賃率が支払われるという点で，不公平な賃金支払方法であるという批判もなされた。[20)] このように日給

制度は，労働者に対する金銭的刺激によって生産高を増大させ，労使の利益の一致をめざすという目的を達成することができなかったし，直接的監督が不可欠なために直接的作業から管理者を解放するというシステム形成の目的も実現できなかった。

こうした日給制度の欠点を克服するものとして期待されたのが，出来高給制度であり，命令しなくとも最大限の労働が保証される，つまり賃金システム自体が監督の量的減少をもたらす，という理由から数多くの雇用者に好まれた。[21] また，出来高給は，新しい作業方法を労働者に工夫させる刺激となり，生産高の増大に導く。こうした出来高給の特質から，パートリッジ（W. E. Partridge）は，高賃金・低原価が出来高によって同時に達成される，と述べた。[22]

ダーリントン（P. J. Darlington）は，作業の専門化，互換性部品の製造におけるジグ，フィクスチェア，専門機械の利用による仕上げと組立時間の短縮，移動クレーンの利用による作業時間短縮による可変的要素の削減などが出来高給の導入を助け，それを有益なものにすると述べている。[23]

賃金システムは，単に賃金支払方法としてのみ意味を持つのではなく，原価削減と密接な関連を持っている。前述したごとく，この時期には原価削減が主要な関心事となっており，賃金システムもこの原価削減の実現を課題としていた。アーノルドは，賃金支払方法が原価に影響する方法として，単位当り間接費の削減と単位当り労務費の削減の2つを挙げている。[24] 第1の方法の場合には，出来高賃率を固定し，労務費の削減よりも生産高の増大によって間接費比率を引き下げようとする。これに対して，第2の方法の場合には，日給賃率を基にして出来高賃率をこれに近づけようとする。つまり，労働者が能率を上げて従来以上の所得を得るようになると，賃率を切り下げて従来の水準に戻すのである。ダーリントンは，出来高給制度は，「（賃率切下げなしには）単位当りの『賃金コスト』を進んで削減しないが，単位当りの『設備費』を急速に減じる，すなわち所与の労働者，機械，フロア・スペースによって産出される製品量を増大させる。」[25] と述べ，刺激的賃金支払

方法の基本的インパクトが間接費への影響にあることを明らかにしている。

　出来高給制度は，労働者への刺激，監督の軽減，原価の削減という日給制度を超える利点によって，かなり普及したようであるが，その一方で，「出来高給方式は，しばしば深刻な反対と批判に直面した。経営者と組合いずれの観点に立つ論者も，この反対が存在し，労働者が出来高給を受け入れるよりも，むしろ時にはストライキを打つであろうという点で一致していた」。[26] 組合は，出来高給制度を労働者を搾取する方式と見なして反対し，経営者側は，労働者のもうけを自分達の費用でなされると不平を述べた。この結果，労働者が自分の作業をより能率的に行うようになり，以前の日給よりもかなり多い所得を得るようになると，雇用者は，自分が適当と考える賃金水準まで賃率を切下げる。なぜなら，出来高給制度のもとでは，労働者は能率を上げて生産高を増加させ，その結果所得を増やすことができるが，雇用者は労務費が固定しているという「間接的利益」を得ることしかできない。[27] 生産高の増大は労働者だけでなく自分が提供した工具や機械の結果でもあると考える雇用者は，この「不平等な分配」に異を唱え，「金の卵を生む鵞鳥を殺す」，[28] つまり賃率を切下げることになる。これに対して労働者は，賃率切下げに対抗するために，自分の追加所得が賃率切下げが予想される限界に近づくと努力しなくなる。つまり，意識的な生産制限が行われる。この結果，労使ともに利益は得られるものの，それはごく僅かの限られた利益になる。[29] このように，出来高給制度は，雇用者が能率増大による利益の配分にあずかれないという事実に起因する賃率引下げと生産制限という致命的欠陥を持っている。この出来高給の欠陥の認識は，「特にアメリカにおいて，請負作業（contract work）の基盤を改編し，雇用者と労働者双方の利益のために，生産強度を不断に増大する方向で両者間の利益の真の一致を成し遂げようとする試みに導いた」。[30] こうして，出来高給制度の欠陥を克服しようとする数多くの刺激的賃金支払方法が現れた。たとえば，当時最も広範に叙述された利潤分配制度，個人ではなく集団に対して刺激を与えようとした集団請負制度（cooperative contract system）やタウンの分益制度が挙げら

れる。[31)] しかし，それらは実際には労働者への刺激が弱く，大きな役割を果たさなかった。1890年に公表されたハルシーの割増制度は，雇用者が直接利益配分にあずかれない出来高給制度に対して，雇用者にも直接的に時間節約による利益配分に参加させることによって，賃率切下げを回避し，生産高の増大を図ろうとした。つまり，これによれば雇用者は単に固定費（fixed expenses）の節約分だけでなく，直接労務費節約の一部をも手に入れることができるのである。しかも，労働者は通常の日給が保証され，生産方法が変わらない限り，賃率が変化しないように決められている。従って，労働者は一定の賃金を常に保証され，一定以上作業能率を高めても出来高給制度の場合の3分の1の割増ししか付加されないために，賃率切下げの危惧をもたずに済むと考えられる。

しかし，ハルシーの割増制度も他の刺激的賃金支払方法同様，生産標準の正確な見積による正確な賃率決定の問題を回避し，この問題の解決は結局，テイラーの時間研究による課業概念の成立まで待たねばならなかった。

以上見てきたように，賃金支払方法の多様な改善案は，労働者への金銭的刺激によって生産増大を図るということだけを目的としていたのではなく，原価削減問題と密接に関連しており，原価計算の発達と密接な関係を持っている。

3　生産・在庫管理システム

南北戦争後の急速な経済成長，新製品の導入，輸出市場の拡大に伴って企業は製品系列を縮少し，販売量の非常な増大をみた。これによって企業規模が拡大され，作業の専門化・細分化（＝分業）はいっそう推進されることになったが，このことは逆に企業の内部運営における混乱をひき起こした。命令や作業の遺漏，忘却，努力の重複が見られ，組織のあらゆるレベルにおける情報の欠如と管理者への反復的業務の負担，管理系統内部の困難が問題化した。こうした問題状況を打破する，つまり企業の内部調整を実現するには，遂行されるべき作業が時間通りに確実に遂行されるようにし，可能な限

り努力の重複や混乱を減少させなければならない。[32] 生産，在庫管理システムは，このような現実的要請に応えるために形成された。

(1) 生産管理システム

文献に現れた最初の生産管理システムは，1882年のYale Lock Manu-facturing Companyにおけるそれであった。[33] ここでの生産管理システムの目的は，注文された製品を発送できる正確な期日を知るということであった。まず事務所で一定の書式が用意され，必要事項を書き込み，工場長に送達される。工場長は，この命令書を種々の部門を担当している職長に送達する。職長はこの用紙の上下2カ所に発送予定日を記入し，下の部分を切り取って工場長に返送する。工場長はそれを事務所に戻す。このような方法の結果，注文品は完成予定日より遅れることがなくなった。

次に行われた生産管理システムの改善は，1895年にメトカルフによって発表された。[34] かれの考案した方法は，オーダー・チケット（the order ticket）を用いるものである。このチケットは二連式になっており，真ん中にミシン目があり，切り離すことができるようになっていた。まず事務所で必要事項が記入され，最初に仕事にとりかかる部門の職長に送達される。そして作業が行われている間職長室のラックに表示され，作業が終わると「完成」と書かれた欄の自分の番号のところにパンチする。部門や職長は名前ではなく，この番号によって分類されている。パンチされたチケットは次の職長に回され，事務所に再び返されるまで，これが続けられる。そして最後に事務所で完成日が工場命令簿（shoporder book）に記入される。このようなオーダー・チケットを利用する利点は，未完成の仕事が自分の頭の中でなく文書の形で職長の目の前に常に表示されることによって，職長が記憶しておく煩しさを省き，仕事に専念できるようにすることである。こうして，なされるべき仕事の忘却を簡単にチェックできるようになったのである。

1891年にトレゴーイング（J. Tregoing）は，生産の進行度を一目で理解できるシステムを発表した。[35] このシステムで用いられる手段は，クーポン（切取式の書式）である。製図部門や機械工場や組立部門といった各部門ご

とのクーポンが，注文品に関する事項が記入された一枚の用紙に綴り合わされており，命令書が各部門に到着するとその部門のクーポンが切り取られ，工場管理者事務所へ届けられる。ここには最初の生産管理ボード（board）の1つである掲示板が設置されており，各部門の一覧表が描かれている。事務所でクーポンを受け取ると，そのクーポンを受け取った部門の名前の横に工場注文（shop order）番号を書いた札をかける。これによって，注文品の位置を連続的に知ることができるようになる。しかも，どの部門に札が多いか少ないかによって，作業がバランスよく進行しているかどうかを監視できるのである。[36]

注文品を基準にしたオーダー・コントロールは，生産管理の第1段階であり，次の段階は製品を構成するパーツ・コントロール（parts control）の段階である。この段階になると，製造命令はギアやシャフトなどの部品ごとになされるようになる。また，一定の限界はあるが，生産計画集中化の試みや部門と個々の労働者への特定の命令が準備されるようになる。ルイスによって記述されたシステムにおいては，職長が工場管理者から工場命令書（Works Order）を受け取ると直ちに必要な材料を作業開始前に用意し，仕事を適当な職務（job）に分割し，各職務に対して職務命令書（Job Order）を書く。[37] このシステムにおいては，職務命令は文書でなされ，生産管理は個々の労働者が遂行すべき作業にまで浸透する。

その後，この過程はさらにいっそう手のこんだものになった。材料調達過程は職長の管轄外に置かれ，生産に必要な材料がすべて揃うまでは職長に製造命令が与えられないようになった。[38] そして，さらにサブ・オーダー・システム（sub-order system）によって，製造命令はよりキメの細かなものになる。つまり，工場事務所から各命令に対して，ある機械や一群の労働者を基準とした一連のサブ・オーダーが各部署（section）に与えられる。職長は作業に必要な見積時間を記入し，工場事務所に送達する。これらは時間管理部（time-keeping department）によって集計され，全作業時間数の正確な見積が行われる。[39]

以上，1880～1900年の生産管理の発展プロセスをまとめると，生産管理はまずオーダー・コントロールとして始まり，ここでは受注手続，受注記録，コードや番号の指定，該当部門の命令，フィードバックを行うための初歩的な追尾システムが取り上げられた。しかし，注文が増加するにつれて，ショップ・オーダーは，多数のサブ・オーダーに分解されるようになる。サブ・オーダーは，最初は部品を基準にしていたが，しだいに細分化され，労働者と機械を基準にするようになる。このような発展によって，生産管理システムは会社のほとんどすべての製造部門の努力を結合するシステムにまで発展した。

 ところで，生産管理システムの発展プロセスに共通する要素は，命令伝達手段が書式（form）によって行われていることである。ケンドール（H. P. Kendall）によれば，「非体系的管理」のもとでは，情報の伝達が主に口頭でなされていた。職長は労働者に作業を分配するが，作業内容や作業方法は労働者に依存しており，作業中に疑問が生じれば，職長に尋ねに行き，職長は事務所に指図を求めに行った。さらに，工具も労働者自身が選択していた。したがって，同じ種類の仕事も職場や労働者によって作業方法が異なっていた。[40] こうした方式のもとでは，命令の忘却，間違い，ロス・タイムの発生をなくすことは不可能である。書式の利用は生産管理のシステム化にきわめて重要な貢献をなしたと言えよう。ディーマーは，「完全にシステマティックな事務所の指導は……一定の書式を利用することによって非常に促進される」と指摘している。[41] 書式の利用方法の発展は，正確な情報の伝達・収集，作業方法の標準化，中央による統制の強化を意味したのである。したがって，それは「事務員（clerk）と簿記係の発展」[42] をも意味していた。しかし，この時期には，日程計画（scheduling）の利用，送達（dispatching），フィードバックなどの面での発達はいまだ不十分であった。[43]

 ところで，「この時期の様々な生産管理システムにおいて使用された多数の手続や工夫は，原価計算システムと一緒に記述され」ており，両者の結びつきはきわめて密接であった。[44]

(2) 資材管理 (the control of Materials) システム

資材管理は，生産に必要な材料の準備とその保管に関わっている。資材管理の問題に大きな関心が持たれるようになったのは，1880年代の原価計算方法の発達による。どんな材料が工場に入り，それらがどのように使われているかを知るために，部門や工場の倉庫が設置された。しかし，より重要であったのは，材料の浪費問題であった。こうした倉庫には，外部から購入した資材や完成品が一緒に保管され，それらを必要とする者は容易に調達できるようになっていた。[45] こうした粗雑な倉庫管理の改善策の1つは，1つの倉庫に何もかも保管するのではなく，材料，完成品，工具に対して各々の倉庫を設置することであった。さらに，それぞれの倉庫には，倉庫係（storekeeper）を置き，専門の係が在庫品の出入りをチェックし，記録するようにした。[46] その結果，倉庫は集中化され，生産に直接携わらない人員によって管理されることになった。

資材管理のもう1つの側面は，材料供給システムに関わるものである。初期の典型的なシステムは，通常，製図室から発行される材料表（a bill of materials）とか他の材料リストを用いて在庫の有無をチェックし，不足しているものは発注し，すべての材料が揃ってから生産を開始するというものであった。一般に，この当時には，将来に向けた在庫調整は行われず，注文を受けてから必要な材料が用意され，在庫がチェックされていたのである。

4　管理システム化の帰結

以上3つのシステムは，すべて反復的業務——原価データの収集，賃金の支払い，生産に関する計画とチェック——に関わるものであり，システムとはこれらの反復的業務を経営目的達成に向けて遂行するために標準化された手続であった。したがって，一旦こうしたシステムが形成されれば，会社の反復的業務は，ある特定の標準化された手続にしたがって遂行されるようになる。

リッテラーは，3つのシステムの目的を以下のようにまとめている。[47]

(イ)　会社で行われている作業内容に関して必要な情報を提供すること——垂直的かつ水平的な情報の伝達を通じて，すべての管理者レベル，とくにトップ・マネジメントに知らせること。

　(ロ)　種々の勘定，製品，部門等の費用の統制方法を提供すること。

　(ハ)　改善の利益が最も大きい領域を分析するための情報を提供すること。

　(ニ)　広範な組織能率の測定手段を提供すること。

　(ホ)　種々の部門や個人を生産の需要に応じるように調整すること。

　(ヘ)　個人的努力への刺激を与えること。

　(ト)　管理者を大量の些細な，あるいはまた反復的業務と密接な監督の必要から解放すること。

　(チ)　価格決定，入札，そして発送日の約束を補助すること。

　(リ)　生産に必要な工具や材料が必要な時に利用できるようにすること。

　以上の目的から明らかなように，体系的管理は基本的には計画や組織ではなく，指揮（directing）統制（controlling）に関わっている。それは，19世紀末に企業規模の増大と専門化（＝分業）の急速な進展によりもたらされた企業の内部運営の混乱という事態に対応した当然の帰結であった。「組織のあらゆるレベルでの情報欠如，管理者への反復的仕事の負担，人員の全般的限界，そして管理系統内のもつれ」は，企業の「内部調整」への関心を高め，「管理機能の一定部分を補助する管理機構（administrative machinery）」の形成を要求した。[48] そのために，「管理業務遂行の標準的方法が創造」され，それはまた必要な仕事がなされることを保証する一連の手続と結びついたすべての管理者の職務の厳密な規定をもたらした。このように見てくれば，「体系的管理は，前もって設定された方法を通じて組織目的の達成のために調整された努力を保証する一定の運営手順を管理構造に組み込もうとする管理へのアプローチである」[49] と言うこともできよう。換言すれば，体系的管理は，一個人の熟練や記憶や能力への依存を超越し，個人から独立した管理機構（＝制度）を樹立しようとする試みであると言えよう。[50]

　こうした管理機構によって，次のような結果がもたらされる。[51]

Ⅰ　管理システムの形成　89

(イ)　一定の反復的管理活動は，特別の管理者によって，標準化された管理手段を通じて遂行され，それによってライン執行管理者をこの職務から解放する。

(ロ)　責任の連結と正確な情報の確実な流れによって，広範に分散した活動の統合がなし遂げられる。

(ハ)　数多くの繰返し発生する問題は，管理者が行うべき意思決定範囲を単純化する前もって設定された解決法によって処理される。

これらの結果が意味することは，標準化された手続からなる管理機構が反復的な管理業務の大部分を肩代わりし，自動化することによって，トップに対しては情報を集中し，統制力を強化する一方，ロワーに対しては活動範囲と意思決定領域の縮小をもたらす，ということである。さらに，「労働者に特定の時間に作るものを指示したり，必要な材料や工具を与えることによって，どんな仕事をどのような方法で行うかを決定する労働者の能力を減じた」。[52)] 結局，「システムの会社への全般的影響は，最高経営層による会社活動のより集権的統制をもたらすことになった」。[53)]

ところで，システムの導入に伴って，その運営を担当するスタッフ職が出現することになるが，かれらは従来ライン執行管理者が遂行していた管理活動の一部を引き受ける。たとえば，原価システムに関する情報を提供する時間係（time keeper），命令書の経路を監督しそれに関する情報を保持する生産管理係，刺激的賃金制度を運営する専門職員，在庫係（stores keeper），などがこの時期に現れた専門家であった。かれらは，最初はライン執行管理者のアシスタントとして活動し，そのため社内のあちこちに点在していた。その後かれらは集中化され，原価係は原価部門，生産管理係は生産管理部門といったように特定のスタッフ業務を遂行する部門に吸収された。こうしたスタッフ部門の形成に伴って，それらの権威も上昇し，より上位の管理者に報告したり，その機能が担われるようになった。こうして，体系的管理はスタッフの初期的形態を創り出し，ライン・スタッフ組織の形成を促した。[54)]

5 システムの成長

前述したごとく，個々のシステムは，それぞれ特定の部分的問題への対応として生成・発展するのであるが，それらは次第に「相互連関的なシステムのネットワーク」[55]を形成するようになる。たとえば，生産管理における部品や材料の統制は，原価計算に対して製品別の材料費の記録に役立つ情報を提供した。また，原価データの収集技法は，活動の統制や管理業務の分析や計画のための情報の提供に利用された。刺激的賃金システムは，労働者がよりいっそう努力するよう鼓舞することが当初の目的だったが，後には原価計算システムによって利用される詳細な労務費の記録を提供することになった。生産管理システムの発展も同じく，原価計算システムへの有用なデータの提供を行なった。

このようにシステムが相互連関的なネットワークを形成し始めるようになるにつれて，会社全体の活動を対象とするシステム形成が問題となる。つまり，全般的（overall）観点の導入と会社の活動全体のシステム化の開始である。このことを最初に強調したのは，トレゴーイングである。かれは，「わが国の多くの大工場が第1に必要としているのは，仕事ではなく，経営全体を管理し，指導する機構の全面的改革である。……それは単に方法（method）の問題であり，若干の単純な規則の適用であり，秩序が宇宙の第1法則であるという昔からの原理の重視であ」[56]る，と主張した。

しかし，全般的システム化の観点を発展させた最も有名な人物は，ルイスであり，かれはそれを「組織」という用語で表現し，その能率を強調した。[57] かれは，「製造業の究極目的は，最小限の直接賃金や間接費で所与の生産高を上げることであり，市場において最小限の付加費用で処分することである。」[58]と述べている。ルイスにとって，激烈な市場競争に打ち勝ち「最大利潤」を獲得するための条件は，「低原価」と「最大生産」の達成であった。組織能率の問題はこの2つの条件に密接に関わっていた。かれの挙げた組織問題は，①財務的均衡によって，あらゆる方面において厳重に取締まられる実際の作業に対する実際費用の配分，②原価計算の一要素とし

ての旧式の硬化した機械率（machine-rating）法の廃棄，③製造原価と販売原価の厳格な区分，④内外の進行状況のグラフ式表示の豊富な利用，⑤労働者の作業時間を割当てるより迅速で自動的な方式，⑥口頭での指図を書式による指図に全面的に切換える，⑦独立した部門の円滑な相互作用を確保する方式により大きな注意を向けること，[59]であり，ここには費用配分，原価計算，生産管理の問題が，低原価と最大生産の実現に向けて取り上げられている。さらにかれは，賃金問題にも触れているが，それは労務費削減という形で直接原価削減に影響し，賃金支払方法の工夫によって労働者の熟練と工夫を引き出し，最大生産をもたらす重要な要因である。しかし，かれは「もし〔労務費の〕実際の削減が完全に作業者によってなされる熟練や工夫の努力によるということが真実であるとすれば，同様にこのような努力の機会は企業によって，そして会社の完全な技術・経営組織によって与えられる。」[60]と述べており，かれの力点が組織改革に置かれていることは明らかである。そして，かれは，この「組織の真の目的は，日常の仕事の統制において管理力を強化すること，そして部門能率の変動についての綿密な情報を確保することである。」[61]と述べており，組織改革が全面的管理力の強化を目ざしていることが明らかにされているのである。

ルイスの具体的な組織づくりは以下の通りである。かれはまず，会社のさまざまな職位の職務と責任を詳細に記述した。かれの挙げた職位は，取締役（Directors），社長（Managing Director），マネージャー〔今日のゼネラル・マネージャーあるいは執行担当副社長〕，秘書，監査役，会計係，出納係，工場長（Works Manager），職長，時間係などである。さらにかれは，次のような部門も記述している。すなわち，製図室，材料倉庫（Stores），完成品倉庫（Warehouse），工場事務所である。これらの職位や部門を結びつけるために，かれは顧客の注文書と送り状，供給者の注文書と送り状，在庫調査，製造原価の収集と処理システムの運用システムを描写した。[62]

ルイスの考え方を受継いだチャーチ（A. H. Church）は，前述したように，「調整」の必要性を強調し，管理組織の再編が不可欠であると訴えた。

すなわち，かれは，「工場で最も高くつくのは，不完全な組織であ」り，競争の激化につれて調整の必要はますます不可避的となる，と述べている。[63] そして，管理組織は単に情報収集のみならず，統制手段を提供し，管理的統制を全部門に浸透させるべきだ，と考え，管理組織の目的を「製造作業の拡大によって攪乱された責任のバランスを再調整し，中央による統制を主要点において回復すること」[64]に求め，集権化の必要を強調した。

注

1) J. A. Litterer, *Emergence*, p.148.
2) *Ibid*, pp.146-147. p.182.
3) H. Metcalfe, *The Cost of Manufactures and the Administration of the Workshops, Public and Private*, John Wiley & Sons, 1885, p.17, cited in J. A. Litterer, *Emergence*, p.170.
4) H. Diemer, "The Commercial Organization of the Machine-Shop, VI—The Figuring of Total Costs," *Engineering Magazine*, vol.20, No,2, Nov. 1900, p.229.
5) J. A. Litterer, *Emergence*, p.171.
6) *Ibid.*, p.174.
7) *Ibid.*, p.175.
8) H. Roland, "Effective Systems of Finding and Keeping Shop Costs," *Engineering Magazine*, Vol.16, No.2, Nov. 1898, p.208.
9) H. Roland, "Cost-Keeping Methods in Machine-Shop and Foundry, I—The Elements of Cost and the Influence of Wage Systems," *Engineering Magazine*, Vol.14, No.1, Oct. 1897, p.58.
10) J. A. Litterer, *Emergence*, p.178.
11) *Ibid.*, p.180.
12) J. S. Lewis, "Works Management for the Maximum of Production, II. —The Labour Factor in the Intensification of Output," *Engineering Magazine*, Nol.17, No.2, Nov. 1899, p.208.
13) J. A. Litterer, *Emergence*, pp.180-181.
14) *Ibid.*, p.182.
15) J. A. Litterer, "Systematic Management : Design for Organizational Recoupling in American Manufacturing Firms," *Business History Review*, Vol.37, No.4, 1963, p.384.
16) J. A. Litterer, *Emergence*, p.130.
17) J. S. Lewis, *op.cit.*, pp.201-202.
18) J. A. Litterer, *Emergence*, p.187. D. F. Schloss, "The Basis of Industrial Remuneration," *Economic Journal* Vol.2, Dec. 1892, p.608.
19) D. F. Schloss, *Methods of Industrial Remuneration*, 3rd ed. Williams and Norgate, 1898. p.14, cited in J. A. Litterer, *Emergence*, p.187.
20) N. P. Gilman, *Profit Sharing Between Employer and Employee*, Mifflin and Co., 1889, pp.44-45, cited in J. A. Litterer, *Emergence*, p.188.
21) D. F. Schloss, *Methods of Industrial Remuneration*, p.52, cited in J. A. Litterer,

I 管理システムの形成　93

Emergence, p.191.
22) W. E. Partridge, "Capital's Need for High-Priced Labor," *Transaction of A. S. M. E.*, Vol.8, 1886, pp.269-275.
23) P. J. Darlington, "Methods of Remunerating Labor," *Engineering Magazine*, Vol.17, No.3, June 1899, p.454.
24) H. Roland, "Cost-Keeping Methods in Machine-shop and Foundry, I.," p.59.
25) P. J. Darlington, *op.cit.*, p.447.
26) J. A. Litterer, *Emergence*, pp.193-194.
27) J. S. Lewis, *op.cit.*, p.203.
28) ハルシーは,「単価切下げは,金の卵を生む鷲鳥を殺すことに他ならない。」と批判している (F. A. Halsey, "The Premium Plan of Paying for Labor," *Transaction of A. S. M. E.*, vol.12, 1891, p.756. 三戸公他訳『タウン, ハルセー, ローワン賃金論集』, 1967年, 74頁)。
29) J. S. Lewis, *op.cit.*, pp.203-204.
30) *Ibid.*, pp.205-206.
31) J. A. Litterer, *Emergence*, pp.202-205.
32) *Ibid.*, pp.262-263.
33) "Shop Systems of the Yale Lock Mf'g Co.," *American Machinist*, Feb. 18, 1882, p.7.
34) H. Metcalf, "The Shop-order System of Accounts," *Transaction of A. S. M. E.* vol.7, 1885, pp.446-448.
35) J. Tregoing, *A Treatise on Factory Management*, John Tregoing (Press of Thomas P. Nichols), 1891.
36) J. A. Litterer, *Emergence*, pp.212-214.
37) J. S. Lewis, *The Commercial Organization of Factories*, reprint of the 1896 ed., Hive Publishing Co., 1980, p.162.
38) R. F. Van Doorn, "A Complete System for a General Iron Works," in H. L. Arnold, (compiled), *The Complete Cost-keeper*, first published in 1899, Arno Press, reprint edition 1979, p.143.
39) H. Diemer, "The Commercial Organization of the Machine-Shop, IV—The Production Department : The Execution of the Work," *Engineering Magazine*, Vol.19, No.6, sept. 1900, pp.893-895.
40) H. P. Kendall, *op.cit.*, pp.108-109.
41) H. Diemer, "Functions and Organization of the Purchasing Depertment," *Engineering Magazine* Vol.18, No.6, March. 1900, p.834.
42) F. E. Cardullo, *op.cit.*, p.51.
43) J. A. Litterer, *Emergence*, p.230. カルドゥロは,「体系的管理は,単に作業方式の相対的価値を決定するための記録の保管と比較にすぎない。」(F. E. Cardullo, *op.cit.*, p.51) と,その限界を強調している。
44) J. A. Litterer, *Emergence*, p.232.
45) H. Roland, "Cost-Keeping Methods in Machine Shop and Foundry, III—Control of the Store-Room and Checking of Piece-Production," *Engineering Magazine*, Vol.14, No.3, Dec. 1897, p.464.
46) ガンは,製造業者によって費消されるすべての材料の統制を1人の倉庫係に集中することを

94　第2章　体系的管理の台頭

提言している（J.N.Gunn, "Cost Keeping ; A Subject of Fundamental Importance," *Engineering Magazine*, Vol.20, No.4, Jan. 1901, p.706.）
47)　J.A.Litterer, *Emergence*, pp.240-241.
48)　*Ibid.*, pp.262-263.
49)　*Ibid.*, p.264.
50)　cf. M.Jelinek, "Toward Systematic Management : Alexander Hamilton Church," *Business History Review*, Vol.54, No.1, spr. 1980, pp.64-65.
51)　J.A.Litterer, *Emergence*, p.263.
52)　D.Nelson, "Scientific Management, Systematic Management, and Labor, 1880-1915," *Business History Review*, vol.48, winter 1974, p.481.
53)　J.A.Litterer, *Emergence*, p.275.
54)　*Ibid.*, pp.269-271.
55)　*Ibid.*, p.267.
56)　J.Tregoing, *op.cit.*, p.iii, cited in J.A.Litterer, "Systematic Management : The Search for Order and Integration," *Business History Review*, Vol.35, winter 1961, p.473.
57)　J.S.Lewis, "Works Management for the Maximum of Production, I－Organization as a Factor of Output," *Engineering Magazine*, Vol.18, No.1, Oct. 1899, pp.59-60.
58)　*Ibid.*, p.64.
59)　*Ibid.*, p.68.
60)　J.S.Lewis, "Works Management for the Maximum of Production, II," p.204.
61)　J.S.Lewis, "Works Management for the Maximum of Production, I," p.63.
62)　J.A.Litterer, *Emergence*, pp.134-136.
63)　A.H.Church. "The Meaning of Commercial Organization," p.397.
64)　*Ibid.*, p.395

II　体系的管理と科学的管理

　以上見てきたように，体系的管理は19世紀末のアメリカで展開された管理システム化の流れの総称であった。言うまでもなく，テイラーの科学的管理も19世紀末から20世紀初めにかけて展開されたのであり，ASMEを中心に活躍したかれが，体系的管理と全く無関係に自己の理論を構築したとは考え難い。そこで，体系的管理と科学的管理の関係について若干の考察を以下において試みたい。

　リッテラーは，タウン，スミス，メトカルフ，ハルシーといった体系的管理への貢献者達とテイラーやガント達がASMEを通じて情報交換を行なっていたと推察している。[1] たとえば，テイラーは1885年のASMEの第13

回大会に討論参加者として出席しており，メトカルフの"The Shop Order System of Accounts"の報告後の討論において，メトカルフの論文に大きな関心を示すと共に長いコメントを行なっている。[2] また，ハルシーの1891年のASME第23回大会報告の時には，ガントが討論に参加し，「1日の仕事とは何か」という根本的提起を行なっている。[3] さらに，テイラーは"Shop Management"の最後の部分で，自分が影響を受けた数多くの管理改善案の中からいくつかのシステムを選び出しているが，その中にスミスやタウンが利用した「注文番号記憶制度」(the mnemonic system of order numbers) とメトカルフのカード・システムが記述されている。[4] また，1903年のASME大会での"Shop Management"発表後の討論で，テイラーとハルシーは，互いの賃金支払方式について激しい議論を行なっている。[5] これらの事実から，テイラーが体系的管理論者達と直接交流し，かれらの業績から多くの示唆を得たであろうことが推定できる。

また，テイラーはいち早く管理システム化の必要に気づいていたのであり，1895年の"A Piece-Rate System"において，「現代の製造業者は，最良の管理者や労働者を確保しようと努めるだけでなく，工場部門に最も注意深く編成されたシステムと方法の網をはりめぐらそうと努めている……著者の考えでは，製造面での最大の危険は，このシステムの欠如である。」[6] と指摘している。また，1911年の"The Principles of Scientific Management"においては，序の部分で，人ではなくシステムの重要性を強調し，日常的活動の「非能率の改善は，非凡な人間を求めること以上にシステマティックな管理（systematic management）に依存する」と述べている。[7] このような個人の資質に依存した管理からシステム（＝制度）による管理への移行の強調は，前述したように体系的管理の場合と同じである。

ネルソンは，「テイラー・システムは，……体系的管理の枠内にとどまっていた。」[8] と述べ，「テイラー・システムは，……工場調整問題への包括的な解答であり，体系的管理の精錬と拡充であった。」[9] と評価している。また，チャーチは，科学的管理の要素の多くが工場時代（the factory age）

の初期に知られ,理解されていたという理由から,「科学的管理はむしろ時代遅れである」とすら評価している。[10]

　以上によって,科学的管理と体系的管理がきわめて密接な関係にあることが明らかであるが,それではテイラーは具体的に体系的管理から何を学び,吸収したのであろうか。この問題が次に問われねばならない。この問題を明らかにするには,まずテイラー・システムの特質を明確にする必要がある。

　リッテラーによれば,科学的管理を構成する主要部分は次の3つである。[11]

(1) 中央集権的計画部門による作業計画
(2) 時間研究によって設定された賃率を用いた刺激的賃金支払方式の利用,
(3) ショベル作業その他の実験の研究によって実証された作業研究と作業方式改善の研究。

　これらはほとんど中央計画部の機能として行われるのであるが,こうした作業の流れを統制するための集権化は,前章で見たごとく,体系的管理の基本的な特徴であった。また,差別的出来高給制度も前章の種々の刺激的賃金制度の延長線上にある。

　また,ネルソンは,「テイラー・システムの基本的特徴」を以下のようにまとめ,これを企業への実際の導入状況との関連で検討している。[12]

① 予備的な技術的・組織的改善,たとえば機械や機械操作における改良（機械工場への高速度工具鋼の導入を含む),ベルト装置の改良,より徹底した原価計算手続,そしてシステマティックな購買,倉庫,工具室管理方法,② 計画部,③ 職能別職長制度,④ 時間研究,⑤ 刺激的賃金制度。

　①は「テイラーによる体系的管理技法の抜本的改善策」であり,テイラー・システムを導入したすべての企業で原材料の分類・標準化,工具室や倉庫の改造,機械の調整が行われた。また,計画部の設置や時間研究導入の痕跡もほとんどの導入事例に見られた。しかし,職能別職長制度と刺激的賃金制度は実際には導入されなかったようである。したがって実際に企業に導

入されたものは，①と②と④であり，時間研究を除いた残り2つは体系的管理から派生したものであった。また，従来あまり注目されてこなかったが，テイラーは鉄道の会計士からヒントを得て，作業や原価の統制を補助する会計方式を研究し，一連の標準的書式と手続，そして諸勘定の月次残高(a monthly balance of accounts)における革新によって，1890年代には会計の専門家として知られていた。[13] ネルソンは，テイラーの「ベルトと工具の標準化手続，倉庫と工具室の組織，購買，原価計算，生産計画，そして差別的出来高給制度は，体系的管理の文献や進歩的経営者の実践に表われた考え方をただ延長しただけのものであった」と結論づけている。[14]

以上のことから，テイラー・システムの具体的な構成要素の大部分が，体系的管理の延長線上にあり，それから強い影響を受けていることが明らかである。リッテラーは，体系的管理が科学的管理に貢献した点を次のようにまとめている。「(1)数多くの技法や手続が体系的管理の文献において以前に発展していた，(2)たとえば刺激的賃金制度といった体系的管理の文献のいくつかの考案は，科学的管理の重要な要素としてさらに発展させられた，(3)体系的管理の文献は，科学的管理研究のためのデータやその収集方法を提供した。」[15] つまり，体系的管理は科学的管理が発展する基礎を提供した，と言うことができよう。

それでは一体，テイラー・システムの独自性，体系的管理と科学的管理の基本的差違はどこにあるのだろうか。それは言うまでもなく，時間研究にもとづく課業の設定にある。テイラー自身，自分が創始した管理法の第1条件に，「仕事を完了するに要する時間を詳細に研究すること」を挙げている。[16] これによってこそテイラーの意図した作業速度決定権の管理者による掌握が可能となったのである。ネルソンも，「テイラーやかれの弟子達がテイラー・システムの『礎石』と宣伝した時間研究は，管理運動において直接の先行者を持たぬ唯一の特色であった。」[17] と，時間研究の独創性を評価している。さらに，テイラーの科学的管理を厳しく批判したチャーチも，「単位作業を確立し，『能率』的な最大限の作業を決定し，この標準の達成の失敗

は無駄と見なす原則の公式化は，機械技術史の画期的な出来事の1つになろう」[18]と，時間研究にもとづく課業の設定には最大限の評価を与えている。

科学的管理の独自性は，上述したごとく時間研究にもとづく課業の設定にあるが，体系的管理と科学的管理の根本的差違は，両者の基本的アプローチの違いにある。体系的管理は企業の内部運営がスムーズに遂行できるようなある方法に関心を持ち，科学的管理は「いくつかの代替的方法の中から最善の方法を決定」[19]することに関心があった。さらに，体系的管理は，利害，知識，そして職務の異なる人々の活動を結合すること，すなわち調整に関わっていたのに対して，科学的管理は個々の労働者の能率増大に関心を持っていた。要するに，「科学的管理は，一労働者が自己の職務を遂行するための最善の方法を見出すことに注意を集中し，一方，体系的管理は全体目的達成のために多くの人々の作業を統合する方法を探究した」のであり，両者の基本的アプローチは，その性格と目的において全く異なっていたと言える。[20]

このように両者のアプローチの差違は決定的であるが，科学的管理と体系的管理は決して対立的関係にあるのではなく，科学的管理は体系的管理によってその基礎を与えられたのであり，体系的管理に続く発展段階として展開されたのである。リッテラーは，「体系的管理は管理論の発展に必要不可欠な環でありこれなくして科学的管理の創造は，困難いやおそらく不可能であったであろう」[21]と，結論づけている。

注
1) J. A. Litterer, *Emergence*, p.252.
2) H. Metcalf, "The Shop-Order System of Accounts," pp.475-476.
3) F. A. Halsey, *op cit*, p.769.
4) F. W. Taylor, *Shop Management*, Harper & Brothers, 1911, pp.201-202.
5) F. W. テイラー著，上野陽一訳・編『科学的管理法』，1973年，209-215頁。
6) F. W. Taylor, "A Piece-Rate System, Being a Step Toward Partial Solution of the Labor Problem," *Transaction of A. S. M. E.*, Vol.16, 1895, pp.860-861.
7) F. W. Taylor, *The Principles of Scientific Management*, 1923, p.7.
8) D. Nelson, *Managers and Workers*, p.58.
9) D. Nelson, "Scientific Management, Systematic Management, and Labor, 1880-1915,"

p.480.
10) A. H. Church, "The Meaning of Scientific Management," *Engineering magazine*, Vol.41, No.1., Apr. 1911, p.97.
11) J. A. Litterer, *Emergence*, p.255.
12) D. Nelson, "Scientific Management, Systematic Management, and Labor, 1880-1915," pp.490-494.
13) *Ibid.*, p.484. なお詳細については，田中隆雄「F・W・テイラーと19世紀末アメリカにおける管理会計制度の萌芽――デュポン社管理会計制度の源流としてのジョンソン社――」『法経研究』静岡大学，第29巻2号，1980年を参照のこと．
14) D. Nelson, *Managers and Workers*, p.58.
15) J. A. Litterer, *Emergence*, p.257.
16) F. W. テイラー著，上野陽一訳・編『科学的管理法』，213頁。
17) D. Nelson, *Managers and Workers*, p.59.
18) A. H. Church, "The Meaning of Scientific Management," p.101.
19) J. A. Litterer, *Emergence*, p.103.
20) *Ibid.*, p.259.
21) *Ibid.*, p.261

Ⅲ 体系的管理の本質

　以上，19世紀末アメリカにおいて展開された体系的管理と呼ばれる管理改善の動きを，個々のシステムの個別的展開からそれらの統合化へのプロセスに即してやや詳しく論じてきた。そこでは，体系的管理に原価計算システムや生産管理システムのみならず，賃金システムが重要な課題として取り上げられていることを明確にし，従来言われてきた能率増進運動が体系的管理に包含されていることを示した。したがって，賃金問題を中心とした能率増進運動は体系的管理と対立するものでなく，むしろその重要な一部分として扱われるべきものと考えられる。
　さらに，従来あまり強調されることがなかったが，体系的管理はその基本的志向において中央による統制の強化，すなわち中央集権的管理を目ざしており，いわば集中的管理の条件整備の役割を果たした，と言える。テイラーの科学的管理も，標準化概念を基軸とした体系的管理による条件整備を土台としたからこそ，計画部による集中的管理を志向しえたのである。もちろん，両者において全体的活動の調整と個別作業の最大能率化という関心の方

向性の相違はあったが。

　以上の論述のみから短絡的に断定することは些か危険ではあるが，管理の発展とは結局，集権化の進展を意味する（少なくとも体系的管理と科学的管理については），と言えよう。しかも，この集権化は，1．企業の諸部門の明確な規定（類似の作業や職能を1つの部門にもとめる），2．各部門の職務と企業全体との関係の明確な規定，3．責任の明確な規定,[1] を伴っている点で官僚制と類似性を持ち，「管理職能の官僚制化」[2] とも呼べる性格を持つのである[3]。いわば，それは管理の制度化である。

注
1）　J. A. Litterer, "Systematic Management : Design for Organizational Recoupling in American Manufacturing Firms," p.390.
2）　*Ibid.*, p.390.
3）　津田真澂氏は，「テイラーの科学的管理法は……管理の計画化，標準化を目的としたものであって，ウェーバーの官僚制組織の理論と斉合性を持ち，とくにウェーバーがいう職務の内容を課業として定式化したことは相互補充の関係をもっているということができる。」と，科学的管理と官僚制の関係を示唆している（津田真澂『日本的経営の論理』中央経済社，1977年，47頁）。

第3章
チャーチの管理論

　アーウィック（Lyndall F. Urwick）は，その著 *The Golden Book of Management*, 1956 において，チャーチ（A. H. Church）の管理への貢献をとくに強調した。というのは，かれに言わせれば，チャーチは，「近代的原価計算と工場会計のパイオニア」としての側面と「科学的管理に関する最初の標準的教科書の一つの著者」としての側面との二重の側面において，従来無視されてきたからである。[1] その後 1961 年に，リッテラー（J. A. Litterer）も，「チャーチの名前が，近代的管理の発展が論議される際ほとんど言及されない」のは「不幸なことである」として，チャーチの再評価を行った。[2] かれは，チャーチを「近代的管理論の創始者の1人」と位置づけ，とくにチャーチが，F・W・テイラーが看過し，当時の多くの論者が無関心であった「全体的管理職能」の問題に着目し，これに取り組んだ点を評価している。

　わが国においても，すでに大正 15 年（1926 年）に馬場敬治氏がその著『産業経営の職能と其の分化』においてチャーチ理論をいち早く紹介・吟味されている[3]が，チャーチの管理論に関する研究は，リッテラーの研究が発表されるまで，あまり注目されなかった。日本でチャーチの名前を有名にしたのは，おそらく土屋論文[4]であろうが，以来，多くの経営学者によって注目を集めるようになってきた。しかし，私見によれば，従来のチャーチ研究は，テイラー研究との対比，あるいは体系的管理研究の中でなされることが多く，チャーチの理論を独自に取り上げ，それを詳細かつ体系的に研究する

ことにおいて不十分であったと思われる。そこで本章では，チャーチの管理論に関する主著である The Science and Practice of Management, 1914 に主に基づきながら，かれの管理職能論と管理原則論を検討する。

注
1) L. F. Urwick, ed., *The Golden Book of Management*, new expanded edition, American Management Associations, 1984, p.113.
2) J. A. Litterer, "Alexander Hamilton Church and the Development of Modern Management," *Business History Review*, Vol.35, No.2, 1961, pp.211-4.
3) 馬場敬治『産業経営の職能と其の分化』，大鐙閣，1926年。
4) 土屋守章「米国経営管理論の生成」(1)(2)(3)，『経済学論集』東京大学，第31巻4号，1966年1月，第32巻1号，1966年4月，第33巻1号，1967年，4月。

I 問題視角

チャーチは，1866年イギリスに生まれ，オックスフォード大学で教育を受け，ナショナル・テレフォン社（National Telephone Company）に電気技師として就職したのを皮切りに，イギリスでいくつかの会社に勤めた。そして，1890年代末にはP&R.ジャクソン社（P.and R.Jackson Company）でゼネラル・マネージャーをしていたルイス（J. S. Lewis）の助手となり，ルイスの薫陶を受け，工場管理問題，とりわけ組織（organization）の問題に着目するようになった。[1)]

ルイスは，1899年に『エンジニアリング・マガジン』（*Engineering Magazine*）誌に発表した論文の中で，現代は過渡期であると位置づけ，「著しい繁栄の波の刺激のもとで，旧式の経営（administration）方法は，使い物にならなくなり始めており，もはや現代の産業労働の張りと強度についてゆけなくなっている。したがって，今まさに解決を迫られている問題は，再組織が求められている可能な方向に関するものである。」と述べた。そして，切迫している問題の中でもとりわけ求められているのが「生産高の増大」（increase of output）の問題であり，工場の規模が増大するにつれて生産要素として組織の問題がだれの目にも重要なものに映り始めたとし，

「問題は，もっぱら組織能率の増大のそれである」，と主張した。[2] ルイスは「組織能率」の問題を「低原価」と「最大生産」の達成という「最大利潤」獲得のための2つの条件とかかわらしめて捉えており，その内容は原価計算，生産管理，労働報酬，など多岐にわたっている。[3] かれは，「近代的組織の真の目的は，日常の仕事の統制において管理力を強化すること，そして分野毎，部門毎の能率の変動に関する綿密な情報を確保することである」としている。[4]

チャーチがルイスのこのような管理観，組織観に強い影響を受けたことは疑いない。チャーチは，自ら初期の著作の中で，神経系統（＝組織）の問題の重要性とルイスの影響を次のように明言している。すなわち，

> 「改革は，一般にクレーンや工場内搬送装置や工具室といった当該部門内の機械や非生産設備の近代化に終始し，全体を指揮する神経系統は手つかずのまま残されており，神経系統の重要性は，Commercial Organization というタイトルを持つスレーター・ルイス氏の偉大な業績の出現によって，最近日の目を見ることになった。この重要な分野を考慮の外に置くということの一般的効果は，死にかかっている人を助けるのに，先ず駄目になっている組織を建て直す代わりに，その人を自転車に跨がらせるようなものである。」[5]

以下，チャーチの主張をより具体的に概観しよう。[6] チャーチは，製造業において19世紀後半に急速に進展した機械化や分業の結果，従来「機械工」（mechanic）が担っていた旧型万能熟練が解体し，「現実のメキャニックな問題は，強制的な精密さと正確さの条件のもとでの調整と同時的生産の問題」になった，と主張する。しかし，こうした機械化，とりわけ工作機械の発達自体で，チャーチは，工場体制の新旧を区別するのではない。むしろチャーチの主眼は，機械化や分業の進展の結果，工場の運営が複雑高度になり，それを統制する「全体的により高度なタイプの知性」の必要性を説くところにある。すなわち，チャーチは，「『機械工』は消滅し，かれの場所に『産業の総帥』（captain of industry）が座る」，と産業における主役の交

替を告げるのである。「実際誇張でなく，今日製造業者（manufacturer）は，社会が大きく変化する枢軸である」，とかれは言う。チャーチのこのいわば「優秀な経営者」の必要性の強調は，この時点ではイギリスを対象にしており，「アメリカでは，最高の知性が一生の仕事を産業の中に見出して」おり，「アメリカ人は知性と企業精神においては世界のどこよりも優れた環境を産業領域において作り出している」と述べて，イギリスのこの側面における後進性を批判している。チャーチの文脈からすれば，この頃のマネジメントに対するイギリスの社会的関心の低さとアメリカの高さという対照的な図式が浮かび上がってくるが，それと同時に，イギリス人の管理問題の認識とアメリカ人の認識の違いもこれによって推測することが可能である。

ところで，機械化と分業の進展による旧型熟練の解体は，旧型熟練工の権力基盤を足下から掘り崩し，いわゆる「職長帝国」を解体せしめ，かれらの管理権限を縮小させる。この結果，管理問題は工場の一部門から工場全体，事業所全体へ移行する。したがって，そこでは部門間ないし工場全体の「調整」が重要な問題になるのであり（チャーチの言によれば，「調整の必要は，工場の進化の不可避的帰結である」），そのためには神経系統，すなわち「営業ないし管理組織」(commercial, or administrative organization) を必要とし，これによって情報収集を行い企業活動を規制する手段となす。チャーチにとっては，単に原価情報を収集することそれ自体が目的なのではなく，それを使って管理することが目的なのである。すなわちチャーチによれば，「問題なのは，根本的には管理的統制の問題であり，全部門にそれを張り詰め，全体の健全な生活を規制することである」。したがって，組織と管理の関係は，次のように要約される。すなわち，「近代的管理組織の目的は，産業活動の拡大によって撹乱された責任のバランスを建て直すことであり，中央による統制をその本来の姿に戻すことである」。つまり，組織はこのような管理的統制を強化するために不可欠の手段であり，調整は管理的統制の内実をなす。

ところで，このような2人の組織問題重視の観点は，かれらが間接費問題

に取り組んでいたことと密接な関係があると考えられる。以下，この点について若干考察してみよう。リトルトン（A. C. Littleton）によれば，「簿記が工業の会計を整理する方法をどうやら整えてきたのは，19世紀も4分の3に達したころであり」，「文献の上から判断すると，工企業の会計が，……とにかく相当に体系をととのえるにいたったのは19世紀の最後の4半世紀，ことに最後の15年であった」，という。そしてかれは，この時期の原価計算研究の最高水準をゆく著書として次の3つを挙げている。[7]

・Emil Garcke and J. M. Fells : *Factory Accounts*, London, 1887.
・Geo. P. Norton : *Textile Manufacturers Bookkeeping*, London, 1889.
・J. S. Lewis : *The Commercial Organization of Factories*, London, 1896.

リトルトンは，当時の実際の原価計算が体系的な方法によって間接費を処理していなかったと述べているが，そのことは逆にそれだけ間接費の体系的な方法による処理が求められていたことを意味し，ルイスらはこれに応えようとしたといえる。[8] ルイスは，「作業の見積をおこなう目的から工場間接費を一定割合（賃金に対するパーセンテージ）を以て計上することを述べて」いた。

チャーチは，間接費研究におけるルイスの業績を次のように評価している。すなわち，「事業体の間接費（working indirect expenses）の分析，とくに『工場経費』（works expense）—すなわち生産部門の費用—と『一般経費』（general establishment expenditure）—販売組織の費用を表す—との区別，はその基礎的重要性が簿記的思考によってはただぼんやりとしか理解されてこなかった原理であり，スレーター・ルイスのシステムにおけるその重要性によって初めて注目された」。[9] このように間接費の重要性に注目したルイスは，1899年の論文の中で「組織の能率」と間接費を次のように関係づけた。すなわち，「『組織の能率』（efficiency of organization）の正確な意味」は，「大雑把に言えば，販売可能な製品ないし『在庫』に関する費用に対する間接的かつ非生産的費用の割合である」，と。[10]

さて周知のごとく，チャーチは，「近代的な原価計算と工場会計のパイオニア」として有名であり，かれが1901年に『エンジニアリング・マガジン』誌に発表した「間接費の適正配賦」("The Proper Distribution of Establishment Charges") という表題の一連の論文は，英・米両国で会計文献の参考書として位置づけられた。[11] また，かれはコンサルタントとして19世紀末から20世紀初めにかけて，マンチェスターのB.＆S.Massey社で原価計算方法を改良したり，Hans Renold社に自己の原価計算方法を導入したりした。[12] 上記の論文においてチャーチは，当時普及し始めていた間接費配賦方法（機械率法）の欠点を批判し，自ら「科学的機械率法」と名づけた新しい配賦方法を提出し，原価計算方法の発達史に画期をなした。[13] 『エンジニアリング・マガジン』誌の編集者は，その前書きに，チャーチが投げかけた原価計算問題への新しい光は進歩的経営者に随所で歓迎されようが，とくに "establishment charges"（「事業所費」）はアメリカの経営者によって，実質上同義のexpense burden＝間接費（工場製品の素価 prime cost と総原価 inclusive cost との全差額）という概念のもとですんなり認められよう，と予想した。[14]

間接費の従来の理解は，「無駄なもの，すなわち可能ならば排除すべきもの，あるいはそれが不可能ならばできるかぎり減らし，残りを損失として扱うべきもの」であった。しかしチャーチは，視点を変えて，間接費を「もっとも能率的な仕方で使用されていることを監視すべき正当な費用」と捉え直すことによって，間接費と管理職能の密接な結びつきに気づいた。[15] チャーチは，製品の販売価格を素価（材料費＋賃金）と間接費（工場経費＋一般経費）と利益の合計として算出した。[16] このうち工場経費（Shop Charges）は，製造間接費であり，賃借料，租税，利子，減価償却費，動力費，監督費などが含まれる。[17] また一般経費には，「営業管理・販売組織の費用」(expenses of the commercial management and selling organization) が含まれる。[18] 19世紀末の急速な機械化の進展は，この製造間接費の増大をもたらすものであったが，チャーチは，この製造間接費の配賦計算に「能率判

定，操業度管理などの機能をもたせようとした」。[19] このようにして，「チャーチは，間接費勘定の重要性を調べることによって，管理職能とその職能が遂行される能率の考察に直接導かれた」。[20]

注
1) J. A. Litterer, Ph. D., diss., *The Emergence of Systematic Management as shown by the Literature of Management from 1870 to 1900*, University of Illinois, 1959, p.245, p.247.
2) J. S. Lewis, "Works Management for the Maximum of Production, I.—Organization as a Factor of Output," *Engineering Magazine*, Vol.18, No.1, Oct.1899, p.59.
3) 拙稿「体系的管理と科学的管理」『名城商学』第31巻，第3・4合併号，1982年3月，29-30頁参照。
4) J. S. Lewis, *op.cit.*, p.63.
5) A. H. Church, "The Meaning of Commercial Organization," *Engineering Magazine*, Vol.20, No.3, 1900, pp.392-3.
6) *Ibid.*, pp.391-398 参照。
7) A. C. Littleton, *Accounting Evolution to 1900*, The American Institute Publishing Co., Inc., 1933, New York. (片野一郎他訳『リトルトン会計発達史』同文舘，1968年版，463-4頁)。
8) 同上訳書，480-2頁。
9) A. H. Church, "The Meaning of Commercial Organization," p.394.
10) J. S. Lewis, *op.cit.*, p.62. 角野氏は，「ルイスは組織の能率が，製品原価に対する間接費の割合の中に示されると考えた」，と整理されている。(角野信夫「もう一つの科学的管理―A. チャーチの管理論―」『愛媛経済論集』第5巻，第1号，1985年7月，50頁)。
11) L. F. Urwick, ed., *op.cit.*, p.113.
12) *Ibid.*, p.116.
13) 詳細については，中根敏晴「製造間接費配賦論の展開」中村萬次編著『原価計算発達史論』第7章，国元書房，1978年を参照のこと。
14) A. H. Church, "The Proper Distribution of Establishment Charges, I,-The Need for Interlocking General Charges with Piece Costs," *Engineering Magazine*, Vol.XXI, No.4, July 1901, p.508.
15) J. A. Litterer, "Alexander Hamilton Church and the Development of Modern Management," p.224.
16) A. H. Church "The Proper Distribution of Establishment Charges, I," p.516. 図次頁。
17) A. H. Church, "The Proper Distribution of Establishment Charges, II.—Various Plans for Distributing Expense to Individual Jobs," *Engineering Magazine*, Vol.XXI, No.5, Aug. 1901, pp.732-3. 中根前掲論文，145-6頁，小林健吾『原価計算発達史』中央経済社，1981年，50頁参照。
18) A. H. Church, "The Proper Distribution of Establishment Charges, I," p.516.
19) 中根敏晴「工場管理運動と原価計算」小林康助編著『アメリカ企業管理史』第9章，ミネルヴァ書房，1985年，251-3頁。
20) Litterer, "Alexander Hamilton Church and the Development of Modern Management,"

p.224.

FIG. I. ANALYSIS OF THE SALE PRICE OF A MANUFACTURED ARTICLE

SELLING PRICE, £80				
INCLUSIVE OR NO.3 COST, £70				
WORKS OR NO.2 COST, £50				
PRIME OR NO.1 COST, £30				
MATERIAL, £10	WAGES, £20	SHOP CHARGE £20	GENERAL ESTABLISHMENT CHARGE, £20	PROFIT, £10

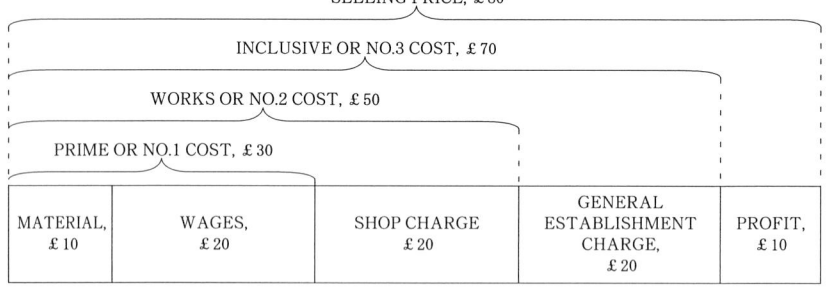

II 管理職能論

　チャーチはいかなる製造事業にも存在する2つの基本的要素があり，それらは，しばしば密接に関わり合い相互に影響しあっているが，本質的にまったく異なる別物であると述べている。[1]「このうち第1のものは，決定の要素（Determinative element）であり，それは事業体の製造方針——何を作るか——と配給方針——どこで，どんな手段をつかって売るか——を決める。第2のものは，管理の要素（Administrative element）であり，それは方針は決定されたものと見なし，それを購買，製造，販売において実現していく」。チャーチは，「隆盛なビジネスを衰退させるのは，決定の要素における失敗である」として，事業の成功に対する「決定の要素」の重要性を指摘しているが，これについてはまだまだ数多くの未知の部分があり，これを何らかの原則にまとめあげるのは時期尚早であるとして，主著では取り上げていない。したがって，主著では「管理の要素」のみ，しかもその「一領域にすぎない」製造分野だけが，取り上げられる。すなわちチャーチは，「販売と配給の管理問題は，ここでの考察から除かれる」，と明言している。[2] またチャーチは，人体とのアナロジーによってマネジメントを説こうとするのであるが，「management，あるいはむしろadministration（決定の要素を除

く），は『有機的』(organic) 事項である」と述べている。[3]

　これらの点からすれば，かれの管理概念は次のようになろう。すなわち，かれは management という概念を広義の管理という意味に用い，administration を「決定の要素」を除外した狭義の管理という意味に用いているのである。つまり，かれは時代的制約の中で管理の対象領域を執行の側面，とりわけ製造面に限定した。このことは，チャーチの管理研究の基盤が，製造業の工場，とくに machine shop に置かれていることからも明らかである。

　かくして，かれの理論を特徴づける職能論も製造工場 (manufacturing plant) を舞台として展開される。チャーチ自身，「これらの有機的職能は，製造管理 (manufacturing administration) のみの職能であ」り，「それらは橋の建設や鉄道のマネジメントには，また販売や財務といった商業的活動にはあてはまらない。それらは，製造工場の内部問題にのみかかわる日常的活動に適用される」，と述べている。[4]

　チャーチは，主著において，生産における「有機的管理職能」(organic functions of administration)[5]として，以下の5つの職能を挙げている。[6] すなわち，

「1．設計 (Design)，それが開始する。

　2．設備 (Equipment)，それが物理的諸条件を提供する。

　3．統制 (Control)，それが職務を明細にし，命令する。

　4．比較 (Comparison)，それが評価し，記録し，比較する。

　5．作業 (Operation)，それが作る。」

　チャーチは，設計と作業職能を「主要な職能」と呼んでいるが，「今日の大工場では」，設備，統制，比較職能も同等に重要であるとしている。以下，この5職能に関するかれの説明を要約してみよう。

1．「設計」は，産業別に発展度は異なる（たとえば，化学工業では初歩的で，単なる混合公式の段階であるのに対し，発電所などでは最高発展度）が，「連続的に材料に生じる変化を前もって指示すること」を意味する。そして「有機的設計職能の範囲」は，まず製造品について，① 素材の性

質,すなわち素材の組成（鉄,真鍮,ヤーン,合金といった）や物理的特性（硬さ,弾性など）の明細,② 形状と寸法,③ その他の特性（仕様書には,表面仕上げ,罫書き,色合いなどの処方が含まれる）,の指示,第2に,製造に必要なアクセサリー（たとえばテンプレート,ジグ,ドリル,穴ぐり器,リーマー,カッターなどの補助工具類,特殊な装備,新しい機械）の設計,第3に,作業についてその方式（使用されるべき機械の明細,速度と送り,作業の順序）と時間（準備時間と実施時間に細分されて）の明示である。[7]

2.「設備」は,その性質や設置方法は,製紙工場,鋳造工場,石鹸工場などで異なるが,設備はなくてはならないものであり,その調達,維持,修理,取り替え,そしてレイアウトを含む。具体的には,設置面では,① 工場の建物については,たとえば部門のレイアウト,照明,暖房,換気設備の設置,② 適切な動力の選択とその配給手段,③ 原材料の保管と適切な運搬用設備（たとえば,保管棚や箱,クレーン,移動起重機,コンベヤーなど）の提供,④ 機械の供給と設置や生産物の運搬に関するレイアウトの設計,メインテナンスの面では,⑤ 建物の修理・メインテナンスや照明・暖房・換気設備の維持とサービス,建物の清掃と手入れ,⑥ 動力の供給維持,⑦ あらゆる設備の修理と保全といった事項が「設備職能の範囲」である。[8]

3.「統制」は,「ボス」の職能であり,「ある者が他の者を待たないですむように指図と材料を調整する」ことである。それは生産プロセスを最初から最後まで監視することである。

4.「比較」は,テスト,検査,原価計算を含み,標準と実際との比較を意味する。この標準は,設計によって特定された標準,ある仕事に許与された時間としての標準,あるいは温度,圧力,真空度などである。しかし,これらは「(1) 観察と記録,(2) 観察と記録の価値を判断するための基準」を仮定する。[9]

5.「作業」は,「設計の仕様書にしたがって,材料の状態（すなわち形態,

寸法，組成）を変える行為として定義」づけられる。すなわち，計画の実施である。「作業は，多数の独立した職種，熟練，過程の総合であ」り，大体機械作業を通じて実施される。近代産業においては，手工的熟練の占める余地は僅かであり，仕上げ作業などに残るのみである。作業は準備と実施に分かれる。作業の準備とは，「機械の補助部品を変更したり，付け加えたり，取り去ったりすること」であり，「生産の損失であるので，つねに可能なかぎり減らされねばならない」。それはまた，機械の正常な状態への修復や，清掃を含む。実施は，「設計の仕様にしたがって，そして作業者によって発揮されうる最良の技術的努力の助けによって，材料に対して遂行される切削，プレス，ねじり，加熱，織り，混合，組み立てなどの実際の技術的仕事」を意味している。したがって，作業は「検査，メインテナンス，あるいは作業のために製品を所定の場所に置いたり機械から外したりする時以外の時間の製品の取り扱い，を含まない」。[10] これらの職能は包括的で，相互に排他的な性格を有する。つまり，「各職能は，船の防水区画室（watertight compartment）であ」り，ある室の水洩れといったトラブルは，隣室に影響しない。[11] また，「すべての他の職能は作業職能に奉仕するために設定されて」おり，作業が最終ゴールとなっている。[12] チャーチは，この「作業職能は，管理職能（function of administration）である」と明言しているが，この場合，かれは技術的問題と管理問題とを峻別している。すなわち，「作業の技術的能率は，管理の科学（science of administration）の一部ではない」として，染料の働きや鋳物の強度，鋼レールの耐久性といった「作業の技術的基礎」を「管理の科学」（science of management）から除外しているのである。そして，「作業部門（department of Operation）が特殊で個別的である」のに対して，「管理の諸職能」（functions of administration）は普遍的に適用できる，としている。[13]

ところで以上の職能は，実際どの職位ないし職務担当者によって遂行されるのであろうか。この役割分担を，機械工場をモデルに組織図上に示したの

が図3-1である。この図から明らかなように，製造ラインの頂点に立つのは製造担当重役（manager of works）であり，かれが統制職能の中心的担い手である。そして，作業職能は，工場長を中心として遂行される。設計，設備，比較職能は，スタッフ的役割を果たすものと見られる。ともあれ，チャーチが各製造職能を単に並列的でなく，職務階層，職務担当者を含めて立体的に，すなわち管理組織との関連で把握していたことが，この図から明らかである。

さらにチャーチは，この職能論に基づいて，現在の職能分化した製造機構の形成過程を歴史的に説明する。[14]かれによれば，「すべての有機的職能は管理職能（function of administration）の成功した委譲を表す」という。具体的に言うと，最初は靴屋のように，1人の人間がすべての製造職能を遂行するが，その後「作業」職能を他の者に委ね，自分はその職能から離れ

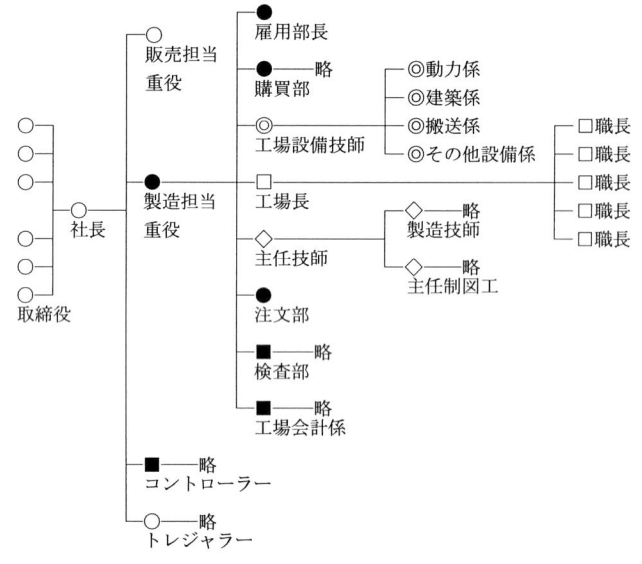

図3-1　機械工場のような複雑な産業における有機的職能の役割分担を示す

◇設計　■比較
◎設備　□作業
●統制　○製造外職能

（出所）　A. H. Church, *The Science and Practice of Management*, p.0. より作成。

る。次には、「設備」職能を他のだれかに任せる。その次には設計者を雇って、「設計」職能を委譲する。最後に、会計士や検査係を雇用し、「比較」職能を委譲する。しかし、かれ（＝所有者）は「統制」職能は残し、自ら行使する。チャーチはこのプロセスを以下のように7つの段階に分けて考察している。

「第1段階　産業の創始——職人は、自身で全製造職能を行使。（販売や財務は、ここでの議論から除外される。）「万事小規模の時代」。

第2段階　作業職能の委譲——職人と徒弟たちが手作業や実施作業のために雇用される。職人は監督を行い、一定期間で完全に巣立ちのできる職長となる。後にかれは、他の職長に職務のいくつかを委譲し、工場長と呼ばれることになる。（一旦有機的職能が分離されれば、委譲はその内部で進行する。）この段階では、所有者は他のすべての面倒を見るが、実施作業を行うことはやめる。

第3段階　設備職能の委譲——設備が重要になり始める。機械工（mechanic）が、動力工場を運営し、修理に注意を払い、残余の機械作業を遂行するために雇われる。後にかれは、これら特定業務を委譲された動力スタッフ、修理スタッフ、電気工などをひきつれた「工場設備技師」（works engineer）と呼ばれることになる。

第4段階　設計職能の委譲——所有者は、設計と製図の準備を委譲する必要を認め、設計者を雇用し、この職能から離れる。設計者の仕事は次第に増大し、ついには主任技師（chief engineer）、主任製図工、製造技師（production engineer）、実験スタッフなどが産み出されるまでに、下位者に委譲される。

第5段階　比較職能の委譲——この時点までは、所有者はただ自分が収集した大雑把な覚書から原価を類推していただけであった。かれは今やこの仕事を比較職能の会計サイドを担う原価係に委譲する。事業が発展するにつれて、原価係は細目を他者に委譲せざるをえ

ず，時間係や在庫記録係などの部下を持つ会計士となる。また所有者は，各完成品について「判定を下す」ことをやめ，この仕事を比較職能の技術サイドを代表する検査係に委譲する。後に，検査係の仕事は，完全に発展した試験部門や検査部門までに拡大する。

　注—この段階で，当初事業の所有者によって行使され，有機的諸職能に委譲されてきた（それら自身特定の職務を持つ諸個人のグループを作り上げた）すべての管理（administration）活動は，所有者の人的統制と監督の仕事，すなわち一般的な言い方をすれば，かれの「ボス」としての職能，を削減し，除去する。しかし，この後者の仕事は増えて，すぐにかれがそのすべてに個人的に参加する可能性を上回る。ここから次の段階へ—

第6段階　統制職能の内部委譲—事業所有者に帰属したまま残る統制職能は，この職能の定期的内部委譲によって行使される。それは，（上記のように）すでに分離された諸職能の係として置かれた長や重役を直接監督している所有者自身で始まり，やがて購買担当者，倉庫係，発注部，文書課，トレース部，発送課などを通じて，特定職務の一定の委譲ラインに沿って降りてゆく。後に，「スタッフ」的アシスタントやアドバイザーの組織になる。かれらの専門的知識は，それを必要とする者の役に立つ。

　注—5つの有機的職能は，今やその特定目的を果たせるよう，完全に分離され，組織化され，それ自体の内部委譲システムを持つ。本書に示したマネジメントに関する問題についてのわれわれの議論は，ここで終わる。生産のための組織づくりは，今や完全である。しかし，大企業においては，所有者（ないし所有権を代表する取締役会）は，日常的仕事との実際的接触からまだはるかに遠いところにいる。そこで，さらに—

第7段階　最終段階—マネジメントの管理の（Administrative）要素と

決定の (Determinative) 要素が分離される。前者は，5つの管理 (administration) 職能の正確な機能に対して個人的に責任がある社長ないし全般管理者に委譲される。決定の要素は，取締役の特別領域としてとって置かれる。かれらは，方針のポイントについて決める。しかし，これらの決定は，通常，製造分野とほとんど，あるいは全くかかわりのない財務的配慮に基づくので，この最終段階は，本書では考察されない。」

ところで，こうした職能の委譲は，事業の成長につれてすべての職能の内部で進行する。設計者は助手，工場長は職長，技師は各専門職の要員が必要になる。そして統制職能を行使する重役 (executive) も，委譲の必要性を認識することになる。統制職能は，平たく言えば，「ボス」の職能であり，「他のすべての職能を『調整』し，それらの仕事を『監督』する職能」である。[15] またそれは，「職務と責任とイニシアティブの行使と制限に関わる器官」であり，「総合 (Synthesis) の偉大な器官」である。というのは，統制職能は，他部門（設計，実施，設備，そして比較職能）の責任者の職務を計画し，かれらの部下を決め，部下の職務を決定することによって，「それらの職能が行使される諸システムの内部構造を計画する」からである。したがって，統制は各職能部門の長を通じて行使される。統制の管理的職能 (administrative function) は，命令，監督，指図，そして訓練である。一言でいえば，「統制は偉大な調整職能である」。[16]

注
1) A. H. Church, *The Science and Practice of Management*, New York, Engineering Magazine Co., 1914, p.1.
2) *Ibid.*, pp.2-3.
3) *Ibid.*, p.3.
4) *Ibid.*, p.38.
5) 佐々木恒男氏は，この administration の訳について，「われわれは彼が用いる administration という言葉にまどわされてはならないのであって，それは『管理』という意味ではなく，『執行 (execution)』という意味で用いられているのである。……そこでは管理職能・設計職能・設備職能・統制職能・比較職能―と作業職能－製作職能―がともに問題とされているので

ある。チャーチによる有機的職能の研究は，経営職能一般の研究でもなければ経営者職能の研究でもなく，生産活動を構成する部分的諸職能の研究である」，とチャーチの管理職能論を批判し，解釈されている。(佐々木恒男「チャーチ研究―土屋守章教授の所説にかかわらしめて―」『武蔵大学論集』，第24巻，3・4・5号，1976年，133頁)。また仲田氏も，「チャーチは5つの『有機的職能を結合するのが『経営者職能』であると主張されているのであって，『有機的職能』のそれぞれを『経営者職能』と規定しているのではない」，と主張されている。(仲田正機「チャーチ経営管理論の特質―『管理』概念の批判的再検討―」『長崎県立国際経済大学論集』第2巻第2号，1968年，39頁)。さらに，稲村氏も，「チャーチの管理概念には，管理職能の素材的内容の問題と管理職能が行われる対象領域の問題とが判然と区別されておらず，未分化のままに混在している」と批判し，管理職能の素材的内容を表すのは，「設計」「統制」「比較」職能のみであり，「設備」と「作業」は，管理の対象領域を表すと述べている。(稲村毅『経営管理論史の根本問題』ミネルヴァ書房，1985年，213-4頁)。しかし，後で出てくるように，チャーチは，ここでまず非常にプリミティブな形での管理者職能として「有機的管理職能」を押さえておき，しかる後にその委譲という形で「現代の」管理職能を論じようとした，と考えられる。

6) A. H. Church, *The Science and Practice of Management*, pp.37-38.
7) *Ibid.*, pp.51-52.
8) *Ibid.*, p.67.
9) *Ibid.*, p.32.
10) *Ibid.*, p.59.
11) *Ibid.*, pp.61.
12) *Ibid.*, pp.56-57.
13) *Ibid.*, pp.57-58.
14) *Ibid.*, pp.72-73.
15) *Ibid.*, p.74.
16) *Ibid.*, pp.77-78.

III 管 理 原 則 論

　チャーチは，1914年に著した大著 *The Science and Practice of Management*,(『管理の科学と実践』)の序文の中で，次のように述べている。

　「…管理技術は，その基礎的事実と根本的な原則の研究が開始される発展段階に到達した，と言ってよいであろう。わたしは，1912年の春に，アメリカン・マシニスト(*American Machinist*)誌の編集長であるアルフォード(L. P. Alford)氏とともに，規制的管理原則(regulative principles of management)を最も単純な言葉にまとめ―つまり，それらを最も広範かつ最も一般的な方法で表現し―，その上に複雑な構造が続いて築き上げられる

管理活動に対する基本的分類を与えようと企てた。われわれは，製造に共通するすべての相異なる作業原則（working principles）は，3つの主要グループの1つにまとめられることを知った。すなわち，

(1) 経験の体系的蓄積と利用
(2) 努力の経済的統制（ないし規制）
(3) 個人的効率の促進

　これらの規制原則は，後に新しい管理システムを調査するためアメリカ機械技師協会（略称 ASME—引用者）によって指名された特別委員会のマジョリティ・リポートに取り上げられ—第4原則，すなわち『熟練の移転』(transfer of skill) が委員会によってそれらに追加され—，採択された。」[1)]

　このように，当時の管理運動推進の中心的機関ともいえる ASME によって管理の4原則として取り上げられたチャーチの管理原則論の具体的内容とは，一体どのようなものであろうか。以下，かれの経営管理に関する主著ともいえる『管理の科学と実践』に依拠して，詳細に検討していきたい。

　さて，チャーチ理論における「有機的職能」(Organic Functions) とは，「諸種の努力」(varieties of Effort) を表している。そして，この「努力」は，「一定の目的を期待して企てられるあらゆる種類の人間活動」と定義づけられている。[2)] それら「努力」は，それぞれ「設計」(Design)，「設備」(Equipment)，「統制」(Control)，「比較」(Comparison)，「作業」(Operation) という5つの「器官」を通じて別々に発揮される。こうした各種の有機的職能における努力の行使を規制するものがチャーチの管理原則であり，それゆえ「努力の法則」(Laws of Effort) とも呼ばれる。そしてそれは，この人間努力を媒介として有機的職能と密接に結びついている。したがって，チャーチの管理原則論は，つねに職能論との関わりで展開されることになる。以下，かれの3つの原則を詳細に検討していこう。

第1原則「経験は体系的に蓄積され，標準化され，適用されねばならない」

ここでチャーチが強調しているのは,「標準」の重要性である。経験の蓄積と適用は,現行標準の観察と改訂に向けられており,それ自体が独立に重要なのではない。チャーチは,標準こそは「進歩を印す里程標である」,とその重要性を指摘している。そして,この第1原則は,「比較職能」に最も端的に当てはまる。というのは,「比較職能は,経験が収集され,標準と比較されること」だからである。[3]

この原則はもちろん他の職能にも適用されるが,その場合,各職能において異種の経験を蓄積・適用し,各職能はそれぞれ「相互に完全に独立した」別々の標準を持たねばならない点に注意しなければならない。以下にこれをみていこう。[4]

(1) 設計についての標準

ここでは設計は,製品の「技術的利用のための設計」(design for technical use) と「製造のための設計」(design for manufacture) の2つに分けられる。前者は,市場における競争の問題である。新製品を市場に出そうとする場合,標準は現在市場に出回っている製品が形成するのであり,問題になるのは,生き残りのために「あらゆる経験をできるかぎり体系的に蓄積し,適用する」ことである。したがって,標準の設定が問題になるのは後者においてである。この標準は,工場の将来に非常に大きな影響を及ぼす。というのは,設計は工場の「努力の長い連鎖」の元であり,そこが不能率であれば,すべてが不能率になってしまうからである。この標準設定に関わるのは,工場内部では「機械工程,職種と熟練,搬送設備,機械設備」である。

(2) 設備についての標準

その設置と管理とメインテナンスにおいて,「経験の体系的蓄積と標準化と適用」が求められる。照明や動力源とその伝達,搬送や貯蔵において新たな変化が生じており,こうした変化について経験を体系的に蓄積し,新しい標準を適用していかなければ,工場が劣ったものになってしまう,とチャーチはいう。

(3) 統制についての標準

統制システムに関して過去の経験を蓄積・利用することは容易ではなく，したがって標準を設定することもむずかしい。つまり，「統制に関する標準的実践は，まだあまり明確でなく」，たとえば「『ライン・アンド・スタッフ』の考えは統制の標準になるべきだが，これは大工場でしか発展できない」という限界を持っている。結局，「統制システムの設置における一定の標準はいまだいくぶん不足しているが，統制の管理的側面では，経験は体系的に蓄積され，標準化され，適用されるべきという法則は，一定の領域を持つ」とされる。

(4) 比較についての標準

比較職能は，統制職能と比べて，より高度の標準化とより確固たる実践に到達しているという。たとえば，会計の領域では有用な適用方式が高度に発展しており，時間や数量の記録方法も数多くあり，「比較の方法はかなりよく標準化されている」。

(5) 作業についての標準

作業は業種によって差異が大きく，共通の基盤が存在しないようにみえるが，「たとえば機械工場では，テイラー氏の古典的研究が」あり，種々の作業に共通の原則である「努力の第1法則」を適用することができるという。

第2原則「努力は経済的に規制されねばならない」

ここでは，「共通の目的に向かって働くすべての人間の結合された同時的努力の集合が扱われる」。この第2原則は，4つの細則 (subsection)，すなわち「努力の分割」(Division of Effort)，「努力の調整」(Co-ordination of Effort)，「努力の保存（ないし節約）」(Conservation 〔or Saving〕 of Effort)，そして「努力の報酬」(Remuneration of Effort) に分けられる。[5]

【細則2-1】「努力は分割されねばならない」

この原則は，「分析的原則」と特徴づけられており，「努力の方向を決める」ものとされる。これに対して，「調整は総合的原則」と位置づけられて

いる。ここでも第1原則と同様，各有機的職能ごとにその適用が考察されるので，これを以下にみていこう。[6]

(1) 「設計における努力の分割」

これは，「製品を究極的製造単位に分割することに関係して」おり，部品・作業単位・作業工程の分割を意味する。チャーチは，工学技術の問題と管理の問題とを峻別し，ここでは「製造の能率」（＝経済的生産）のみを問題とし，「技術的利用のための設計の能率」は問題から除外している。というのは，技術は各産業で異なるが，「管理技法はあらゆる産業において同じ基礎に依拠して」おり，「管理技術の共通原則」をまとめることがチャーチの目的だったからである。

(2) 「設備における努力の分割」

これは，製造条件づくりのための努力の分割を意味しており，設置と運用の2つの側面から考察される。設置のポイントは，作業設備以外では，スペースと動力と搬送の3つである。設備の管理面，すなわち設備の運用については，種々の設備，たとえば建物や動力や照明や暖房や搬送や機械設備ごとの「サービス」，つまり保全や修理という形で分割がなされる。

(3) 「統制における努力の分割」

これは，「工場を通じた個々人の業務（personal duties）の分析を意味」しているが，「命令を伝え，それを有効にするための」統制システムを設置することと，それを維持する日常的ルーチン業務の2側面に分けられる。

(4) 「比較における努力の分割」

これは，「比較単位の設定を意味」し，比較単位とは，「作業職能の基礎的事実と他の職能の日常的仕事の記録であ」って，たとえば作業時間記録票や材料消費のことである。比較単位には2種類，すなわち「量と価値」に関わるものと「属性と寸法」にかかわるものがあり，後者の記録は，通常「テストと検査」と呼ばれる。

(5) 「作業における努力の分割」

この場合の分割単位は，熟練や職種であり，この分割は結局，「作業熟練

の全体的な排除とその機械への体現」，すなわち「熟練の移転」に向かうとされる。[7]

【細則2－2】「努力は調整されねばならない。」

この調整原則は従来「ほとんど理解されていない」が，「分割」はこの調整の助けを必要とする。[8] 調整は努力の細分化から生ずる「ギャップやオーバーラップ」(gaps and overlaps) を回避するためのものであり，5つの有機的職能すべてに関わっている。以下これを詳細にみていこう。[9]

(1) 「設計における努力の調整」

この調整の重要性は，設計部品やユニットが細分化されるにつれて大きくなる。したがって，産業によってその重要性が異なるが，たとえば機械工業では，「ギャップやオーバーラップ」が頻繁に起こり，調整が非常に重要になる。不完全な調整をなおす良い方法は，まずユニット部品の全寸法をできるかぎり注意深く詳細に調べ，図面どおり寸法を修正することである。

(2) 「設備における努力の調整」

まず設備の設置に関しては，これは種々の設備の適正なバランス，すなわち各種設備は正しい比率と数量で存在しなければならないということを意味する。ここでは，特に拡張の際の設備のバランスに対する配慮の重要性が指摘されている。設備の管理面では，努力の調整は設置された設備の「種々の間接的サービス」のバランスを意味し，具体的には，動力の供給や気温の維持，照明や衛生設備，などに責任をもつことである。つまり，ここでは，「適正なサービスが適正な時間に適正な場所で適用されねばならない」のである。そして，「設備に関するすべてのサービスは，非常に案じられる『間接費』(Expense Burden) の性質を帯びる」。

(3) 「統制における努力の調整」

まず統制を設置する場合であるが，統制における調整は個人の業務のバランス，すなわち「ギャップやオーバーラップ」のないことを意味する。ここでも事業拡張期におけるバランスの崩壊問題が重視されている。また統制の管理面では，努力の調整は「命令の詳細さの不足を補うことに関連してい

る」。「統制における努力の分割」のところでみたように，分割は命令や部分をばらばらに分解し，各人は自分の仕事部分しか知らされない。そのため異なる職能間の人員の打ち合わせが必要な産業では，なんらかの調整手段が必要である。そこでチャーチは，命令に関する統制の調整手段として，幹部会議ないし委員会を上げている。これは，「コミュニケーション」という日常作業における努力の調整に必要な一般原則の応用である。また種々の職員間のコミュニケーション手段として，「メール・サービス」や部門間電話も上げられている。なお，委員会システムについては，その有用性を認めながらも，「幹部をその通常業務から外す」危険があると慎重に指摘している。

(4) 「比較における努力の調整」

「調整は，比較職能における能率のまさに根源である」といわれる。比較の単位部門（Unit divisions）は，「報告書」（Transaction）であり，調整はこれら「報告書」が相互に「ギャップやオーバーラップ」なしに全体を網羅することを要求する。毎日同じ比率で同じ材料を使うような職場ではこの「報告書」は単純だが，倉庫係や検査係の仕事はより複雑なものになる。比較における調整は，各報告書が記載漏れや二重記載をしないよう正確な境界設定をすること，そしてこれら単位部門の事実が，そのグルーピングが実際の作業の自然な総合に対応するよう配置されることを要求する。

(5) 「作業における努力の調整」

ここでも対象となるのは，機械工場作業である。機械工場作業では，たとえば異種の機械が同じ様な作業をすることができるという理由から，「オーバーラップに似たような問題が起こる」。このような機械や用具の「バランス」という点で，作業職能は「ギャップとオーバーラップの法則」に従属する。しかし，「労働は，機械と比べてきわめて流動的要素なので」，種々の熟練間のバランスの問題も事前に対応する必要はなく，「ギャップやオーバーラップ」も「実際には無視される」ことになる。

【細則2－3】「努力は保存されねばならない」

努力の分割は，努力が行使される方向を定め，調整はそれが「ギャップや

オーバーラップ」なしに完全な全体を成すよう求め，保存は目的の達成と最小限の努力とを両立させるという特徴をもつ。したがって，努力の保存は「最高の近道」の原則と呼ばれるが，ここでも5つの有機的職能との関連で保存原則の具体的考察が進められる。[10]

(1) 「設計における努力の保存」

ここでは，必要な作業プロセス，熟練，補助工具の問題が関わっている。しかし，たとえばジグの採用は，ただちに努力を減じるものではない。すなわちチャーチによれば，「われわれがなすべきことは，努力を保存することであるが，経済的意味でわれわれが努力を測定できる唯一の方法は，貨幣価値による以外ない」のであり，ジグの利用の前にこの経済計算が必要となる。ジグを使用する場合には，ジグの製造費とともにその操作費用（operation cost）が加わるのである。このように，「保存は，…分割と調整原則を補完するために必要とされる経済原則であ」り，「科学的管理」運動や「能率増進」運動（"efficiency" movement）はこの重要原則を浮かび上がらせた点で評価されている。これらの運動は，設計部の努力の保存の促進の方向に向けられていた（「時間研究」や「動作研究」も含めて）が，「管理職能の正確な分析と努力の法則の分析の欠如」から，「これら近代的運動の真の領域」についての混乱が生じたという。というのは，これらは「直接に作業能率を増大させようとするが，それは間違いであ」り，「技術的能率を高められる管理のシステムは存在しない」からである。たとえば，テイラーの金属切削研究は「真のタイプの技術研究」であり，「これらの研究は，財務にもマネジメントにも関係していない」という。またこれは，機械工場（machine shop）作業の技術についてのみ関係し，他の業種には関係せず，「科学としてのマネジメントには何ら関係していない」と主張される。要するに，チャーチによれば，「科学的管理」は「無駄排除」をめざしており，これには機械の研究をともなう場合があるが，それは「作業の真の技術研究」なのである。たとえば，カール・バースの「計算尺」がその例として上げられる。つまり，「科学的管理」は，機械が「普遍的な」産業にのみ関係し，

他の産業には関わっていない，とチャーチは言う。しかし，このようにチャーチは「科学的管理」や「能率増進」運動の対象の限定性を批判しながらも，「設計における努力の保存が，近代的運動の第一次的活動分野であるという結論は避けがたい」と述べ，「設計における努力の保存の分野は，広範で重要なものである」と評価している。

さて，努力保存原則から生じてくる別の重要な準則（sub-principle）として標準化（Standardization）が上げられる。チャーチによれば，機械や機構をセットするには「非常に多くの高価な努力が費消される」わけだが，その場合の「われわれの問題は，結果的に生じる機構が非常に少ない努力で作られるよう設計をアレンジすることであ」り，標準化はこの努力を最少限にするための手段とされる。「したがって，標準化は非常に単純な考えのむしろ長ったらしい名称であ」り，「最少のもの」（fewest things）と言ったほうがよい，とチャーチはいう。これにはまた，部品やユニットのみならず，アクセサリー類や工具も含まれている。

(2)「設備における努力の保存」

これは，「最短経路」（shortest path）の原則とも呼ばれ，工場内の原材料から完成品までの流れを指している。生産物のたどる経路は設備の設置方法によって条件づけられ，「最短経路」は一般に物理的最短経路を意味するが，「生産物と人員とコミュニケーション」にも適用される。だから，設備の設置において，努力の保存は工場のレイアウトを意味するが，それは生産物のためのコンベヤー機構，人員のためのエレベーター，コミュニケーションのための気送管や電話を含めて考えられている。こうした全体的な配慮によって，あらゆる種類の搬送に役立てられる努力が最少化されることになる。

また，設備は維持されねばならない。したがって，設備の各種サービス部門，たとえば動力，熱，衛生，メインテナンス，修理などにおいても努力保存原則が適用される。

(3)「統制における努力の保存」

統制の設置は,「職務領域の計画」を意味しており,職務は,作業量・作業時間といった量的基準で考察されねばならない。そのため職務の計画はたんに領域の設定のみならず,その努力を保存するよう設定されねばならない。たとえば委員会などもなるべく回数を少なくし,特定の目的について開かれるようにしなければならない。要するに,統制における保存は,「レッドテープの排除と,全労働者の努力すべてに,統制の全般的能率に対してほぼ絶対的に不可欠な分担分を貢献させることに奉仕する」,とされる。

(4) 「比較における努力の保存」

これは,「あらゆる事実が集成されるべきことを要求するが,それらは一度に集められねばならず,またそれらが伝達する情報は関係部署に最短経路で届けられねばならない」,ということである。

(5) 「作業における努力の保存」

作業は生産の技術的プロセスにかかわる職能であり,生産はあらゆる工場の大なる目的であるので,努力の保存は重大な分野である。ここで強調される第1点は,「生産能力をフルに利用する」ということである。なぜなら,すべての機械が1日でも休めば,すべての1日の生産能力が無駄になるにもかかわらず,それに対する支払いはなされねばならないからである。しかし,その場合人間労働にたいする考慮が必要である。たとえば8時間3交替制がとられた場合,「努力の調整はより困難となる」。チャーチは,産業が複雑になるにつれ,また製品1個を製造する時間が長くなるにつれ,調整の困難さが増大するとしている。

第2点は,各時間の作業が最大能率で行われているかどうかという問題である。作業努力の保存原則は,もっとも直接的で迅速な方法によって作業が行われることを要求するが,これは,機械が「汎用」化するほど困難になる。だから,作業の「準備やセットの時間をできるかぎり減らさ」なければならない。

第3点は,作業者の職務を作業に制限することである。そしてこの場合の作業者とは,ランク・アンド・ファイルの労働者のみならず,生産に関わる

職長や幹部職員をも含んでいる。これらの者は,「事務員やメッセンジャーや肉体労働者」になってはならないのである。

【細則2－4】「努力は報われねばならない」

チャーチは,ここでとくに間接労働者の報酬に注意を喚起し,これが間接費の取扱いのあいまいさゆえに未発展であると指摘している。以下,これについてみていこう。[11]

(1) 「設計における努力の報酬」

設計は創造的な仕事であり,測定が困難であるため,単純な俸給制しか設計に報いる方法はない。設計の成功は関係者個人の統制を越える要素に依存しているため,ボーナスや特別な報酬は適合しない,というのがチャーチの主張である。

(2) 「設備における努力の報酬」

これは設置面でなく,設備の管理面に適用され,その「サービス」は,「均一的条件」(uniform conditions) の維持にかかわっているとされる。それゆえ,「蒸気圧や気温や清潔さの保持,故障による停止の除去」といった仕事には,特別な報酬の余地があり,これが高能率に関わっている,という。

(3) 「統制における努力の報酬」

高位の部門は不適当だが,統制のより低位の部門,たとえば倉庫係や命令係や手順係はルーチン作業に携わっており,特別報酬が適用可能である。ルーチンな統制業務を能率的にする要素は,作業の迅速さと正確さであり,ミスや誤解,遅延や忘却はルーチン作業の疾患である。ミスを評価することは困難であることから,割増しや報奨は,生産物の在庫管理や搬送といった統制システムの改善提案に対して与えるほうがよい,とチャーチは主張する。

(4) 「比較における努力の報酬」

検査や会計部門には迅速さと正確さが要求され,遅れやミスに対してボーナスを控除するという形で職員に特別報酬方式を適用することは,困難では

ない。チャーチは，書式の改善や収集方式の欠点の指摘などに対して特別報奨が与えられることをすすめている。

(5)「作業における努力の報酬」

この領域は巨大であり，割増制度とボーナス制度の著名なものが間接費ひいては総費用への影響という点から，末尾の Appendix II[12] で別途検討されるので，ここでは簡単な記述に止められている。特別報酬の大半は，作業遂行の質に対して支払われるので，問題は検査が設定する品質標準に帰着する。だから，比較職能の発展がボーナス制度に不可欠となる。また設計職能も標準時間や標準工程を前もって明記できるところまで発展することが求められる。このように，ボーナス制度は，設計，設備，統制，比較職能の高度な発展を要求するのである。「換言すれば，…努力の保存（つまり直接労務費の切り下げ）は決して近代的管理のすべてを物語るものではない」，ということである。

第3原則「人的効率が促進されねばならない」

チャーチは，当時の製造業者が取り扱わねばならない問題として「生産における人間的要素」(human factor in production) を上げ，これが「単なるインセンティブの問題，すなわち賃金システムよりはるかに広範な問題である」として，この「すべての管理原則の中でもっとも若い」原則の当時の「管理の科学」における重要性を指摘している。ここでは，個人のレベルを超え，諸個人相互の集団的努力の問題，すなわち人間の相互関係の問題を含めて，人間が考察されている。[13]

チャーチがこの第3原則を打ち立てるにあたって，その頃登場してきた「産業心理学」の影響を受けたことは間違いない。かれは，「産業心理学」のパイオニアとしてハーバード大学のヒューゴ・ミュンスターバーグ (Hugo Münsterberg) を挙げ，「かれの著作である『心理学と産業能率』(Psychology and Industrial Efficiency) は，製造管理の科学の進歩的研究者すべての学ぶべきものである」，と高く評価している。しかし，もちろん産業心

理学が生まれて間もない頃のことであり，その未熟さは明確に認識していた。したがって，チャーチは，全面的な評価と受容はしていないが，従来の管理の科学が「まったく人間を考慮せず，人間の可能な活動だけを詳細に考慮してきた」点を批判し，産業心理学からその解決策を学ぼうとした。

かれは「人的効率の促進方法」として，以下の6つの細則を挙げている。14)

【細則3－1】「良好な物理的条件と環境が維持されねばならない」

チャーチは，これまで「人間的要素にとって好ましい条件づくりをしてこなかった」点を批判し，「騒音や乱雑さは，最良の人間精神の適切な働きに実際反している」という観点から作業環境の問題を取り上げている。しかしかれは，過去の欠陥に冷静に対応し，過去の状況への反作用から「温情主義や大騒ぎをともなった過剰反応」になることを戒めている。こうした観点から，多くの「福利厚生」活動も第3原則の埒外に置かれる。かれにとって問題なのは，基本的に作業の物理的環境なのである。したがって，「第1細則の目的は，能率が悪化する最低条件を観測し，これを維持すること」であり，照明や気温や静粛さが基本的問題であり，衛生や清潔さや非常時の設備といったことはその精神面への影響という点から配慮されているが，ここでは産業心理学の成果は「不透明で漠然としている」という理由で，あまり取り入れられていない。

【細則3－2】「関連する特別な人間能力を決定するために，職業，仕事ないし職務が分析されねばならない」

【細則3－3】「どの等級の候補者が特別な能力を持っているかを確認するために諸テストが適用されねばならない」

第2・第3細則は，「職業適性」(Vocational Fitness) の問題であり，「産業心理学」の新分野として当時重要視されてきたものである。これらは，「すべての職業は特別な人間能力を必要とする」という事実と，「すべての人間は他の能力より発展した，あるいはより発展しうるある特定の能力を有している」という事実認識に基づいて原則化されたものである。しかし，当時

この問題は，未開拓の管理の科学の新しい領域であった。先人の研究として「動作研究」があったが，これは「心理学的分析ではない」，つまり「それは方法の研究であって，能力の研究ではない」として区別されている。ここでの問題は，要するに「適材適所」の問題なのである。

【細則3－4】「新旧の標準化された基礎の上に，習慣が形成されねばならない」

チャーチは，人間性については，ほとんどハートネス（James Hartness）の論文 "Human Factor in Works Management" に依拠して叙述を展開しているが，ここでもハートネス理論に基づいて「産業の安定要素としての」習慣の重要性を強調している。チャーチは標準化を「適切な習慣」（proper habit）の代名詞と呼び，習慣との関連を欠いた「新しい分析方法，とくに時間・動作研究」に批判的である。時間・動作研究に基づいた「書かれた指図」（written instructions）は，英語を読むことも喋ることもできない労働者には無意味である。こうした労働者には，言葉よりも動作が大事なのである。「だから，正しい産業習慣形成へのアプローチの手初めは，正しい作業習慣であり，これは工場の労働者だけでなく，他の有機的職能すべてのメンバーに平等に当てはまる」，という。こうした考えから，チャーチは，熟練や能力だけで「人間の組織に対する価値」を決めるべきでなく，「着実さやきちょうめんさや定着」も大きなウェイトを占めるべきと主張する。

【細則3－5】「団結心が育成されねばならない」

ここでいう「団結心」（esprit de corps）とは，チームワークと区別され，これにグループのプライドを加えたものであり，その価値の大きさが強調される。その「根本的特徴は，グループの存在目的に対する信頼である」。すなわち，製品自体への信頼と公衆のその価値の評価である。つまり，ここでは顧客の確保ということが企業の戦略目標として明確に意識されており，「あらゆる産業グループは，世界征服のために進軍する軍隊」なのであって，そのためには，団結心が不可欠であるとされる。しかもこの団結心は，職能

別グループごとに育成されねばならないとする。要するに，ここではたんに個人の人格ではなく，集団の人格が考察されているのであり，その目的は努力のオーケストレーションであり，そのために「人間の相互関係」(mutual relations) が研究され，調節されねばならないということである。15)

【細則3－6】「刺激（インセンティブ）は期待される努力に比例しなければならない」

　インセンティブには，2つの形態がある。道徳的なものと物理的なものである。ここで強調されるのは，必ずしも物質的刺激のみがインセンティブとして機能するのではなく，名誉や名声や大衆の尊敬も重要なインセンティブだということである。そしてここでの目的は，労働者が生来もっているよりも高いレベルの活動を引き出すことではなく，労働者がもつ能力を十分に発展させ利用することである。より具体的なチャーチの精神的インセンティブは，労働者の競争意識に働きかけることである。しかしその場合，「競争意識は，作業ペースを強要するよりもむしろ関心を引き出すために利用されねばならない」のである。したがって，「こうした方法で適用されるインセンティブと通常の個人的出来高給制度やボーナス制度の間には目的と結果において大きな違いが」出てくる。つまり，一方は個人の私的利益のみにアピールするのに対して，他方は「グループのプライド」にアピールする。そして，「後者は最も継続的で満足のゆく影響力を持つ」とされる。何やら現代のQCサークルのイメージが思い浮かんでくるが，当時の状況はもちろんそのようなレベルでなく，このようなグループへの貢献を現実的に必要にしたのは，販売スタッフの問題だったのである。つまり，販売スタッフの能率増進のために，たんに個人的物質的刺激だけでなく，精神的刺激やグループ志向を植えつける必要があったわけである。このことは，チャーチ自身が工場ではほとんど進歩がなかったと述べていることからも明らかである。だから工場レベルではいかに「個人的精励」に報いるかということが問題であった。これに対して従来の方法，たとえば「時間・動作研究は，ある仕事がより低級の熟練でできることを明らかにし，そのためより低い賃金でも可能と

考えられた」が，これは本来「努力の分析方法であり，賃金の測定手段ではな」く，「分析は…作業に対して支払われるべき通常価格を決めるものではない」，とする。また，利潤分配制度は労働者に広範な成果に対する関心を持たせるが，個人的精励への報酬に欠ける，とされている。

注

1) A. H. Church, *The Science and Practice of Management*, New York, Engineering Magazine Co., 1918, p.v.
2) *Ibid.*, pp.92-3. このように一定の目的実現に向けた人間の活動を基礎概念として使用している点，バーナード理論との共通性も窺われる。バーナードは主著 *The Functions of Executive*, 1938 の中で，まず「人間の特性」として「活動」を挙げている。また，公式組織を「二人以上の人々の意識的に調整された活動や諸力の体系」と定義づけている。(山本安次郎他訳『新訳経営者の役割』，1971年版，ダイヤモンド社，13頁，84頁参照。)
3) A. H. Church, *The Science and Practice of Management*, pp.96-8.
4) *Ibid.*, pp.112-125.
5) *Ibid.*, pp.99-105.
6) *Ibid.*, pp.132-147.
7) チャーチは，「熟練の移転」は普遍的に適用できる管理原則というより，産業におけるひとつの傾向である，と述べている。そして，「努力の法則」でなく「管理に関する第一格言」として位置づけ，「熟練は設備に移転され，これに体現・蓄積されうる」と表現した。(*Ibid.*, pp.509-11, Appendix V-1. 参照)
8) この「調整」については，チャーチはすでに初期の論文でその重要性を強調していた。すなわち，「調整は近代産業の基調であるが，自称改革者はその意義をあまりにしばしば無視してきた。…(中略)…近代管理組織の目的は，製造作業の拡大によって攪乱された責任のバランスを再調整することであり，また中央による統制を主要点において回復することである。」と。(A. H. Church, "The Meaning of Commercial Organization," *The Engineering Magazine*, Vol.20, No.3, December 1900, p.393 参照)
9) A. H. Church, *The Science and Practice of Management*, pp.147-65.
10) *Ibid.*, pp.166-95.
11) *Ibid.*, pp.196-206.
12) *Ibid.*, pp.427-55.
13) *Ibid.*, pp.106-9.
14) *Ibid.*, pp.207-79.
15) *Ibid.*, p.109.

IV 管理原則の管理職能への適用

　チャーチは，『管理の科学と実践』の中で管理職能論と管理原則論を展開し，最後に実際の工場運営という問題に則して管理原則の管理職能への適

用，すなわち「有機的職能の組織化」の問題にたどりつく。ここでもやはり，「最も複雑な業種」であるという理由から，機械製造業を例として，有機的職能の実際の組織化が示される。以下，5つの職能に管理原則が具体的にどのように適用されるか，順次みていこう。

(1) 設計職能の組織化について[1]

　工場を設置するための第1段階は，製造品目の決定であり，製品についての全般的な設計が受け入れられた後，「製図室の組織」を初めとして一連の実施作業が開始される。まず，設計職能に対して努力の第2法則のうち「努力の分割，調整，保存」原則が適用される。機械や製品を部品や構成ユニットに分解した後，準備と実施の各段階を考察し，各々について時間研究が行われる。そして，この種々の段階について「ギャップとオーバーラップ」の吟味が行われる。「努力の保存原則」については，動作研究の必要性が主張されている。しかし，「努力の報酬」については設計職能の能率が量より質に依存するため，特別報酬原則を適用することは困難である，とされている。また，努力の第1法則も適用されるが，具体的には，部品生産の標準の指示とか，各機械の標準準備時間の設定，そして索引や相互参照（cross-indexing）を設計や作業指示に付けることによって，同じ様な仕事を比較や検討のために迅速に集めることができるということである。第3法則は，個人に関係するものであり，職能に関するものでないので，統一的に適用することは困難とされている。

　チャーチは，こうした設計職能への管理原則の適用についての検討結果として，「設計に関する分析の主要な適用」として以下の7つの項目を上げている。

　① 機械や他の生産物のユニット部品や構成部品への分解
　② 各部品の作業単位に対応した工程単位への分解（たとえば平削りや穿孔など）
　③ 各工程の準備と実施作業への分解
　④ これらの各要素への分解

⑤ これら独立したステップの時間研究
⑥ 準備と実施作業の動作研究
⑦ 工具やジグの利用の明細記入
(2) 設備職能の組織化について[2]

まず設備の設置面に対しては，生産設備のみならず，建物，照明，暖房，換気，衛生設備，倉庫，搬送設備に対して努力の第1法則が適用される。第2法則のうち「努力の分割」については，土地・建物，照明・暖房・換気などの設備，動力工場，倉庫・搬送，作業機械，事務所のスペースの割当問題が第1の課題である。「努力の調整」については，各設備の給付は作業全体の調整を考慮しなければならない，ということである。「努力の保存」に関しては，設備は，生産物や人員やコミュニケーションが最小努力でなされるようにレイアウトされねばならない。ここでも努力の残りの法則，すなわち「努力の報酬」や「個人的効率の促進」などは考慮の外に置かれる。

次に，設備の管理面では，努力の第1法則の適用の問題としては，標準の設定が上げられる。第2法則の適用については，まず「努力の分割」は種々の設備サービスの組織において，特定の者が特定の職務を担当する，ということである。「努力の調整」については，すべてのものが調整のために計画に含まれねばならないということ，「努力の保存」に関しては，突発的でなく継続的にサービスが行われるよう計画されねばならない，ということである。「努力の報酬」については，動力，建物保全，照明，修理，清掃の各グループに対して集団刺激給やボーナスが適用される。第3法則の適用としては，実際に職能的活動のみならず個人的活動にも適用される。

結局，設備が設置されてしまえば，適切な条件を維持する管理面が能率に関わるのであり，その標準が問題の焦点となる。

(3) 作業職能の組織化について[3]

ここでいう「作業」(operation)とは，「機械工程や職種や熟練の適用によって，設計の明細にしたがって材料のあり方に変化を及ぼすためになされるべき職能」，すなわち「実際の技術的仕事」であり，メインテナンスや検

査や製品の搬送を含まない。

　まず，努力の第1法則の適用についてみると，「作業の技術的能率は管理の科学の外側にあ」り，ここで求められる標準は，「現在受容されている技術的過程を製品に適用する際の能率のそれ」に限られる。この作業標準には，個々の作業単位の能率にかかわるものと工場の総生産能力（total productive capacity）に関連するものと2種類ある。工場の生産能力の決定において重視されているのは，機械の能力である。そして，「時間当たり機械費（hourly machine cost）を確認する『生産要素』（production factor）法によって，…製品価格を構成する原価と利潤が正確に予想できる」とする。

　次に努力の第2法則の適用であるが，「努力の分割」については，「単純な熟練を求める作業単位の発展と高度の熟練を求める単位の排除に向かう」とされ，熟練の排除が強調される。「努力の調整」については，作業はどんなに分割されようと，そのプロセスの中にギャップやオーバーラップを含んではならない，とされる。「努力の保存」についてなされねばならないことは，準備時間の短縮であり，アイドル・タイムを除去することである。そして，作業における「努力の報酬」は最大の領域であり，これまで研究者たちの最も多くの注目を集めたものであるが，「その特徴は，最小努力すなわち最短時間で最大生産量を生み出すための報酬である」，ということである。チャーチは，「労働者のみが最大生産をもたらす近道を進めることを発見したのは，管理分析学派（analytical school of management）の功績である」，とテイラー派を評価している。

　第3法則の適用は，工員の数が他の職能の遂行者よりはるかに多いので，細心の注意を払わねばならず，できるだけ満足のゆく雰囲気を人的要素（human factors）間に生み出すようにしなければならないということである。

(4)　比較職能の組織化について[4]

　チャーチは，経営者（executive）の成功は比較職能に依存するとして，

その近代的経営管理に対する重要性を指摘しているが，かれによれば，経営者の成功の条件は，①重要な事実の認識，②事実の正確な記録，③事実の検討にもとづく賢明な行動，であるという。その基礎を提供するのが比較職能なのである。とりわけ会計は，「単に現金ばかりでなく，ビジネスの諸過程にかかわるあらゆる種類の量を測り，記録する」として重視されている。

まず第1法則の適用については，重要な量に関する正確な決定と記録が仕事である比較職能について，経験を蓄積・標準化・適用するのは，「今日専門家の仕事」となっているという。

第2法則のうち，「努力の分割」については比較の単位 (units) が問題とされる。単位は2つある。ひとつは材料の物理的・化学的組成，もうひとつは時間や品質や数や価値を取り扱うものである。そして，分割された比較単位の統一的な報告書は「ギャップやオーバーラップ」なしに工場活動の全体を包括しなければならない，というのが調整の要点である。「努力の保存」については，データの観察・記録・表示・比較の努力を最小限度にすべきということである。そして可能であれば，機械の補助も利用すべきであるとされている。また，これまで比較職能に従事している者に特別報酬を適用する試みはほとんどなされなかったが，比較の能率は，正確さと迅速さに依存しているので，特別報酬はこれに関わって与えられるべきであるという。

努力の第3法則については，とくに各職員の仕事に適した物理的条件と環境，そして職業適性が考慮さるべきであるとされている。

(5) 統制職能の組織化について[5]

統制とは，「ボス」の職能であり，「産業の生成から近代的複雑性までの間の職能の委譲の成功の際，すなわち他のすべての職能が脱ぎ捨てられたときに，最後に残る職能」とされている。その目的は，「物事を始動させること」であり，2つの側面がある。1つは統制の設置である。これは「組織計画の準備」を意味し，「職能のメカニズムをうちたてること」である。具体的には，職務の配分の意味である。もう1つは統制の管理であり，失敗を観察し，その理由を研究し，こうした不規律が二度と生じないよう新しい命令を

実行，指導，訓練することである。以下，統制についてみていこう。

　まず努力の第1法則の適用については，統制方法の標準が問題となるが，チャーチは「目下諸統制システムは種々の管理学派の戦場であり，この戦場は現在分析学派によって大勢が占められている。この学派の努力から…管理の科学に関して近年現れてきた多数の認識が生まれてきた」という。そして比較職能と同様，「…標準的統制方法の研究と適用は，製造業者自身というより，職業的専門家（professional expert）の仕事になろう」と予見している。

　第2に，努力の第2法則のうち「努力の分割，調整，保存」の適用についてみると，統制の第1の側面である設置については，① 種々の職務の分析・ユニットの作成・それに必要な最も単純な熟練の分析，② 調整の観点からの職務計画の検討（「ギャップやオーバーラップ」の存在・2人の上司に仕えていないかの検討，コミュニケーションによる個々の作業の調整，定例会議による調整，スタッフの補助領域の確定，③ 保存の観点からの各職務の考察（ここでは，たとえば各職務に含まれる努力の量はどれくらいかといった量的検討がなされるが，とくに強調されているのはレッドテープの排除である），を遂行しなければならない。

　第2の側面である統制の管理については，2つの対立要素があり，それを互いに調停しなければならない。つまり，起こりうることを予め定めておくことと，フレキシビリティを保持することの両立，哲学でいう「自由意志と宿命の和解」の問題である。

　まず，「進行中の作業の統制に関わる努力の分割の分析」については，① 材料の供給と搬送 ② 指図の提供と進行 ③ 実行，という3つの流れの調整の困難性が指摘されている。たとえば，実際の作業は材料と指図が機械のところで出会わなければ始まらないし，作業は事前に定められた順序で実行されねばならず，そのためには製造の各段階が決められた日数で終えられねばならない。

　そこで次に，これら種類の異なる努力の調整が必要になる。この調整は，

計画の変更や命令の取消しや催促によってなされる。そこで，予見や事前準備と非柔軟なルーチンの回避を両立させるために，指図の問題を検討することが必要となる。

　前もって明細に記すべき事項として挙げられているのは，
① 設計・部品の形状や寸法
② 材料の性質
③ 容積・限界・接合部
④ 特殊工具
⑤ 適合する工程の明示，作業が遂行さるべき機械の指示
⑥ 各作業段階が終了すべき期日
⑦ 各工程の許与時間（time allowance），である。

　製造事業では，標準的製造方法は大きな利点を持つ。というのは，習慣の樹立によって，熟練や作業スピードが育成され，時計のように正確な作業が促進されるからである。

　また，前もって工程や機械を明細化することも大きな利点を持っている。まず，セッティングの問題，そして特殊な機械に関して必要な滑車装置（tackle）の問題の検討が考えられる。この滑車装置は作業の統合部分であり，図面に指示される。第2に，作業遂行に必要な時間が特定の機械について計測されなければならない。この時間はセッティングと機械加工時間（machining time）に分かれる。第3に，機械の「積込み」（loading）の確認が出荷時期の統制との関係で必要である。

　ところで，これまで寸法，材料，工具，工程，機械・ジグ・用具，セッティング時間と機械加工時間の明細化を進めてきたが，一体それはどこまでやればよいのか。人間のすべての動作を明細化すべきなのか。この点について，「一般的にいえば，動作研究は新しいより良い習慣の設定に向かう場合には有意義である」，とされる。つまり，新しい習慣が動作研究によって形成されるならば，「動作研究のコストは，標準となるこの新しい習慣から期待される利益にバランスする」，というのである。

材料の流れの調整は，場所（今どこにあるか）と時間（いつ用意されるか）の2種類ある。前者についての回答は，「すぐれた簿記」の問題であり，後者はたんに実際の稼働時間の合計でなく，停止時間や遅れなどの時間を含む部品の「循環」（circulation）に必要な平均時間を配慮せねばならない。つまり，ここではたんなる材料のストックの問題でなく，フローの問題が重視されているのである。したがって，それは材料のフローだけでなく，作業のフローの問題でもある。このフローの要素をチャーチは次のように列挙している。

　① 材料を在庫しているか，注文するかの判断とその責任
　② ストックしてある材料の倉出しと仕事の場所への取りつけとその責任
　③ 作業遂行の監視とその責任
　④ 次の作業場所への仕事の移行とその監視
　⑤ アクシデントが発生した場合の「例外」の世話

　チャーチは，このように細部の問題に言及するが，自己の提案を唯一絶対視しない。すなわち，かれは，製造の細部の決定はなんら普遍的に適用するものではない，という。かれは，製造の"best way"を否定し，フレキシビリティーを重視し，産業別また工場別に合理的方法を追求するほうがベターだと説く。そのうえで，かれは「基本的条件を正確に理解することがはるかに重要である」という。こうした考えから，チャーチは，「購買・在庫組織の第一目的は，要求された時に材料を供給できることである」とし，「材料の蓄積でなく，材料のフロー」が重要である，とするのである。

　次にとり上げられる問題は，機械間の作業の問題であり，これには「発送」（despatching）の問題も含まれる。この「発送」の起源は，「科学的」管理学派ではない，とチャーチは言う。というのは，かれ自身，1898年に大規模な機械工場で進行状況を示す表を用いるとともに，機械作業が順序どおり配列された貯蔵箱（bin）とか棚を利用したからである。かれは，その後の発展は間違った方向に進み，フレキシビリティーを失い，硬直化していると批判する。つまり，現実の動きの必要に関係なく，「最良の方法」を適

用することはできないと言うのがチャーチの主張である。

さて，多くの工場でのトラブル解決の核は，正確な場所に迅速に材料が到着することである。「仕事の迅速な識別（identification）方式」と「原価追跡システム」（cost-tracing system）があれば，サーキュレーションの統制は満足のゆく結果を生み，フレキシビリティーを最大限保持し，レッドテープを最小限度にすることができるという。

チャーチによれば，作業フローの能率極大化条件は，次のようである。
① 工場の各機械が単一部品（one single component）の製造に継続的に従事すること。（つまり，アイドル・タイムをなくすという意味）
② 工場で生産されるすべての部品ができるだけ早く組立てられるように種々の機械の生産量が比例されること。（つまり，部品生産の同調化の意味）
③ 原材料の供給は，生産の流れを止める不足が生じない程度にストックを持つようにする。（つまり，原材料の適正在庫の意味）
④ 営業面では，仕事の流れがベストであるのは，製品が工場を出るやいなや販売されること。（つまり，製品在庫ゼロ化）

ただし，これらはいわば理想的モデルであり，現実にはこれは工場の状態の測定尺度としてのみ役立つ，とチャーチは用心深く指摘している。

第3に，努力の第2法則のうち「努力の報酬」については，高位の統制職に対しては，サラリー以外の報酬はのぞましくないが，倉庫係や作業命令係（order clerk）や追跡係（tracer）に対するボーナスや特別報酬は作業方法の改善を導いたり，材料や指図のスムーズなサーキュレーションをもたらすとして勧めている。

最後に，努力の第3法則の適用についてみると，統制において重要なのは，職業適性である。各ポストの資格要件が，特別な精神的資質（たとえば，記憶力や素早い観察力や識別力）という観点から心理学者によって取り上げられており，興味深い問題ではあるが，これは将来の問題である，とされる。第3法則の他の原則も適用されるべきだが，この法則は個人としての

人間を対象としており，その職能遂行能力には適用できないとする。

注
1) A. H. Church, *The Science and Practice of Management*, pp.299-317.
2) *Ibid.*, pp.318-29.
3) *Ibid.*, pp.330-46.
4) *Ibid.*, pp.347-58.
5) *Ibid.*, pp.359-95.

V　チャーチの管理論の意味

　以上，A. H. チャーチの大著『管理の科学と実践』にもとづいて，かれの管理職能・原則論を詳細に検討してきた。これによって，かれの管理原則論が従来簡単に紹介されたものよりもはるかに詳細で，具体的かつ体系的であることが判明した，と考える。

　ここでまず第1に確認すべきことは，チャーチの管理原則は，工場生産における「有機的諸職能」と密接に関連づけられているということである。すなわち，チャーチ独自の概念である「設計」・「設備」・「統制」・「比較」・「作業」の5つの職能（＝「器官」organ）は，「努力の生きた刺激によって栄養物を与えられ，実際に活動させ」られるのであり，この「努力の行使」に注意を払い，より能率的なものにするための「活動の統制原則」が，チャーチの管理現則であった。

　チャーチはこのことを人体を例にして説明している。すなわち，人間の体は，諸器官や神経システムを持つだけでなく，「活動の統制原則」を持っている。つまり，諸機能が正常に働くためには，食べたり，息をしたり，眠ったりしなければならないし，そのうえ人間が生きていくためには，その食べる物や呼吸する空気に気をつけなければならない。それには長い時間をかけた試行錯誤の経験が必要である。そしてチャーチは，「産業経営体」(industrial body) においても，同じことが言えるというのである。[1]

　この「産業経営体」における人間努力を規制するものがチャーチの管理原則であり，チャーチは技術的要素を除外することによって，各産業の特殊性

を捨象し，管理の普遍的な原則を打ち立てようとした。その意味では，単なる管理手法の提案という実用的レベルを越えて，より抽象度の高い理論の構築が目ざされたわけである。

さて，ここでもう一度簡単に3つの原則をまとめておこう。

第1原則は「経験の体系的蓄積と標準化と適用」ということであったが，ここでの中心問題は「標準化」であり，各職能においてそれぞれ標準の設定が求められた。しかし，職能によってその達成度は異なり，比較職能が高度な標準化を達成している反面，統制職能は設置面での標準が不足していた。

第2原則は「努力の経済的規制」ということであり，4つの細則から成っていた。第1細則の「努力の分割」は，各職能における分業原理の導入を求めたものであり，各職能遂行のための業務の細分化が強調されている。とくに，作業職能では「熟練の移転」が問題とされており，当時の機械化による熟練の解体志向が反映されていると考えられる。第2細則の「努力の調整」は，各職能における「ギャップやオーバーラップ」の除去を主張したものである。チャーチは，これは機械作業にはうまく適合するが，人間の作業部分は流動的であり，この原則が無視される，とこの原則の限界を指摘している。第3細則の「努力の保存」では，要するに努力の無駄をなくすことが主張されており，それは「最短経路」とか「最大能率化」という言葉に端的に表れている。第4細則の「努力の報酬」は，換言すれば刺激的賃金システムの問題であり，当時の種々の賃金システムの適用可能性が検討されているが，チャーチの独自な点は，それが単に直接労務費の問題でなく，間接費との関連で捉えられているということである。そこでは直接生産にたずさわらない間接労働者，たとえば設計者や設備サービス係や検査係や会計係，そして監督者まで含めて賃金問題が考察されているのである。

第3原則は「人的効率の促進」ということであり，6つの細則に分かれているが，第1細則である「良好な物理的条件と環境の維持」にみられるように，あくまで作業場を中心とした作業条件の整備が中心であり，福利厚生は考察の外におかれている。また，産業心理学の成果は，その将来的重要性は

指摘されているものの,実際にはあまり取り入れられていない。一方,「団結心」や精神的刺激の強調にみられるように,人間努力の効率における精神面の影響の重要性を指摘していることは,チャーチ理論の先見性であり,ユニークな点として評価できるものの,全体的には,やはり一定の目的をもった人間の「活動」に焦点が当てられており,人間それ自体は理論の中にとりこめていないといわざるをえない。

また,「組織化」のところでは,とくに統制職能の組織化が重視されており,作業の流れの調整を中心としたまさに工場管理の問題が系統的に取り扱われており,チャーチの管理論における統制職能の重要性を感得できるが,そこでは,極力硬直化を避け,フレキシビリティーを保持することが強調されており,テイラーの one best way への批判が明らかである。

チャーチは,管理原則論の随所でテイラー派の理論を「管理分析学派」と呼び,その成果を取り入れ,標準化や時間・動作研究の考え方を利用しているが,それらはあくまで批判的摂取であり,チャーチは原価計算や会計の問題に取り組む中で涵養した独自の方法的視点にもとづいて,これらをわがものとしているのである。すなわち,チャーチは基本的に原価を構成するすべての要素をトータルに捉えようと試みたのであり,工場レベルに視野が限定されているというテイラー派との共通の限界はみられるが,原価計算問題を直接費のみに収斂させた「科学的管理」論者たちと異なり,間接費を含めた全体的な原価の削減を問題とした。チャーチの観点からすれば,テイラーらの「科学的管理」は作業技術に関する科学であり,「管理の科学」でなく,機械工場にのみ適用する無駄排除をめざす「技術研究」と評価されるのである。

最後に,「管理の科学」と「管理者」(managers)の関係に関するチャーチの考え方をみておこう。[2] かれは,「生産とは一定の明瞭な諸職能の総合(synthesis)である」,と捉える。ここにはひとつには,「5つの有機的職能以外の生産活動は存在しない」,つまりこれら職能が生産にとって本質的であるという意味と,これらをいかに総合するかという意味が含まれている。

前者については，チャーチは，その他福利厚生事業（welfare work）のようなものはオプションであり，統制職能の一部門として個人的効率の促進に影響する職能をもつものとする。後者については，「生産能率は職能活動の総合がうまくいくかどうかにかかっている」と述べ，総合と能率の問題を提起する。前述したごとく，チャーチは各職能の活動がもとづくべき諸原則を挙げたが，それらの適用は原則自体でなく，実は「強力な人格」（strong personality）を通じて行われるのである。そもそもチャーチによれば，「有機的職能」も「努力の法則」も人間の「努力」を扱っており，「能率的な経営（efficient industry）の元になるのは，かれらの努力の総合を成功させることである」。したがって，「能率に必要なのは，リーダーシップである」，とチャーチは結論づける。

「管理は…人間努力の適用に関する科学であ」り，管理者はこの科学にもとづいて行動するが，科学の外側に立つものである。つまり，科学だけで，科学どおりにやればうまくいくというのでなく，正確に定義できない何かが必要なのである。それをチャーチは，「能力」（capacity）と呼ぶ。管理の科学はこの「能力」を具備した管理者を補佐するものであり，管理者を生み出すことはできない。つまり，チャーチによれば，「偉大なリーダーは生まれるのであり，作られるのではない」のである。このような観点に立ったため，管理過程的な把握とそれにもとづく管理原則論の展開という点でファヨール理論と類似性がみられるものの，ファヨール（H. Fayol）と異なり，チャーチは管理教育論への展開を行わなかった。

注
1） A. H. Church, *The Science and Practice of Management*, pp.92-6, 参照。
2） *Ibid.*, pp.280-4, 参照。

第4章
経営管理の分化と統合

　1929年に政府による全国調査研究の一環として発表された『最近の経済変化』（*Recent Economic Changes*）によれば，1899年までの4分の1世紀は「深甚なる経済変化」の時代であったのに対し，1922～29年までの時期は，「構造変化というより加速化」の時代であり，「変化は構造にではなく，速度と広さにおいて生じた」という。動力供給の増大とそのより広範な利用，機械の利用と作業の分割による労働者1人当たり生産性の増大といったことがその要因であるが，その結果，経済活動は「斑」（spotty）ではあったが広範に発展し，国民の生活水準はかつてみないほど向上した。すなわち，多数の都市に摩天楼がそびえ，48の州が2万マイルの空路で結ばれ，2,500万台の自動車がハイウェーに充満し，1,700万世帯に電気が送られ，375万人が高校，100万人が大学に進学した。また，国民の購買力が増大し，レジャーが「消費化」し，サービス業が加速度的に成長した。こうして，アメリカ国民は自動車や家庭用電気製品，国内外旅行，映画を始めとした娯楽などを享楽したのであった。[1] このような経済情勢に対応して，20年代の就業構造は，不生産部門の雇用労働者数の増大という特徴をもつことになった。すなわち，一方での工業労働者数の漸減，他方での商業，サービス業，公務員，保険・金融業などの不生産的部門，そして建築業における雇用者数の増加がみられたのである。とりわけ自動車のセールス，サービス業務従事者数の増大は目を見張るものがあり，その結果，労働者は職場の移動を強制されることとなった。[2]

こうした点から，20年代のアメリカ社会は「消費者志向社会」と呼ばれ，この時代の経済的特徴として，第2次大合併運動や管理価格への移行とならんで，広告とマーケティングの増大が挙げられている。3)

　また，20年代のアメリカ経済は「永遠の繁栄の時代」と呼ばれるが，この「繁栄」は産業の自立的発展のみならず，政府による経済への干渉ないし規制の産物でもあった。アメリカにおける政府の経済規制は革新主義期以後しだいに強化され，第一次大戦期により強力になり，20年代に引き継がれた。4) この政府規制の指導権を握ったのはハーバート・フーヴァー商務長官であり，かれの構想は，まず第1に「『自治』の基盤たる組織化をあくまで企業の自発性・自主性に委ね，行政機関の役割を側面からの指導・統制にとどめる」こと，第2に「企業行為の『合理化』ないし改善を業界の組織的活動や行政機関の役割の中心的課題にした」ことであった。5) そして，この業界の組織化と協力活動の促進に関して中心的役割を演じたのはFTC（連邦取引委員会）であり，このFTCの指導により，業界団体は「市場調査，コスト計算方式の改良と画一化，ビジネス統計の収集・配布から価格の画一化」といった共同活動を行った。6) この産業合理化の標的にされたのが，合理化の後れていた産業分野であり，「周辺企業」(peripheral firm)であった。すなわち，「1920年代のアメリカのビジネス・システムにおいては，『中核企業』(center firm)が成長したにもかかわらず，重要な産業では，何千とはいわないまでも何百もの中小企業が市場の見えざる手を通じて相互に作用しあう状態が続いていた。また炭鉱業，織物業，セメント業といった産業は，垂直的に統合された中核企業の普及しなかった産業の例である。フーヴァーは，これらの周辺企業もまた，新しい政治経済の建設に手を貸してくれるものと期待していた。」7)

　フーヴァーはまず，これら周辺企業を調査し，「合理化」するために「産業における無駄排除運動」を展開した。そのために「産業における無駄排除委員会」が組織され，1921年に建設，製靴，紳士服，印刷，金属，織物業について調査が行われ，各種の無駄，とくに管理の後れによる無駄が報告書

の中で指摘された。[8]

　さらに，1920年代は企業側による組織的な組合つぶしが進行した時代でもあった。「ビジネスマンたちは，組合を受け入れるかわりに福祉資本主義という考え方を奨励した」。これは労働組合でなく，経営者側が労働者の利益を守るリーダーシップを握らんとするものであった。この福祉資本主義的活動には，従業員用住宅，教育，医療，リクリェーション施設，利益分配計画，年金制度といった労働者の企業内福祉に役立つ活動が多数含まれていたが，その狙いは組合から労働者の忠誠心を奪いとることであった。[9]

　企業経営の面でも，20年代は基本的には大きな構造変化の時代というより，10年代までの変革の延長線上にあったといえる。

　米国の高名な経営史家チャンドラー（Alfred D.Chandler, Jr.）は次のように述べている。すなわち，「1920年代には，組織者たちは部門本部による数個の職能的な業務活動の管理と，本社（central office）による全社的な管理について，かなり標準的な管理方式をつくりあげていた。そのころには，業界誌や参考書はもちろん，教科書までが，大きな単一または複数職能の企業の合理的な経営についての必要性，問題点，その方式などを論じ始めていた。したがって，第一次大戦末には大部分の大企業で，経営者が組織問題に注意を払っていたところでは，ほぼ同一の組織，すなわち集権的職能部制（centralized, functionally departmentalized structure）によって，管理が行われるようになっていた。」と。[10] それでは，このような職能部門別組織は一体どのような経路を経て生成し，普及していったのであろうか。チャンドラーの説明によれば，大略以下のようである。[11]

　1870年代以降，企業は地域的分散と垂直統合の戦略によって巨大化しはじめ，80～90年代初期にかけて巨大企業が簇生する。この動きは，1890年代不況によりブレーキがかかるが，1896年以後高度繁栄し，産業王国建設の最初の絶頂期を迎える。その過程で産業人の新たな課題として登場したのが管理組織の問題である。つまり，単一職能企業から複数職能企業に発展した企業をどのような機構によって管理するかという問題である。1890年代

には多数部局管理のための部門組織が確立し，全社的管理のために本社が設立され，組織問題の議論が活発化した。[12] そして，このように大規模・複雑化した企業組織を管理していくには，専門的知識を持つ経営者が必要となり，同族による管理から職業的経営者による管理への移行も見られるようになってきたのである。

　チャンドラーによれば，このような管理組織成立過程に，テイラーやエマーソン（H. Emerson）といった組織者が力をそそいだのは生産現場であったが，かれらの著作が有名になる前に，鉄鋼，精肉，電気機械，農業機器工業の産業人たちはすでに単一の工場ないし販売組織の管理のための合理的方式を編み出していたし，この単一の事業所を管理するための方式は，1880～90年代に最初の複数職能を有する巨大統合企業が登場することによって，新たな管理上の必要に直面したのである。

　チャンドラーはこの複数職能企業の登場を2つの経路から説明する。まず第1の経路は，自社専属の販売組織をつくり，従来の職能と総合化するものである。たとえば精肉業では，1890年代半ばに垂直統合企業が急成長し，各社現場組織と職能部と本社機構を備えるにいたった。また，タバコ製造業では，デューク社が1895年に販売，製造，購買，財務職能を統合した集権的職能部門別組織を形成した。小麦粉やバナナ業でも同様の組織編成が実施された。さらに，農業機械ではマコーミック社，機械工業ではシンガーミシン社が販売組織を確立した。電機工業では，ゼネラル・エレクトリック（GE）社とウェスチングハウス社が製造部（多数の分散した製造現場をもつ），全国にわたる地域営業所を監督する営業部（製品別下部組織あり），技術部（製品別下部組織あり），そして財務部を擁していた。鉄鋼業でも直接販売にのりだし，カーネギーやイリノイ・スチールやジョーンズ・ラフリン社は1890年代までに自社専属の販売組織を持っていた。

　第2の経路は，水平的企業連合を通じて販売ないし購買に進出したケースである。1890年代にスタンダード石油やU.S.ラバーで，1896年以後はディスティラーズ・セキュリティーズ，ナショナル・ビスケット，ピッツバー

グ・コール，インターナショナル・ペーパー，アリス・チャルマーズ，インターナショナル・ハーベスター，アメリカン・スメルティング・アンド・リファイニング，そしてデュポン社でこうした動きが見られた。

　また，19世紀末には販売面への進出による前方統合のみならず，製造業が原材料を確保するために後方統合を行っていった。これに伴う内部販売の増大の結果，中間商人の仕事が減少すると同時に，「大規模製造業者はその生産工程全体の原材料の流れを調整し保証する能力を高めてい」った。[13) た とえば，1890年の第11回センサスによれば，「多数の鉄鋼製造企業はたんに溶鉱炉，圧延工場，製鋼工場を操業しているだけでなく鉄鉱石，炭鉱，コークス炉，森林地をも支配し，工場が消費する原材料の大部分を供給する」までになったのである。[14) また，1880年代には紙巻タバコ製造事業が開始され，デューク社では大々的な宣伝・広告と全国的・国際的な一大販売組織網の建設に乗り出すとともに，原料確保のためタバコ栽培地に保管倉庫，バイヤーの組織網を建設した。[15)

　以上のように，1890年代には広範囲の産業で垂直統合化が進められ，垂直統合化の行われた企業では，地域的かつ広範に分散した複数の現業部門管理のために職能部門が設置され，さらにこれを管理するための中央本部が設置された。これにより，「トップ・マネジメントは集団的なものになり，意思決定の進行過程はしだいに体系的・合理的なものになってきた」。[16)

　さて，チャンドラーによれば，第一次世界大戦以後1920年代にかけて，新たな企業管理組織の構築が始まる。それは，一部巨大企業ではすでに第一次大戦後まもなく始まっていた「分権的」事業部制への移行である。たとえば，デュポンとGMは第一次大戦後まもなく，スタンダード石油（ニュージャージー）は1925年，シアーズ・ローバック社は1929年に再編成を開始した。さらに1925～32年間に同様の改革に着手した会社は，U.S.ラバー，B.F.グッドリッチ，ユニオン・カーバイド，ウェスチングハウスおよびグレート・アトランチック・アンド・パシフィック・ティーの5社であった。業種的には，火薬，自動車，石油精製，通信販売，ゴム，タイヤ，化学，電

機,食品業である。また,上記各社は各産業のトップ企業といえる会社ばかりである。[17] この組織再編成は,これら大企業が採用した1900年以後の新戦略に関わっている。すなわち,従来の顧客層に対する既存製品系列の拡張戦略を採用した金属製造業と農産物加工会社では新しい管理問題は発生せず,1960年になっても職能部制を維持したのに対し,多角化戦略(=異種の顧客層に対して多様な新製品を開発することによって新市場をひらく)を採用したデュポン,U・S・ラバー,B・F・グッドリッチ,GE,ウェスチングハウス(1920年代大衆消費市場進出),自動車会社(トラクター,発動機,電気機械,家電製品を生産),農業機械,動力機械会社は,組織の再編,すなわち事業部制組織の導入を必要とした。しかし,チャンドラー自身述べているごとく,事業部制組織の普及は第二次大戦以後のことであり,「第二次大戦後のブーム以前に,これらの先駆者に追随するような会社は比較的少なかった」のである。[18]

上述したごとく,アメリカにおいては1880年代以降,製造企業の販売職能を直接担当するための前方統合と原材料を直接安定的に手に入れるための後方統合を通じた垂直統合化戦略による複数職能企業化が進行し,経営者は原材料の購入から製品の販売までの一連のプロセスを一貫して管理する必要が生じた。多くの巨大企業ではこれに対応するために職能部門別組織を作り,巨大化,複雑化した企業活動を職能別に分類することによって,全体的

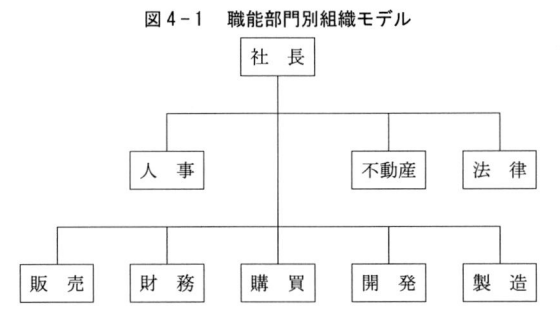

図4-1 職能部門別組織モデル

```
                社 長
    ┌────────┬────────┐
   人事      不動産     法律
    ├──────┬──────┬──────┐
   販売  財務  購買  開発  製造
```

(出所) A. D. Chandler, Jr., *Strategy and Structure*, The MIT Press, 1984, p.74. (三菱経済研究所訳『経営戦略と組織』実業之日本社,1977年版,86頁より作成。)

に統括しようとした。そして、この「集権的」職能部門別組織は、第一次大戦末には大半の大企業で採用された。そして、この職能化の動きは20年代にも受けつがれ、「『計画』、『原材料管理』、『人事』、『組織』(Methods)、『販売促進』、『スタイリング』、『マーチャンダイジング』といった職能部門への発展傾向が見出され」た。[19] こうした新たな現実の企業問題への管理的対応として展開されたのが、人事管理、マーケティング、生産管理などの部門管理である。そこで、以下にこれら部門管理の発展をあとづけていこう。[20]

注
1) The Committee on Recent Economic Changes, of the President's Conference on Unemployment, *Recent Economic Changes*, 1929, p.ix-x. 本委員会の議長は1929年に大統領に就任したハーバート・フーヴァー商務長官であり、後に実質的議長をA.W.ショー (A.W. Shaw) が務めている。
2) 森 昂『アメリカ資本主義史論』ミネルヴァ書房、1976年、249-250頁。
3) M.G. Blackford & K.A. Kerr, *Business Enterprise in American History*, Houghton Mifflin Co., 1986, pp.266-276.（川辺信雄監訳『アメリカ経営史』ミネルヴァ書房、1988年、250-8頁。）
4) 「1920年代も19世紀的な消極的な国家論の状態に戻ったわけではなく、むしろ革新主義期の傾向を継承して行政管理機構を拡充整備する動きが顕著に認められた。」（新川健三郎「革新主義より『フーヴァー体制』へ政府の企業規制と実業界」阿部斉他編『世紀転換期のアメリカ―伝統と革新―』東京大学出版会、1982年、260頁。）
5) 同上、282頁。
6) 同上、277頁。
7) M.G. Blackford & K.A. Kerr, *op.cit.*, p.311.（邦訳書、292頁。）
8) The Committee on Elimination of Waste in Industry of the Federated American Engineering Societies, *Waste in Industry*, reprint of the 1st ed., 1921, Hive Publishing Company, 1974.
9) M.G. Blackford & K.A. Kerr, *op.cit,*. pp.306-7.（邦訳書、287-8頁。）
10) A.D. Chandler, Jr., *Strategy and Structure*, The M.I.T. Press, 1st edition 1962, 1984, p.40.（三菱経済研究所訳『経営戦略と組織』実業之日本社、1977年版、54頁。）
11) *Ibid.*, ch.1.（邦訳書、第1章参照。）
12) 稲村毅氏も、「『組織と管理』というアプローチの仕方は、管理論の創世期に遡るものであって、20年代に初めて台頭した問題ではなかった」とし、S.E. Sparling の *Introduction to Business Organization*、1906などを挙げ、「これら初期の諸論者に共通した特徴として指摘し得るのは、第1に、問題とされる『組織と管理』の範囲がすでに生産部門だけでなく販売部門や財務部門、管理部門（事務所）を包括しており、企業全体に及んでいることである。」と、述べている。(稲村毅『経営管理論史の根本問題』ミネルヴァ書房、1985年、232頁。)
13) G. Porter & H.C. Livesay, *Merchants and Manufacturers*, The John Hopkins University

Press, 1971, pp.147-8.（山中豊国他訳『経営革新と流通支配―生成期マーケティングの研究―』ミネルヴァ書房，1983年，185-6頁。）
14) *Ibid.*, p.150.（邦訳書，187頁。）
15) 鳥羽欽一郎『企業発展の史的研究』ダイヤモンド社，1981年，157頁。
16) ここに言う「トップ・マネジメント集団は，通常取締役会の経営委員会が，社長，取締役会の会長，職能部長をも含んでいた」。(A. D. チャンドラー，丸山恵也訳『チャンドラー アメリカ経営史』亜紀書房，1986年，103頁。）
17) A. D. Chandler, Jr., *op.cit.*, p.2.（邦訳書，18頁。）
18) *Ibid.*, p.44.（邦訳書，58頁。）
19) *Recent Economic Changes*, p.498.
20) その際の一つの問題点は，科学的管理と部門管理発展の関係である。科学的管理と20年代の部門管理の展開を積極的かつ密接に関連づけてとらえるものとして，たとえばケンドールやパースンは「20年代の科学的管理の発展は，まず何よりも生産のみならず人事，販売，財務等への科学的管理の適用にその特質が見い出される」（角野信夫『アメリカ企業・経営学説史』文眞堂，1987年，187頁）としているし，ヘーバーも「1920年代には，テイラー主義者たちは，アメリカの経営思想の指導的地位にあった」と科学的管理の影響力を高く評価している。(S. Haber, *Efficiency and Uplift*, The University of Chicago Press, 1964, p.xi.（小林康助・今川仁視訳『科学的管理の生成と発展』広文社，1983年，5頁。）

しかし，D. ネルソンは，「人事業務が特別な職能として出現しつつあった時期に，テイラーは自分が別の場面で非難した『目分量式』に固執していた。かれは，労働者の新しい取扱方法に無関心であり，福利厚生や団体交渉に敵対的であった。」として，テイラーと人事管理の出現の関わりを否定的に捉えている。(D. Nelson, *Frederick W. Taylor and the Rise of Scientific Management*, The University of Wisconsin Press, 1980, p.44, 小林康助・今井斉・今川仁視訳『科学的管理の生成』同文舘，1991年，63頁。）

I 産業合理化運動の展開

「永遠の繁栄の時代」といわれた1920年代に，アメリカの経済政策を中心的に担ったのは，ウォレン・G・ハーディング大統領（1921.3.4～1923.8.2在任）とカルヴィン・クーリッジ大統領（1923.8.3～1929.3.4在任）のもとで商務長官を勤め，「影の大統領」と呼ばれたハーバート・フーヴァー（Herbert Hoover）であった。かれは，その後1929.3.4～1933.3.4まで合衆国大統領を勤めた。かれは，「新しいアメリカ個人主義」の考え方にもとづき，産業や政治に科学を適用することを進めた。その成果のひとつとして景気循環・景気予測論が生まれ，1920年には全国経済調査局（NBER）が設立された。[1]

152　第4章　経営管理の分化と統合

　このフーヴァーによって1920〜21年戦後恐慌の脱出策として展開されたのが,「産業合理化運動」であった。1918年11月に第一次大戦が終結するが,その後アメリカ経済は,1919年3月から1920年1月にかけて「戦後インフレブーム」を経験する。その原因は,戦後処理のための連邦政府の莫大な赤字,ヨーロッパへの輸出の増大,消費者需要の増大,在庫投資の激増などであった。これらの要因によって,物価が急上昇し,1920年の生計費は,1918年を33％も上回った。[2] 連邦準備制度理事会 (Federal Reserve Board) は,インフレーションを鈍化させようと1919年11月に割引率 (discount rate) を引き上げたため,経済はきりもみ降下し,1920年春から1921年7月にかけて史上最悪ともいえる事態にたち至ったのである。この恐慌においては,工業生産は33％,卸売物価は44％下落し,3万件以上の破産がみられ,約50万件の農場の抵当流れ,500万人の失業者が発生し,国民総生産は約10％も低下した。そして,とくに厳しい状態に陥ったのは,農業と鉱山業と住宅建設業であった。この原因は,「戦後的色彩の強い諸要因の消滅」,すなわち政府支出の激減や戦後輸出ブームの減退などであった。[3]

　この短期間ではあったが,激しい恐慌から脱出し,20年代の「繁栄」の基盤を築いたのが「産業合理化運動」であった。ブラックフォード (M. G. Blackford) とカー (K. A. Kerr) によれば,フーヴァーが推進した産業合理化は,業界団体と政府機関の緊密化を通じた政府によるビジネスの指導を目的としていた。そして,1920年代のアメリカのビジネス・システムの状況は,中核企業は成長したが中小企業は市場の見えざる手を通じて相互作用しており,また炭鉱・織物・セメント産業では垂直統合企業は普及しなかったという。したがって,管理の見える手によって調整される領域からはみだした部分,いわば周辺企業の行動を商務省がコントロールすることによって景気循環の安定を計ろうとしたのが20年代の産業合理化だという。[4]

　アメリカにおける産業合理化運動を全体としてこのように理解するならば,従来の理解のようにアメリカ産業全体の合理化の牽引車としてフー

ヴァーによる産業合理化運動を位置づけるのでなく，むしろ合理化の遅れている分野をすでに合理化された産業ないし企業をモデルとして合理化することによって，合理化運動を全産業に波及させたと理解すべきではないか。合理化の先進的モデルとして，たとえば自動車産業では，1914年にフォード社のハイランド・パーク工場でフォード・システムが確立され，この直後から20年代にかけて他社に普及していく。たとえば，1916年までに，Paige, Maxwell（1925年クライスラー社に改組），Hudson, Packard, Dodge（1928年クライスラー社が買収），Saxson の6つの自動車会社がフォード・システムを採用し，コンベヤー・ベルトを設置した。その後，Reo, Chevrolet（1918年GM社の1事業部へ），Briscoe, Willys-Overland, Studebaker 各社の工場で移動式組立法が導入された。そして，第一次大戦後の「1920～21年の不況が，国内経済の引き締めの必要をもたらした時，後れをとった製造業者は，旧式の生産方法ではもはやついていけないことに気づいた」。たとえば，H. H. Franklin 社は，1921年にベルト＝チェーン・コンベヤー・システム（belt-and-chain conveyor system）を設置した。そして，この動きは，20年代半ばまで続いていくのである。[5]

このような観点からすれば，従来1920年代における合理化運動の起点とされている1921年にアメリカ工学会連合（Federated American Engineering Societies）〔以下FAESと略〕が実施した「産業における無駄」（waste in industry）調査は，どのように位置づけられるであろうか。フィリペッティ（G. Fillipetti）によれば，FAESの調査報告書である *Waste in Industry* は，次のように評価されている。すなわち，アメリカは第一次大戦中ヨーロッパの軍需工場となり，協商国側の勝利に大きく貢献し，先進工業国としての地位を世界に印象づけたが，「この外見上の成功にもかかわらず，アメリカの管理専門家は，戦中・戦後いずれの時期の生産もさほど能率的であったとは認識していなかった。アメリカ産業の広範な領域における経営管理の弱点や失敗がアメリカ工学会連合の『産業における無駄に関する委員会』の報告で暴露された」，と。[6] フィリペッティは，この報告

書を「テイラー以後に現れた産業管理（industrial management）の分野における最も重要な文献の一つ」と高く評価している。[7] そしてこの文書は，「ヨーロッパのサークル，つまり個々の工場の能率促進に関心のある人々や国民経済全体の能率増進に興味のある人々双方によって広範に読まれ」，[8] その結果，「ヨーロッパにおける大衆の関心は，無駄の体系的排除に向けられた」という。[9]

このように，当時ヨーロッパ諸国からも注目されたこの文書が指摘したアメリカ工業における管理上の欠点とは何であったのか。*Waste in Industry* を上述の周辺企業の合理化説から見ると，その管理史上における位置はどう見えてくるか，こうした点について以下に検討していきたい。

1　報告書作成の意図

『産業における無駄』は，1920年末にアメリカ工学会（American Engineering Council）の執行部が招集されて誕生したFAESによって作成された。このFAESが「産業における諸制限と無駄」の研究を行うよう指示したのはフーヴァーであり，かれ自ら初代会長になった。1921年1月12日フーヴァーは，「産業における無駄排除委員会」のメンバーとして15人の技師を指名し，後日2人のメンバーを追加した。議長には，「テクノロジーを社会問題に適用する可能性についてフーヴァー以上に熱心だった技師」ウォリス（L.W.Wallace）が選ばれたが，実質的指導者は，フーヴァーの側近であったハント（E.E.Hunt）であった。[10] 17名のメンバーのうち，アルフォード（L.P.Alford），バブコック（George D.Babcock），コバーン（F.G.Coburn），クック（Morris L.Cooke），エマーソン（Harrington Emerson），クネッペル（C.E.Knoeppel），ミラー（Fred J.Miller），シェール（H.V.Scheel），トンプソン（Sanford E.Thompson），ウィリアムス（John H.Williams），ウルフ（Robert B.Wolf）の11人は，科学的管理運動と密接な関係をもつ人たちであり，わずか数カ月のうちに迅速に実施された「6つの典型的業種」に関する調査のうち5つの業種については，テイラー主義者によって行

I　産業合理化運動の展開　155

われた。[11] すなわち，建設業（building trades）と製靴業（boot and shoe）をトンプソンが担当し，紳士既製服製造業（men's ready-made clothing）をクックが，印刷業（printing）をウィリアムスが，金属業（metal trades）をミラーが担当した。そして，織物業（textile manufacturing）だけはバセット（W.R.Basset）という人物が担当した。当初のプランでは，これに運輸（transportation），炭鉱業（coal mining），製紙業（pulp and paper industry），タイヤ製造業（rubber tire manufacturing industry）を加えた10の産業で調査が行われるはずだったが，諸般の事情で後の4つの産業は結局除外されることになった。[12] また，金属業の主要部門は，(a) 金属製品，(b) 機械と工作機械，(c) 自動車・トラック・トラクター，(d) エンジン・蒸気機関・車両・電車，(e) 機械工場と鋳造工場製品，(f) 造船，(g) 電機，(h) 火器などであるとされているが，実際このうちどの部門の調査が行われたかは不明である。ただ，金属製品（たとえば平板，形鋼，鋳物，管など）製造部門は含んでいないと言明されている。また，工作機械業とか金属加工業という名称は出てくる。[13]

したがって，この調査には，第一次世界大戦前からのアメリカの「支配資本」たる鉄道・鉄鋼・石油業は含まれていないし，また化学・電力・自動車・電機・電子といった新興産業資本のうち化学・電子・電力工業は間違いなく含まれていない。[14]

さて，フーヴァーはこの報告書の序文のところで，アメリカ工業の発明力と能率の水準の世界的高さを賞賛した後，「だが，わが国の産業機械は完全とは言いがたい」と批判し，多様な種類の無駄を上げている。たとえば，そこには不況期の失業，好況期の投機や過剰生産，労働移動，労使対立，燃料や動力の供給品の輸送の断続的失敗，標準の欠如，生産過程や原材料の損失といった無駄の原因が挙げられている。[15] この序文からすれば，フーヴァーの意図が無駄排除による産業活動全体の能率化にあったように見える。フーヴァーは，伝統的な意味での資本主義も社会主義も等しく破綻したとし，管理の科学的原則の適用と専門家の指導により，生産性の増大と「完全な市

民」に恩恵を拡大する「新しい経済体制」（new economic system）を提唱していた。[16]

　このようなフーヴァーの意図とは別に，同委員会は，報告書の目的は「無駄を排除する主な機会を指摘し，無駄排除のために適切な手段をとるための機会と責任の所在を示すこと」にある，としている。そして，この報告書の産業の無駄に関する考察範囲は，すべての経済的無駄ではなく，「一方での平均的達成度と他方での実績との差異によって表現される生産に費やされる材料と時間と人間努力のその部分」である。この場合，無駄の判定基準となるのは，なんら「理論的な標準」ではなく，「それらの要素の効果的利用度を決定する測定手段」の発展であるという。だから，「同委員会の最初の仕事は，無駄の主要な構成要素を決定し，割合を算定するための測定単位と測定手段を設定すること」になった。

　ところが，産業における成果を測定する基準となる標準はほとんどなかった。1919年のセンサスによれば，事業所数は28万8,376カ所もあり，これらを包括的に研究することは，時間的にも経済的にもとても不可能であった。そこで，業種を選択し，その部門の中で代表的工場を選び出し，その一群の工場を研究することになったのである。したがって，「標準的専門用語と測定単位・方法の欠如は，各産業部門と徹底的な研究が行われた工場で使用された標準的調査方式を準備することによって乗り越えられた」とされている。前述のごとく，選びだされた産業部門は6であるが，調査対象となった工場数は建設73，紳士服9，靴8，印刷6，金属16，織物13の合計125工場であり，建設業の比率は58.4％で，過半数に達する。各工場には，予備的な各産業一工場の研究が終了後，統一的な修正された調査表が配付され，回答が寄せられ，これにもとづいて，各産業部門担当の技師が報告書を作成したのである。[17]

2　無駄の原因

　5カ月という比較的短期間でなし遂げられた産業の無駄調査から得られた

Ⅰ　産業合理化運動の展開　157

結論は以下の通りである。[18]

まず，報告書には，産業における無駄の原因として以下の4点が挙げられている。

(1) 原材料，工場，設備，そして人員の誤った管理によって引き起こされる低い生産 (low production)
(2) 人員，原材料，工場，設備の遊休化によって引き起こされる生産の中断 (interrupted production)
(3) 所有者や管理者や労働者によって故意に引き起こされる制限された生産 (restricted production)
(4) 病気や怪我や労災によって引き起こされる失われた生産 (lost production)

以下に，この4つの無駄の原因をさらに詳細に吟味していこう。[19]

(1) 「低い生産」

この理由は「誤った管理」(faulty management) にあり，①「誤った材料管理」，②「誤った設計管理」，③「誤った生産管理」，④「原価管理の欠如」，⑤「研究の欠如」，⑥「誤った労務管理」，⑦「非効率な職人の技量」，⑧「誤った販売方針」の8つの要因が列挙されている。これらを以下で詳しく検討しよう。

①「誤った材料管理」——これによってもたらされる無駄は，とくに製靴業において深刻であるという。会社は皮の節約を裁断工に任せており，標準 (standards) が使用されているところでは，無駄はこの裁断工の不注意や訓練不足から発生する。製靴業では，仕事や材料待ちによって引き起こされる不働 (idleness) による損失は，当該作業時間の35％に上るという。また，平均的請負人は仕事の開始日と終了日以外作業日程表を持たず，仕事の巡視や作業長から受け取る口頭注文によって材料の配達を統制しており，こういういい加減な計画方式が材料の不足による遅れとか材料の過剰供給による仕事の過剰負担をもたらすのである。このことはまた，頻繁なレイオフ，優秀な機械工の喪失，高い労働移動をもたらす。

②「誤った設計管理」——これは，製品の標準化を妨げるので，重大な無駄に結果するという。たとえば建設業では，住宅や他のタイプの建物についての標準化は一般に現実的ではないが，細部については標準化の可能性が十分あり，壁の厚さの標準化は平均的な住宅費用のうち約600ドルの節約になる。さらに，窓枠やドアなどについても，標準化された工場作業はコストを減少させる。印刷業では，平盤シリンダー印刷機 (flat bed cylinder press) の機種が多様であり，折り機 (folding machine) は600以上のタイプがある。紙には約6,000の銘柄があり，そのうち半分は使われていない。このように，これらの無駄の指摘は，非常に細かい。たとえば，他にも連邦準備銀行 (Federal Reserve Bank) の小切手は規定の用紙サイズのどれを使ってもカットの際に無駄な余白が出てしまう，と指摘されている。また，戦時中に発行された徴兵アンケートも標準的サイズでなかったために，特別の収納キャビネットを必要としたという。雑誌類もそのサイズは多様であり，そのため毎年1億ドル以上のコストを大衆に損させている。たとえば，新聞のコラムを1サイズに標準化すれば，植字と版だけでも年間300万ドルから500万ドルの節約が可能であると推算している。

　ここでは，標準化は規格や製品の種類を統一する，あるいは単純化するという意味で使用されている。

　③「誤った生産管理」——これについては，まず「適切な生産管理方式の欠如」が研究対象となった全産業で明白であり，顕著な弱点である，と指摘されている。たとえば，大部分の仕立て工場には，作業の進行を記録したり，作業の指示を与える送達部局が存在せず，種々の製造ロットのための作業チケットも進行記録もなく，個人別ないし作業別の生産記録もなかった。こうしたことの結果，作業の流れが悪くなり，仕事待ちの時間が増えることで，無駄が生じる。「典型的な大規模工場における効率的な計画と管理の欠如は，労働者の作業時間の5分の1を無駄にする」，という。少なくとも労働者当たり1週10時間が，工場管理方式の欠如から生ずるエネルギーや時間を無駄にする作業に浪費され，さらに週・労働者当たり2～3時間が不要な仕事

で無駄にされている,という。

　生産管理の欠如は,工場規模の問題ではなく,金属業の大規模工場においても小規模工場と同様の大きな無駄の要素が報告されている。[20]

　④「原価管理の欠如」——大多数の産業工場は,原価の知識に欠け,原価管理を行っていないことが指摘されている。そのため,無駄が生じても,それを正確に判断する適切な方法がないというのである。

　⑤「研究の欠如」——ここでは,より徹底的な研究活動が全産業において必要であるとされている。とくに後れているのは紳士服産業であり,材料や生産行程や設備や製品を改善するための研究が大半の工場でほとんど行われていない。また,製靴産業では,市場需要に関する情報が欠如しているという。

　⑥「誤った労務管理」——この調査において,「効率的な雇用方式」を持っていたのは,わずか2～3の工場だけだったという。辞めていく者の記録を保持したり,その理由を分析したりしていた工場はほとんどなかった。高い労働移動率が,不適切な労務管理から生ずる無駄を示しているという。というのは,未経験の労働者を訓練するコストがばかにならないからである。製靴業では,未経験者の訓練費用は576ドルであるのに対して,経験者の場合は50ドルですむという。また,金属業における1920年の平均的労働移動は,160％と高く,最高は360％であったという。さらに,雇用管理者（employment manager）は,ほとんど雇用を行わず,「雇用と解雇」は職長や工場長の意志によっていると報告されている。労務管理のもうひとつの誤りは,不適切な賃率設定である。たとえば,製靴業では,賃率設定の基準となる事実の知識が欠如している,という。

　⑦「非効率な職人の技量」——管理者は技術教育や訓練の機関を提供することしかできないのであり,この非効率の主たる原因は,労働者の作業に対する関心の低さや職人の技量に対するプライドの欠如によるとするが,これによる無駄は調査によっては明らかにされなかった。

　⑧「誤った販売政策」——注文の取消しは特定産業,たとえば衣服業に特有

の問題であるが，シーズンの終わりには売れ残り品が戻されたり，苦情がきたり，クレジットを受け取る。紳士服製造業では，1920年は政府によって始められた価格引き下げキャンペーンとしのびよる不況のため，通常のシーズンにはキャンセルは3～14%だが，33%ものキャンセルがあった業者もいたという。[21]

(2) 「生産の中断」

① 「失業者」(idle men) の問題——ここではまず，「最低限度の失業」(minimum unemployment) があることが指摘されている。すなわち，第一次大戦中，工場はその能力一杯まで操業したが，100万人以上の失業者を残した。この数字は恒久的と考えられており，その比率は40分の1強である。この失業は，労働者には賃金の損失，企業には遊休設備や材料による間接費の増大，大衆には購買力の縮小を意味している。

第2の失業は不況によるものである。1921年1月にアメリカ合衆国労働省雇用局 (U.S. Employment Service of the Department of Labor) によって実施された全国規模の雇用調査 (35の州と182の工業都市を対象) によれば，工業労働者数は607万648人であり，1920年1月の雇用者数940万2,000人に対し，約35.5%の減少であった。

第3の失業は「断続的失業」(intermittent unemployment) である。これは季節的原因によって生ずるもので，衣服業では年に31%が遊休化し，製靴業では35%がそうなるという。

第4の失業は，「労働争議」(labor disturbance) によるものである。これは労使の公然たる対立より生ずる。ただ，ストライキやロックアウトは失業を生み出すことは事実だが，調査された産業では，それ自体では生産の減少の主要な源泉とはならないという。

② 「遊休材料」の問題——品質の低下や廃退や運送費による遊休材料の無駄は，原材料と完成品両方の膨大な在庫を抱えた場合には，とくに大きくなる。もう1つの原因は，不安定な生産である。

③ 「遊休工場と設備」の問題——不合理な生産方針は，無駄な過剰設備をも

たらす。衣服製造工場では不要な設備が45%あり，印刷事業所では50〜150％が過剰設備，製靴業では半分以上が過剰となっている。金属業では製品の標準化によって，工場や設備の大幅な削減が可能になるであろう，という。また，機械のサイズの標準化によって，1台の機械を多種多様な仕事に利用することが可能になる，とされている。

(3)「制限された生産」

①「所有者や経営者によって制限された生産」——たとえば，建設業において，請負業者や建築業者や供給業者は高価格の維持，入札時の談合，そして不公正な実施によって生産を制限した。しかし，こうした原因から生ずる無駄はこの調査では測定不能とされている。

②「労働者側によるもの」——これには，労働者個々人による制限と集団による規制がある。個人によるものは，労働者が稀少なことから生ずるスピード・ダウンと雇用を自分あるいは仲間のために確保するための生産制限がある。

しかし，労働者による生産制限の重要なものは，集団によるものである。たとえば建設業では，ある塗装工組合はあるサイズ以上の幅のブラシを使用させなかった。また，多数の組合は技師が設定する標準の使用に反対した。たとえば，印刷業の組合すべてがこれに反対した。建設業におけるクラフト・ユニオンのルールも労働節約的な多数の工夫に反対している。徒弟の数の制限も技師によって不公正なものと指摘されている。また，組合は機械の使用についても制限を行っている。たとえば塗装工組合は，スプレー機械を使用しているところでは健康上の理由から組合員を働かせることを拒否している。これらは，最も能率的な機械の使用を妨げることから，生産制限になるという。

(4)「失われた生産」

①「病気によるもの」——ここでは疾病によって失われた労働日数が計算されているが，1909年の全国調査では300万人の重病者がおり，これは1人当たり年平均13日の損失であったが，その後減少し，1921年には8〜9日

の損失となった。また，命の平均的価値は 5,000 ドルであり，病人の治療には 1 日 3 ドル必要とすると，これらによる経済的損失は 18 億ドルと計算されている。労働者にとって最も重大な病気は結核であり，年間 1,000 人当たり 2，3 人が死亡し，その経済的損失は年間 5 億ドルに上るという。その他肺炎やインフルエンザや腸チフスが重大な伝染病であった。

②「不完全な視力と不完全な歯によるもの」──2,500 万人の労働者が矯正を要する不完全な視力を持ち，労働者の大部分が歯や口の病気になっており，生産量や製品の品質にマイナスの影響を与えているという。

③「産業災害によるもの」──1919 年には，約 2 万 3,000 件の致命傷になるような事故が起こり，57 万 5,000 件の 4 週間以上の無能力状態を引き起こす非致命的事故があり，最低 1 日の無能力を引き起こす 300 万件の事故が生じたという。これによって失われた時間は，2 億 9,600 万日に達すると見積もられ，国家全体の経済的損失は，少なく見積もっても 8 億 5,300 万ドルに上ると計算されている。ここでは，とくに建設業が例として挙げられており，年間 1 億 2,000 万ドルの事故による損失が発生していると計算しているが，これについては産業的特性があり，たとえば製靴業では事故はあまり問題にならない。

以上のように，委員会は産業における無駄を 4 つの側面から整理し，産業全体に膨大な無駄があることを指摘している。この無駄は，不況による失業や疾病や組合による生産制限等を別にすれば，ほとんどが管理の失敗・不十分さによるものである。金属業について調査報告を行ったミラーは，「テイラーやガント（H. L. Gantt）や他の者は，産業企業が高い能率を達成するのに失敗する大部分は管理の失敗によって引き起こされる，と繰り返し言明した」，と述べており，こうした観点がテイラー主義者のものであることを窺わせている。[22] しかもここでは，生産管理を中心とした工場管理問題が中心的に取り上げられており，販売方策や労務の問題も取り上げられてはいるが，これらは付随的な扱い方である。

3　無駄の責任

さて，委員会はたんに無駄の存在の指摘にとどまらず，続けて無駄を排除するための責任を追求している。注目すべきことに，同委員会によれば，委員会が勧告したような方策や方法はすでに工場や企業で利用されているものであり，委員会は改善案を示すよりもむしろ無駄排除の責任と無駄排除努力にどんな援助が与えられるかを示そうとしている，と述べている。[23]

さて，最大の責任者は，産業の無駄排除の機会が最も多いとみられる経営者（management）である。なお，ここで使用されるmanagementという用語は，産業における管理職能（management function in industry）を行使する代表，つまり所有者（owner）や経営者（manager）を意味し，ここで使用されている管理職能概念は，アメリカ機械技師協会（American Society of Mechanical Engineers）の管理部門によって是認されたレポートの中で定義された概念，つまり「管理とは人間のために自然の諸力を統制し，原材料を利用するために適用される人間努力を準備し，組織し，指導する技術と科学である」，によっている。

これに対して，労働者や部外者（公衆，取引相手，その他）の責任の比率は相対的に低いとされている。このことは，各産業分野の調査結果からも明らかにされている。すなわち，各産業によってバラつきはあるが，一般に無駄の責任の50％以上は管理者に，25％以下が労働者に，そして残りが部外者にあるとされているが，経営者がこの責任に完全に応えようとすれば，労働者と協力しなければならない，とされる。このような結論は，一見テイラー派の科学的管理論者たちの考えと矛盾するようにみえるが，第一次大戦中の技師と労働組合の接近は，労働者との協力が生産増大に不可欠だということを気づかせ，両者の協力関係の重要性が認識されたという。[24]

さて，ここでの叙述は，責任と援助の主体別に7つの部分に分けられている。すなわち経営者，労働者，所有者，大衆の順番に責任がそれぞれ追求され，さらに同業団体，政府の援助のありかた，そして最後に「技師の責務」が取り上げられるわけである。以下，これらを詳細に検討していこう。[25]

(1)「経営者の責任」

①「組織と経営者統制の改善」——ここでは，経営者による統制の必要が強調されている。すなわち，アメリカ産業の大部分には，まだ計画と統制という「すぐれた管理の基礎」が浸透していないという。経営者の統制は，適切に計画されれば，産業組織のすべての活動，つまり原材料，設計，設備，人事，原価，販売政策に影響力を行使し，これらを共通目的のために調整する。このことはとくに大工場にあてはまるが，小工場でも同じ原則を利用し，近代的方法の優越を保証できる，という。

②「生産管理」——意識的な生産管理は，総生産時間を短縮することにより，無駄排除に役立つという。それは，材料の配給を保証し，材料の日程計画を利用することによって材料の遊休化を減らすと同時に労働者や機械の遊休化も減少させるのである。

③「生産能力と需要の均衡」——生産能力は，正常需要（normal demand）の注意深い調査にもとづくべきことが強調され，マーケティングの萌芽が見られる。そして，両者の健全な関係は，作業の計画や手順や日程計画に賢明な方策が採用され，改善された工場方式が実行されているときにのみ現れるとして，管理の改善による生産増大可能性の重要性を指摘している。

④「購買日程計画の発展」——これも，結局生産における無駄に関連する。すなわち，すでに購入された材料と今後の購買計画の調整が必要であり，これが注意深く行われていれば，材料の不足による作業の中断という問題は生じないというのである。

⑤「解約の除去と解約料の削減」——製造業者と工場間，また製造業者と顧客間の解約はなくさなければならないし，注文して受領された製品の返品の特典は縮小しなければならないという。この点は，とくに紳士服製造業において問題にされたことである。

⑥「生産計画と販売方針の相互関係」——生産計画は，徹底的な市場調査によって決定される販売方針にもとづいて設定されなければならない。この方法によって，季節的製造の致命的影響が一部克服されるのであり，製靴業の

若干の工場ではこの有益な成果がもたらされたという。

⑦「検査」——欠陥作業による労働と材料の損失は，年間相当な額に上るという。そして間接的損失は測定が困難であるが，直接的損失を大きく上回る。したがって，無駄をなくすには十分な検査が行われなければならないとされる。

⑧「工場と設備のメインテナンス」——故障を起こさないよう前もって処置する方法が発展してきている。工場の維持は，機械や設備の継続的稼働を可能にするので，最大生産に導くことになるという。

⑨「統一的原価計算」——生産管理には，すぐれた原価統制システムが必要であり，これがなければ，大きな無駄を生み出すということが強調されている。

⑩「賃金支払方式」——賃金支払方式は，提供された努力と達成された成果の間の適切な関係を保証するようなものでなければならないとされる。そして，特殊な賃金方式は標準化とシステムが不在の場合には無駄になり，逆に特殊な賃金方式なしには，生産標準と適当な作業統制は望ましい成果を達成できないとしているが，これはまさにテイラーの管理法を適用した考え方であり，テイラーの案出したタスクと差別的出来高給制度を髣髴とさせるものである。

しかし，賃金支払方式自体がすぐれた管理にとって代わると考えるのは危険であり，むしろ，賃金支払方式の最も重要な機能は管理者にその責務を遂行させるところにあると，賃金支払方式によってすべてが解決するという考え方を戒めている。

⑪「製品の標準化」——製品は製造の前進的発展と矛盾しないよう，標準化されねばならないという。

⑫「原材料の標準化」——原材料は，最少の種類，サイズ，等級に標準化されねばならないとされる。

⑬「設備の標準化」——機械や工具を含めた設備は，設計や発明における改良と歩調を合わせて，最も広範な互換性と最大の有用性を許容するよう標準

化されねばならないという。

⑭「作業標準化」——これは，計画や生産統制の貴重な補助として発展しなければならないとされる。「週労働制度」(week-work system) のもとでは，作業標準は個々の労働者の作業遂行のまさに測定の基礎であり，かれの能力に賃率を合わせる基礎であるが，出来高払制度のもとでは，それはたんに賃金の基礎でしかないという。そして，作業用具や条件や作業方法の標準化がなければ，有効な作業標準は維持されないとしているが，ここでもテイラーの科学的管理法の影響が明らかである。「工場管理論」で述べられたタスクと標準条件という2つの課業管理実施要件の関係の影響が濃厚に読みとれる。[26]

⑮「経営者と労働者」——経営者は，人員の選択と発達と扶養に一定の責任があり，労働者の関心を刺激しなければならないという。また，雇用と人事の方法については，過去数年間に大幅に進歩が遂げられたとしているが，これは第一次大戦中の人事管理の発展を指していると考えられる。ここではとくに，雇用者と従業員のコミュニケーションの手段が取り上げられているが，こうした従業員の教育と訓練は望ましいものとされ，今後の発展が期待されている。

⑯「災害の防止」——これについては経営者に一定の責任があり，体系的な防止策が採られねばならないという。

⑰「研究」——工業研究は，個々の工場と連合体と双方で実施されねばならない。わが国ではまだ新しいものだが，研究所の成功は，若干の大企業や同業組合で示されているという。

(2)　「労働者の責任」

①「生産の増大」——産業における無駄を排除する責任を果たすためには，労働者は生産増大に協力しなければならないとされている。意識的な生産制限から生ずる無駄の分析のいたるところで，意見のかわりに事実の必要性が顕著になっており，科学は敵ではなく味方であるということ，経済原則を無視してはどんな方策も成り立ちえないことが関係者全員に思い起こされる必

要があるという。この経済原則の無視が労働者の生産制限の根幹にあるというわけである。しかし，技師たちの調査では労働者のこうした態度は変わりつつあるという。今や組合の力は強大であり，その影響力は非組合を含めてアメリカ産業全体に浸透している。だから，組合は当該産業の必要性を研究し，技術者と共に「すべての者の究極の利益をもたらす生産増大」に奉仕することが肝要であるとしているが，この「組織的怠業」の除去による生産増大を通じた労使の繁栄論は，テイラーが自己の著作で熱心に主張したものである。[27]

　②「作業の標準化」——労働者は作業標準の決定やその利用に協力しなければならないとされる。

　③「諸制限に関する規則の変更」——労働側は生産制限，不当な管轄権に関する格付け，無駄の多い作業方式に関するそのルールを変更し，無駄の源泉を取り去るべきである。本報告は今日の組織された労働の強さと地位に鑑みて，改訂を推奨するとしている。

　④「健康の改善と災害の減少」——労働者は，これについては経営者と同等の責任があり，組合は健康と安全において，教育を通じて多くのことを行ったが，経営者や地域社会と協力して行うべきことがまだたくさんある，という。

　⑤「労使関係の改善」——産業不満の最も重大な原因のうち，産業における無駄と結びついているのは，断続的雇用，失業の恐れ，賃金・時間の決定に関する科学的方式の欠如，機会の不平等，病気と事故である。

　(3)「所有者の責任」

　銀行機能やその他による産業の所有者は，産業の無駄排除の責任を分有しており，とくに生産の安定化を助ける義務があるという。貸借対照表や損益計算書が事業の成功度の計器ではあるが，これらが生産にかんする事実をすべて明らかにするものではない。そこで，いくつかの銀行は，顧客にサービスを行ったり，産業問題を調査するために産業スタッフを持っていることが指摘されている。

(4) 「大衆の責任」

① 「大衆の関心の必要」——大衆はすべての集団を含み，大衆の無駄排除責任は大きいという。なぜなら，生産性増大運動は，広範な関心と支持なしにはできないからであり，技師たちはこうした運動を始められるが，大衆の支持なしには成功させることはできないからである。

② 「スタイルの変化」——ある産業においては，消費者大衆はスタイルの変更を望むことにより，季節的変動に一定の責任がある。スタイルは，少なくとも部分的には有用性と経済性の観点から考えられるべきであるという。

③ 「需要の配分」——大衆は年間を通じた需要の賢明な配分を受け入れることによって，産業の安定を支持することができる。これは建設業にとくによく当てはまる。主要な建設作業を7・8カ月に詰め込まず，空いた月にも回すべきであるという。

④ 「地域社会と産業の協力」——地方の商業会議所やその他の市民団体は，産業の種々の部門との地域的会議を通じて産業無駄排除を広める影響力を持つことができる。とくに，住宅建設や大衆の健康促進や非産業災害の防止に向けて，そうした努力がなされよう。また，団体購入組織は，大衆によりよい購入方式を教育することにより，求められる商品の種類を減らし，より長期にわたって需要を配分することによって，産業の安定化に影響を及ぼすという。

(5) 「同業団体の機会」

① 「広範な組織のための仕事」——包括的な組織のない産業には，同業団体が形成されねばならないという。たとえば衣服製造業ではこうした組織がないので，マーケティングに関したことを行う組織が求められている。すでに同業組織を持つ多くの産業では，その仕事と方策のための協力と宣伝が着実に効果を上げつつある。同業組織は，生産に関するデータや手持ち在庫や価格等の情報を収集・公表することによって，無駄の排除に役立つとされる。

② 「産業標準化」——同業団体は，原価計算方式の標準化，標準的原材料明細書の導入，生産標準の設定，設備の標準化，そして完成品の標準化のため

の計画を促進しなければならないという。

(6)「政府援助機会」

①「国家産業情報局」(National Industrial Information Service)——この機関は，商品の現在の生産・消費・在庫に関する情報を供給し，私的機関の仕事を補完せねばならないとされる。満足のゆく情報の信頼すべき源泉が稀少であるという事実が，この調査で明らかになった。そのため，現在の生産や消費や在庫に関する完全な情報が強く求められているという。

②「国家統計局」(National Statistical Service)——ここでは，全国の雇用の需要や状況を把握するための国家統計局の設立の必要性が強調されている。というのは，季節的雇用や一時的操業休止やレイオフの範囲は一般的統計法に従っていなかったので，結果的に生じた産業の無駄が正確に決定できなかったからである。

③「労働紛争の調停と和解の原則」——ここでは，労働紛争調停のための一連の原則が受け入れられねばならないと主張される。労働紛争から直接・間接に生じる無駄のゆえに，労働問題に関する不要な論議をやめさせる充分な権力を付与された組織を作り，運営することが必要であるという。

④「公衆衛生政策」——公衆衛生に関する国家政策が受け入れられ，実行されねばならない。なぜなら，産業労働者の健康を維持することは，無駄を排除する一手段だからである。

⑤「産業リハビリテーションのための国家計画」——産業リハビリテーションのための国家計画の推進が強調されている。それは，産業災害や戦争によって身障者になった者はもちろん肉体的・精神的欠陥者の教育と職業紹介の機会を提供しなければならないとする。かれらの職業的更生のための包括的な努力が，連邦や州や産業・商業組織によってなされねばならないという。

⑥「産業標準化の全国規模の計画」——産業標準化についての全国的規模の計画が，政府と産業の協力で進められなければならない。製品のデザインや手続きの方式やモデルの数の標準化に，無駄削減の大きな機会が残ってい

る。連邦政府は，相互依存的産業の同業団体の代表を集め，この目的のための委員会を作らなければならない，としている。

⑦「連邦法の修正」──連邦法が産業の安定を妨げる場合には，それは全人民のために改正されねばならないという。無駄の最大の領域は，好況と不況の間の経済的潮流の干満による生産と雇用の落ち込みの時期にあるが，政府との協調や産業内での協調が行われる鉄道や電信や電話その他の公益事業を除いて，これを逃れられる産業はない。炭鉱業のように季節的変動の激しい産業は，業者と労働者と鉄道と大消費者の組織的な協力なしには，安定は難しい。企業結合に関する現行法規のもとでは，こうした協力は実行できないので，権限を持った所管官庁のもとで，こうした協力を認めることが必要である。

以上のように，ここでは，政府が専門機関を設けて積極的に産業情報の収集や配布を行い，標準化を全国的に押し進め，無駄を排除し，産業活動の能率化を図ろうとしていることが読み取れる。[28]

(7)「技師の責務」

最後に，この調査の主役を務めた技師の責任についてまとめられているので，これを概括しよう。

技師は産業における全活動に接触し，影響を与える。かれらは，公平にサービスを提供する立場にあり，かれら独自の責任は，工学的訓練と技能が必要な場合にはいつでも専門家的判断を与えることである。技術者の数量的思考の生涯にわたる訓練，産業生活の密接な経験，客観的で私心のない観点，第3者的立場，そしてとりわけ生産についての実践的強調が，技師の観点を有効にする義務をかれに負わせるという。したがって，個人的にも集団的にも，産業における無駄を排除するために影響力を行使することが，とくに技師の責務である，とされる。つまり，この報告書で種々指摘された問題点を解決し，産業における無駄を排除していく実践主体は技師であり，その意味では政府の働きかけは側面援助にすぎない。最初に述べたフーヴァーの産業への科学の適用は，この技師によってしか担いえないものである。[29]

以上の検討から明らかなように，「産業における無駄」調査の全体的結論からすれば，1921年当時のアメリカにおける産業は，近代的管理システムの導入においていまだ不十分であった。一部の産業では，すでに19世紀末〜20世紀初頭に技師たちによって論議された生産管理システムや原価管理システムが導入されていなかった。また，雇用・解雇権は未だ現場管理者たる職長に握られているという「間接的・分散的管理」状態にあった。さらに，マーケティング面ではその萌芽が見られるものの，大きな発展はなされていない。

ところで，本調査の中心メンバーがテイラー主義者によって占められていることから当然帰結するように，『産業における無駄』報告書には，テイラーの考え方の影響が濃厚に読み取れる。この点については，文中でも再三指摘した。また，これを貫くひとつの大きな観点が「標準化」という概念で集約される性質のものであることは間違いない。しかし，その意味は，テイラーが考えたような最大到達目標としての「標準」（＝課業）というよりも，フォード・システムの柱をなす「生産標準化」（＝製品の単一化，部品の規格化，工具や機械の単一目的化）の意味に近い。

この意味での「標準化」が政府規制により実施されたのは，第一次世界大戦中に遡る。すなわち，「戦時中，ビジネスは連邦規制を受容し，一方政府は大きいことは問題もあるが，便益ももたらすと考えるようになった。これらの便益のひとつが標準化であった。戦前は，鉄道を除いては，産業合理化のためになされたことはほとんどなかった。地方的契約（regional compacts）と管理技法の低級さと全くの無気力が施設の外見果てしない複製と生産物の急増をもたらした。」。こうした条件を改善するために，戦争終結までに製品の種類の削減が断行された。たとえば，326あった鋤の種類は76に減り，バギー用車輪は232種から4種類に，タイプライターのリボンの色は150色から4色に，また自動車のタイヤのサイズは287種から3種に減少した。[30)]

このような意味での「標準化」を20年代にも引き続き押し進めようとし

たのが, フーヴァーによる無駄排除運動であった。「こういう上からの浪費節約, 標準化運動がどれほど直接の効果があったか疑わしいが, ともかく生産・製品の単純化, 規格化, 標準化, 無駄排除が時代の標語になり」, いちばん効果のあった標語は「製品の型, 大きさ, 品質や生産工程そのものの全国的統一をすすめるという面」であった。[31]

そして, この標準化運動としての産業無駄排除運動は, 『産業における無駄』報告書をみるかぎり, 一定程度標準化が達成された特定産業の大企業の問題は除外ないし脇に置き, というよりむしろこれらは標準化の後れた部門のモデルとして位置づけ, 「合理化」の後れた部門における無駄排除が強調されているように思われる。たとえば, 材料の無駄が指摘されている部分では, 製靴業が例に上がり, 口頭による伝達という19世紀末的状況が指摘されている。設計の標準化のところでは, 建設業と印刷業の遅れが指摘され, 生産管理の欠如は全産業に対して指摘されているものの, とくに仕立て工場の例が上げられている。研究面でも紳士服や製靴業の遅れが指摘されている。販売方針についても同様である。金属業でとくに指摘されているのは, 労働移動の異常な高さであり, 他の点ではあまり特別な指摘がない。むしろ逆に金属業に関するレポートでは, 「きわめてすぐれたシステムを利用し, 委員会が調査した事業体のうち, 最良の全体的成果が保証されているものがあ」る, と述べられている。[32] このように考えれば, たとえばフォード・システムは1920年代に押し進められた産業合理化運動の起点としてではなく, そのモデルであったと位置づけられるべきであろう。

要するに, 1920年代の産業合理化運動＝フーヴァーによる無駄排除運動は, 1910年代に現れた先進的合理化モデルを後れた領域に普及させるための運動と考えられよう。フーヴァーは, この後れた部門に対して, 政府と産業の協力によって「合理化」を押し進め, とくに不況期における「生産と雇用の落ち込み」を回避し, 需要の変動の激しい業種（たとえば, 炭鉱, 衣服, 建設業など）を安定化させることで経済の弱い環をなくし, 経済全体の安定化を図ったと考えられる。つまり, 総じて言えば, 経済全体の「組織

I 産業合理化運動の展開　173

化」の試みが，フーヴァーの意図した産業合理化であったといえよう。

注
1) 角野信夫『アメリカ企業・経営学説史』文眞堂，1987年，178頁。
2) 吉冨勝『アメリカの大恐慌』日本評論社，1965年，66-68頁。
3) R. Sobel, *The Age of Giant Corporations*, Greenwood Press, 1972, p.25. 吉冨，同上書，69-71頁。
4) M. G. Blackford & K. A. Kerr, *Business Enterprise in American History*, Houghton Mifflin, 1986.（川辺信雄監訳『アメリカ経営史』ミネルヴァ書房，1988年，290-293頁参照。）
5) Allan Nevins & F. E. Hill, *Ford : Expansion and Challenge 1915-1932*, Charles Scribner's Sons, 1957, pp.391-2. 塩見治人『現代大量生産体制』森山書店，1978年，294頁参照。
6) G. Fillipetti, *Industrial Management in Transition*, Richard D. Irwin, Inc. 1953, p.7. （小林康助監訳『経営管理論史』同文舘，1994年，9頁。）
7) *Ibid.*, p.144.（邦訳書，154頁。）
8) *Ibid.*, p.7.（邦訳書，9頁。）
9) *Ibid.*, pp.175-6.（邦訳書，187頁。）
10) R. H. Zieger, "Herbert Hoover, The Wage-earner, and the 'New Economic System', 1919-1929," *Business History Review*, 1977, Summer, Vol.51, No.2, p.170.
11) M. J. Nadworny, *Scientific Management and the Unions, 1900～1930*, Harvard University Press, 1955.（小林康助訳『新版科学的管理と労働組合』広文社，1977年，184・194頁参照。）
12) 以上，American Engineering Council, *Waste in Industry*, reprint of the 1sted., 1921, Hive Publishing Company, 1974, pp.v-vi 参照。
13) *Ibid.*, p.210-222.
14) 森杲『アメリカ資本主義史論』ミネルヴァ書房，1976年，270頁，鈴木圭介編『アメリカ経済史』東京大学出版会，1988年，437頁，参照。
15) *Waste in Industry*, p.ix.
16) R. H. Zieger, *op.cit.*, pp.162-3.
17) *Waste in Industry*, pp.3-7.
18) *Ibid.*, pp.8-10.
19) *Ibid.*, pp.10-23.
20) 金属業で調査された工場の規模は，従業員数が数十，数百から2万人近いものまで多様であるが，規模に関係なく大きな無駄の要素があるという。たとえば，2万人近い企業でも41％の無駄，6,000人の企業で42％の無駄が生じ，逆に200人の企業で6％という低い数字になることもある。(*Ibid.*, p.213.)
21) *Ibid.*, p.115.
22) *Ibid.*, p.220.
23) *Ibid.*, p.24.
24) R. H. Zieger, *op.cit.*, pp.169-170.
25) *Waste in Industry.*, pp.24-33.
26) F. W. Taylor, *Shop Management*, Harper & Brothers Publishers, 1911, pp.63-64.（上野陽

一訳・編『科学的管理法』産業能率短期大学出版部, 1973 年, 91 頁。)
27) F. W. Taylor, *The Principles of Scientific Management*, Harper & Brothers Publishers, 1923, pp.9-16.（上野陽一訳・編同上書, 227-232 頁。)
28) これは，フーヴァーの意図をかなり鮮明に反映したものである。すなわち，「1920 年代にハーバート・フーヴァー商務長官を主要なイデオローグとして，彼の政策指導の下に展開をみたアメリカの経済体制『合理化』の構想は，各産業部門のみならず利益集団や専門職集団の組織化，製品の規格化，あるいは画一的な様式による情報の収集と配布等を通して，企業活動の能率化と『公正な競争』の条件の確立を図ることを主眼とし，そのために行政機関が積極的な役割を演ずることを意図したものだった。」（新川健三郎「ハーバート・フーヴァーと労働問題」東京大学教養学部人文科学科紀要『歴史と文化』15, 1984 年, 53 頁。)
29) このような第三者的な技師の立場に注目した論文として，中川誠士「F. W. テイラーの両義性—『科学的管理』研究のための代替的戦略に関する若干の考察—」『福岡大学商学論叢』第 33 巻第 2 号, 1988 年 9 月がある。
30) R. Sobel, *op.cit.*, pp.19-20.
31) 森, 前掲書, 258 頁。
32) *Waste in Industry*, p.222.

II 人事管理の生成と発展

1910 年頃まで，作業現場で労働者を管理しながら実際の製造作業を管理していたのは現場の職長，あるいは内部請負制度が採用されているところでは内部請負人であった。したがって，労働者の雇用・監督・訓練・解雇に関する権限は現場職長に属していた。しかし，この「職長帝国」[1]の消滅にしたがい，工場管理はしだいに企業側による直接的管理に向かい，職長の管理権限は漸次的に縮小していった。たとえば，1910 年までにすでに工場内に購買部や製造部や技術部などと並んで「労務部」が設けられていた企業も存在した。ディーマー（H. Diemer）は 1910 年に，「近年，以前労務部（labor bureau）とか雇用部（employment department）と呼ばれていたものの全体管理の中でのより大きくより重要な要素への進展が見られ，今やより一般的に『労使関係』（Industrial Relations）とか『人事部』（Personnel Department）という名称で認識されてきた」と述べ，人事部の通常業務として雇用，教育，安全，医療，リクレーション，記録，機関誌，許可証，労使関係・賃金調整，労務政策といった業務を挙げている。[2] たとえば，レミン

トン・タイプライター社には工場に9つの職能部門があり，その中に「労務部」（Labor Drpartment）が存在し，労働者の雇用と労働者への福祉的サービス活動という2種類の任務を担っていた。（図4-2参照）ただ，1910年頃までは，一般的には労務部は雇用や福利厚生にその職務が限られ，職場は依然として職長によって統制されていた。つまり，職長は賃率設定，訓練，昇進，解雇に関する管理権限を有していたのであった。

　職場の人事権を職長から奪った基盤は，少なくとも理論的には「フォード・システム」であった。というのは，それまでの「成行き管理および課業管理は，いずれも，経営管理の生産管理的展開」であると同時に直接「労働問題ないし賃金問題をも解決しようと」しており，生産管理と人事・労務管理が未分化な状態にあったが，「フォード・システム」においては，もっぱら最低生産費の実現のみが目指されており，その意味で生産管理は固有の意味における生産管理に純化しており，「労働者の問題」がそこから切り離されたからである。[3] こうして，「ライン生産においてはじめて労務管理は生産管理から分化して固有の領域を形成し，工場管理機構の『二重体系化』を成立させることになる」。[4]

　実際フォード社においては，流れ作業方式の導入によって，職務や賃率の再編が必要となり，職長が掌握していた賃率設定，昇進，解雇権限をラインから独立した職能部門である「雇用部」に吸収した。フォード社における「人事部」の成立過程は以下のようである。

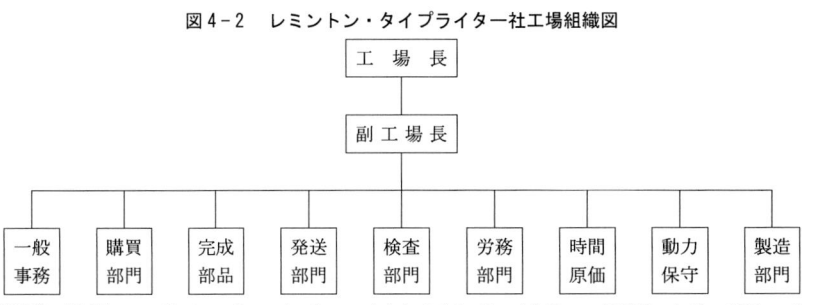

図4-2　レミントン・タイプライター社工場組織図

```
                     工 場 長
                        │
                     副 工 場 長
    ┌──────┬──────┬──────┬──────┬──────┬──────┬──────┬──────┐
  一般   購買   完成   発送   検査   労務   時間   動力   製造
  事務   部門   部品   部門   部門   部門   原価   保守   部門
```

（出所）　H. Diemer, *Factory Organization and Administration*, McGraw-Hill Book Co., 1921, p.41.

フォード自動車会社（Ford Motor Company）は1903年に資本金15万ドルで設立され，ピケット工場で操業を開始した。[5] 1903年の従業員数は125人であり，生産台数は1,700台，純利益（net income）は24万6,000ドルであった。設立当初副社長であったヘンリー・フォードは1906年社長に就任し，1908年にはT型を発表した。こうして，大衆向けの安価な車の量産への道が踏み出された。一般的に言って，当時の自動車は大衆の手の届かない，一部富裕階級の奢侈品であった。フォードは，この大衆向けの廉価版たるT型を低コストで大量生産すべく新工場の建設に乗り出したのである。こうしてでき上がったのが，ハイランド・パーク工場であった。この工場は，「アメリカ式生産方式の完全な実現」を意味すると同時に，それは「クラフト技能を超越し」，労働のありようを画期的に変革するものであった。[6]

「フォードの諸工場は，初期から1914年の組立ラインの完成まで，生産組織の慣習的なクラフト方式に依存して」おり，熟練工である「自治的クラフツマン」が職場を支配していた。すなわち，組立工，鋳物工，機械工等の熟練クラフツマンが生産をおこなう主体であった。[7] しかし，1905～12年の産業機械の進歩は「熟練の機械への移転」を押し進めていった。すなわち，「新型機械は単一部品のみを製造し，不熟練工による同一部品の大量生産を可能にし」，「最終的には，これらの新型専用機械は新しい世代の専門機械オペレーターの必要を生み出した」のであった。1914年にハイランド・パーク工場には1万5,000台以上の機械が所有されていた。こうした汎用機械から専用機械への進化に加えて，さらにジグや特殊なフィクスチュアの設計が機械への熟練の移転を促進した。[8]

機械の専用化，半自動化による「熟練の機械への移転」は，これまでの熟練労働者に代えて，新たに大量の半・不熟練労働者を需要した。このような労働力需要は，数万人の不熟練アメリカ人労働者と移民労働者をデトロイトに引きつけ，その安価な労働力需要を満たしていった。フォードの技術者と工具製作者たちは，これら大量の不熟練労働力の熟練度に合わせて，工作機

表4-1 フォード社における熟練度別労働者比率

	1910年	1913年	1917年
熟練労働者比率	31.8%	28%	21.6%
半熟練労働者比率	29.5	51	62.0
不熟練労働者比率	38.6	21	16.4

(出所) D. M. Gordon, R. Edwards and M. Reich, *Segmented Work, Divided Workers : The Historical Transformation of Labor in the United States*, Cambridge University Press, 1983, p.133. (河村哲二・伊藤誠訳『アメリカ資本主義と労働』東洋経済新報社, 1990年, 90頁。)

械とアタッチメントの設計や選択を行った。[9]

　この結果，フォード社における熟練度別の労働者の比率は以下のように変化していった。

　表4-1から明らかなように，年数が経つにつれ，熟練・不熟練労働者比率が減少する一方で，半熟練労働者の比率が大幅に増大している。このことは，労働者の熟練がクラフト的熟練から専用機械を運転するオペレーターの半熟練的作業に比重を移したことを意味している。

　このような機械化は，フォード工場で1913～14年にかけて行われた移動組立ラインの導入によって，その完成をみる。その導入はフライホイール・マグネットに始まり，1914年6月のシャーシー組立で完成された。シャーシーの組立は，まず18人の労働者が2つの組立ラインにシャーシーをセットし，不熟練組立工が43の作業を行ってT型車のシャーシーを組み立てるのであるが，労働者のところには機械式コンベヤーが部品やコンポーネントを運んだ。この移動組立ラインの導入により，142人の労働者が1日8時間働いて，平均600のシャーシーを組み立て，伝統的な組立ラインと比較して組立時間を6分の1にまで短縮したのであった。[10] これによって，「T型車の組立時間は，以前に要した時間の10分の1に引き下げられ，1925年までにはT型車の歴史の初期にまる1年かかって生産されていたのとほぼ同数の自動車をたった1日で生産する機構がつくりだされ」た。[11]

　しかし，この移動組立ラインの導入は生産現場の労働の性格を大きく変えた。すなわち，従来の作業は細分化され，「思考や判断を必要としない同一

作業の単純反復化」[12]が進められたのである。そして，このことはまた管理者側が，組立速度に関する統制権を獲得したことを意味していた。これは労働過程の管理において決定的に重要な変化である。また，賃金は奨励給（incentive pay）から時間給制へと変えられ，1日2.34ドルというその地方の標準賃率に凍結された。[13]

フォード社において，1913年に労務管理の改革が行われた背景には，いくつかの要因がある。

まず，押さえておかなければならないことは，フォード社における大量生産システムの確立は大量の半・不熟練労働者を需要し，その供給は大量の移民労働者によってなされたということである。具体的には，1914年にフォード社が雇用した労働者数は1万2,880人であったが，そのうち9,109人（約70％）はポーランド，ロシア，ルーマニア，イタリアなどの東南欧系の移民労働者であった。これらの人々は英語を話せず，工業労働の経験にも乏しく，「非アメリカ的生活スタイルや規範」を持ち，そのため「フォードの幹部や管理者や技師は移民の貧困で非能率的な作業習慣に大きな関心を示」すことになった。[14] そして，このことは，基本的に不熟練労働者である大量の移民労働者をどのようにしてこの大量生産システムに適応させるかという問題を引き起こした。この適応計画は「アメリカ化計画」（Americanization program）と呼ばれ，それを推進する手段として「日給5ドル制」（The Five Dollar Day）と「社会生活指導部」（Sociological Department）が設けられた。[15]

ハイランド・パーク工場ではもうひとつの重要な問題に直面していた。すなわち，ハイランド・パーク工場ではアブセンティズムや労働移動率が新しい生産方式の完成につれて上昇し，1913年には，1日の欠勤が全労働者の10％前後に達したということである。また，同年の労働移動率は370％という脅威的な数字に達し，会社は1万3,600人の労働者を維持するために，年間5万2,000人を超える労働者を雇用しなければならなかった。[16] この労働移動についてフォード社の幹部たちが1913年3月に調査したところ，その

月に 7,300 人の労働者が工場を去ったのであるが，その内会社が解雇した労働者は 1,276 人にすぎなかった。労働移動の 71％（5,156 人）を占めたのは，"five-day men" とか "floaters" と呼ばれた 5 日ないしそれ以上の欠勤によって勝手に会社を去っていった者たちであり，これがフォード社のみならず他のデトロイトの産業企業の重大問題であった。こうした気儘な退職が可能であったのは，当時のデトロイトの労働市場がきわめて流動的であり，朝ある会社をやめても午後には別の会社に勤めることができたという事情がある。独身のふらふらした者たちがこうした "five-day men" の大半を占めていた。[17]

雇用者にとって，労働移動は，たとえば雇用事務業務の増大，機械や工具の損失，生産効率の低下など，莫大な損失を意味し，ある試算によると 1913 年にフォード社は労働移動によって 182 万ドルの損失を被ったという。[18]

こうした高い労働移動の理由として，フィッシャー（Boyd Fisher）は，職長の宗教や国籍を理由にした解雇権の乱用，工場長や管理者の粗雑な生産計画，そして労働者の自己都合による退職を挙げている。労働者の自己都合による退職には，賃金制度の不平等，人種や宗教の違い，工場の作業条件（照明設備や換気やトイレ等）等が理由として挙げられているが，自動車産業においては，別の理由として，激しい労働の専門化の問題がある。すなわち，自動車産業の労働者の大半はメカニックスではなく，オペレーターであった。この日々単純作業を繰り返す職種に労働者が耐えきれず，一種の救いとして新しい仕事に移るという現象が多く見られた。また，伝統的なショップ・カルチャーにもとづく怠業や生産制限も根強く存在した。労働者は機械の生産性に関する自己の「不文律」を持ち，大量生産体制を発展させたフォード社でさえも，この「労働者の怠業と生産制限を排除できなかった」のである。[19] このような労働移動や生産制限という形での労働者の職場自治権をめぐる抵抗への対策として登場したのが，新たな労務管理であった。

労務管理改革の話に移る前に，もうひとつフォード社における労務管理改革の背景として押さえておかなければならないことがある。それは，組合運動の影響である。ヘンリー・フォードの組合に対する基本的なスタンスは，「オープン・ショップ」の立場であり，「完全な組織労働者の否認」であった。彼にとっては「いかなる組合形態も自分の機械化された工場の能率に対する大きな脅威」であった。すなわち，フォードにとって「労働組合は工場の操業を停止させるストライキを引き起こし，工場の操業を阻害する生産制限を唱導」する邪魔者であった。そして，当時彼が直面していた戦闘的な組合運動は3つあった。第1のものはIWWに主導される自動車労働者を「1つの大組合」に組織化しようとする運動であり，第2は，CWAWU (Carriage, Wagon, and Automobile Workers' Union) の自動車労働者を産業別組合に組織化しようとする動きであり，第3のものはAFLの熟練金属工 (skilled metal trades) の自動車労働者を巻きこもうとする動きであった。[20]

IWWは，1913年2月に，自動車関連産業の不熟練労働者の組織化に乗り出し，オハイオ州アクロンでゴム工場の大衆的な同盟罷業運動を開始した。1万5,000～2万人に及ぶ労働者を包含したストライキがファイアストン，グッドイヤー，グッドリッチなどの諸工場で展開された。ファイアストン社はフォード社にタイヤを供給していた会社であった。このストライキが挫折に終わった後，IWWはその矛先をデトロイトの自動車工場に向けていった。デトロイトでは，IWWのキャンペーンはフォード社のハイランド・パーク工場の門前で開始された。1913年4月末，IWWのオルグたちはフォード工場の門前で"free-speech" driveを指導し，大規模な街頭集会を組織したが，フォード社が労働者の社外での昼食を禁止したことで，IWWは今度はその矛先を他の自動車工場，とくにステュードベーカー (Studebaker) 社の工場に転じた。同年6月には約6,000人の労働者がステュードベーカーと他の工場でストライキを打った。結局，このストライキは失敗に終わったが，こうした一連の動きはデトロイトでの社会的緊張を高

めるという影響を及ぼしたのであった。すなわち,「フォード社のような会社にとって，IWW は最大の恐怖を引き起こした。というのは，それは資本主義への戦闘的・修辞学的攻撃を行い，アメリカの工場や職場における『サボタージュ』政策を信奉したからである」。このサボタージュには多様な意味があるが，IWW のその概念は「科学的管理への攻撃」を意味し，IWW は怠業と生産制限の政策を採った。しかし，これは経営者にとっては自分たちが望む高い生産性への脅威であった。[21]

IWW と並んで，自動車労働者に影響を及ぼしたのは，AFL（アメリカ労働総同盟）のクラフト・ユニオンであった CWAWU であった。これは，1910 年から 2 年間にわたって小規模な工場で一連のストを指導し，1912 年にはフォード社に製品を供給していた American Top and Trim Company でもストライキを行った。その結果，デトロイトには 1913 年時点で，1,600 人の組合員がいたという。1913 年夏には，IWW のストにも参加し，AFL のデトロイト支部を通じて IWW に大衆集会とストの指導を要請した。1913 年 11 月には，AFL のさまざまなクラフト・ユニオンは，AFL の大会に自動車産業のさまざまな職業の自治の確認を要請し，大会はこれに同意した。この結果，Metal Trades Department は鍛冶工，機械工，金属研磨工，鋳鉄工，塗装工等々の助勢を得た。Metal Trades Department はフォード社の日給 5 ドル制と自動車産業の貧弱な労働条件を非難した。1913 年には，フォード社の幹部たちは深刻な労働問題（労働規律を含む）に直面した。移民労働者たちは都会の産業生活に馴染めず，逆にアメリカ人労働者たちは馴染みすぎて規律を失っていた。[22]

当時デトロイトは「オープン・ショップ」都市として有名であり，1930 年代まで活発な労働組合運動はなかったといわれている。[23] しかし，だからといってフォード社が労働者を組織化しようとする組合の脅威に対して全く無策であったとは考えにくい。

上述した大量生産システムの確立とこれにともなって生じた移民労働者の適応問題，労働移動問題，さらには組合問題に直面したフォード社は，従来

の職長を中心とした伝統的な労務管理を見直し，これを再編成する必要に直面した。この伝統的な労務管理の方法を改革し，近代化を推進した主役が，フォード社が1911年に買収したJohn R. Kiem Millsの総工場長であったリー（J. R. Lee）であった。リーは1912年以後，雇用事務所を指導することになったが，そこでの主な役割は職長が雇った労働者の記録を保持することであった。1913年，リーは労働移動問題の調査を行い，労働者の不満が長時間労働，低賃金，劣悪な住宅事情，不衛生，そしてとりわけ職長や工場長の労働者に対する粗野な取り扱いにあることをつきとめた。そして，1913年10月12日，「広範で大規模な新労務計画」が制度化されたのであるが，これは以下の3つの要素からなっている。

① 賃金の15％アップ
② 新しい「熟練度別賃金分類制度」
③ 従業員向け貯蓄・貸付団体の創設

メイヤー（S. Meyer）によれば，①②③から職長の労働力管理の役割が低下し，②③から集権的雇用部（centralized employment department）の方向に動いていったという。この雇用部は，単に申込書の作成のみを扱う雇用事務所（employment office）とは大きくその性格を異にし，労働関係全般を扱うものであった。[24]

ところで，上記の3要素のうち，とりわけ注目されるのは②である。というのは，このことは新しい労働力の職務構造への転換を意味しているからである。すなわち，大量生産方式はフォードの労働力の伝統的な職務構造を変え，伝統的なメカニック，レイバラー，スペシャリストといったカテゴリーはハイランド・パーク工場の『ルーティン化された』スペシャリストの膨大な数に適合しなかった。そのため，会社はその労働力の組織とカテゴリー化のための新しい方式と標準を必要とした。そこで，熟練度別グループに再組織され，職務ヒエラルキーが形成されたのである。

この改革の前にはフォードの諸工場には69の異なった賃率があったが，これが廃止され，表4-2のごとく，労働者はメカニック以下6つの等級に

表4-2　フォード社熟練度別賃金分類制度

熟練度	時間賃率	労働者数	等　　級
A-1	.51	2	メカニックと職長補佐
A-2	.48	45	
A-3	.43	273	
B-サービス	.43	51	熟練オペレーター
B-1	.48	606	
B-2	.34	1,457	
B-3	.30	1,317	
C-サービス	.38	19	オペレーター
C-1	.34	348	
C-2	.30	2,071	
C-3	.26	4,311	
D-1	.34	31	助手
D-2	.30	137	
D-3	.26	416	
E	.26	2,003	レイバラー
特殊	.23	208	婦人とメッセンジャー

（出所）　S. Meyer, *The Five Dollar Day*, State Univ. of New York Press, 1981, p.103.

区分され，各グループ内がさらに細分化された。レベル1は一流労働者，レベル2は平均的労働者，レベル3は初心者を意味している。熟練度は2つのサービス賃率を加えて全部で16となり，8つの賃率に縮小されたわけである。しかも重要なことは，能率を上げれば自動的に賃金がアップし，また熟練がアップすれば，すぐ上の熟練等級に上昇することである。その意味で，「この精巧なシステムは，機械化された工場での生産能率に求められる自己規律を労働者に内在化した」。[25]

そして，「この新しい労務計画のもとで，雇用部は労務問題に関する最終権威としての職長に代って，フォード労働者の管理において，より大きくより卓越した役割を引き受けることになった」。リーは雇用部長となり，雇用部は「しだいに伝統的職長の諸職能を獲得し，集中化した」。その結果，「職長は自らの労働者の雇用・解雇権を拒否され，今や指示された生産性水準を達成するために職場で労働者をアシストし，共に働かねばならな」くなったが，自己の部門から労働者を追い出す権限は保持した。雇用部は労働者の働きぐあいをチェックし，不能率な労働者は解雇の脅威，あるいは事実として

の解雇に直面した。[26)]

　以前は，あらゆる部門の職長は雇用部に労働者の増員を直接要求できたが，このやり方は変更され，部門職長（department foreman）はまず機械工場長（machine-shop foreman）に要求し，その要求を機械工場長が雇用部に通知するというやり方に変わった。これによって，増員要求の責任は職長から工場長に移されたのである。[27)]

　1914年3月9日の機械工場の管理組織は以下のようであった。まずトップには機械工場長（machine-shop superintendents）がおり，その下に11人の部門職長，62人の現場職長（job foreman），84人の職長補佐（assistant foreman），98人の作業長（sub-foreman）がおり，合計255人の管理職が一般労働者を管理した。そして，その全管理職が労働者を意のままに解雇する権限をもっていた。副職長は「ストロー・ボス」（straw boss）と呼ばれたが，かれは自分の部下を「個人的な感情」で解雇することによって，自分のわずかの出世を強調する傾向があったという。このようなストロー・ボスの自由裁量による解雇は夥しい数に上り，1万5,000人の労働力を維持するのに，1日500人の新人を雇い入れねばならないという状況をもたらしていた。[28)]

　このような状況は大変費用のかかることであり，会社は解雇された労働者に公正な裁決を申し立てる権利を与えることにした。この改革は功を奏し，職長の雇用部への労働力の要請は急減した。すなわち，それまで雇用部の最高雇用記録は526人であったが，この数字は一挙に200人に下がった。[29)] こうして，ストロー・ボスは妥当な理由なしに労働者を解雇することはできなくなったのである。すなわち，現場管理職の解雇に関する自由裁量の余地が大幅に制限されたわけである。

　フォード社には2種類の賃金支払いがあった。1つは管理棟での賃金支払いであり，もう1つは工場でのそれである。工場での賃金支払いは，工場のタイム・カード（time-clock ticket records）にもとづいて，工場の作業時間事務所（factory time office）で決定された。一方，管理者への賃金

支払いは管理棟タイム・カードにもとづいて，管理棟賃金主任（pay master）によって決定された。[30]

雇用者の記録は雇用部でファイルされ，保管されていたが，当時のフォード社では実に数多くの書式が利用されていた。応募者が最初に書かされる雇用記録書に始まって，タイム・カード（clock card），IDカード（identification ticket），従業員記録書（record of employee），前払い推薦書（recommendation for advance），異動報告書（transfer report），解雇通知（discharge），部門解雇通知（report of departmental discharge——これは職長による解雇に異議申立てをする労働者の権利が正式に始まったときに必要になったものであり，労働者は解雇に抗議でき，フォード社の別の部門で仕事をみつけることができる），などである。[31]

フォード社は前述したごとく，「組合結成運動と労働者の工場離脱という二重の脅威」[32]に対抗するために，続いて「偉大な福祉資本主義（welfare capitalism）の実験」を開始した。[33] その第1のものが，1914年1月12日より実施された日給5ドル制という当時としては驚くべき高い賃金支給であった。取締役会はその実行のために，リーを選出した。また，会社は労働時間を9時間から8時間に短縮し，9時間2交替制のシフトから8時間3交替制に変え，4,000人の従業員を追加した。[34]

しかし，これは実際にはすべての労働者に等しく日給5ドルを保障するものではなかった。すなわち，最低保障日給はその55％（2.75ドル）だけで，残りの45％（2.25ドル）〔不熟練労働者は日給2.34ドルで利潤部分2.66ドル〕[35]は勤務態度と生活態度の観察にもとづく会社査定による格付けによって支給される利益分配金であった。[36]

フォード社自体，「日給5ドル制を利潤分配制として明白に定義し，賃金の増大とは位置づけなかった」のであり，「同社は『熟練度別賃金分類』制度によって決定される現行賃率を追加的な利潤分配賃率で補完した」にすぎない。したがって，フォード社の日給5ドル制の本質は，単に労働者を引きつけるための賃上げではなく，「フォード労働者の生活と行動を改め，統制

するための利潤の使用であった」。[37]

　この新しい日給5ドル制を管理するためにリーによって設立されたのが，社会生活指導部であった。このネーミングはロックフェラーの Colorado Fuel and Iron Corp. の福利厚生制度に由来しているとみられている。[38]

　社会生活指導部は労働者の家庭生活にまで踏み込んで，労働者とその家族の生活をフォード独自の「アメリカ的」生活標準に持ち上げようとした。いわゆる「アメリカナイゼーション」である。労働者が満たすべき条件とは「倹約，正直，禁酒，よりよい住宅，全般的によりよい生活」であり，これらが満たされた時，労働者は5ドルを受け取ることができた。[39]

　しかし，これは単なる慈善ではなかった。社会生活指導部の調査員は月に200ドル以下しか稼げない全従業員，すなわち工場労働者から事務員，職長，セールスマンまでの国籍，宗教，銀行預金，資産の有無，趣味，住宅地域，既婚か未婚かといった項目を調査した。[40] そして，能率の上がらない労働者は解雇していった。結局，「日給5ドル制の高収入は，フォード労働者を機械化された工場生産の能率にマッチさせるための『アメ』で」り，労働者階級の生活と文化の不能率な側面を変えるための金銭的刺激であった。そして，社会生活指導部は「新しい産業技術のための新しい労働者の形成を目的」としたものであった。[41]

　社会生活指導部は1915年末に，マーキス（S.S.Marquis）によって引き継がれ，教育部（Educational Department）に名称が変更された。[42]

　1914年フォードは，さらに「移民労働者のアメリカ化とフォード工場や都市・産業社会への適応」のために英語学校を設置した。ここでは工場生活から家庭生活までの一切が対象とされ，食事のマナーまで教えこまれた。[43] 同社は，「移民労働者に6～8カ月間授業に出席することを要求し，これを拒否したり，語学の勉強を真面目にしようとしなかったものは解雇した」。[44] そして，このアメリカニズムは第一次大戦の終わりには，社会主義や労働組合主義に反抗するものとなった。英語学校は「移民労働者にとって機械化された工場の体制と規律への適応のための重要な手段であった」。1915～20年

II 人事管理の生成と発展　187

までに，約1万6,000人の労働者がフォード英語学校を卒業し，英語の話せない労働者は1914年の35.5％から1917年の11.7％に減少したという。[45]

また，1916年10月には，ヘンリー・フォード職業学校（The Henry Ford Trade School）が開校され，孤児や未亡人の子供たちを受け入れた。ここでの授業科目は，英語，数学，物理学，化学，冶金および金属組織学であり，こうした教室での授業と並行して，工場での実習が行われた。子供たちには，週に7ドル20セントから18ドルまでの奨学金が支給された。子供たちは18才で卒業するが，大半はさらに上の学校に進む。それが技能養成学校（apprentice school）である。この学校を設立した目的は専門の工具製作者の養成であり，技術的に優秀な工具製作者を養成するために，18～30才までのフォード社の従業員が訓練される。訓練期間は3年間であり，その間かれらは平均6ドルから7ドル60セントの賃金を受け取っていた。さらに，サーヴィス・スクール（Service School）と名付けられた学校があり，生産方式のアイディアの普及，外国生まれの学生を海外支店で働かせる準備を目的とした。この課程は2年間で，学生には6ドルが支給された。学生の大部分は大学卒業者であった。[46]

以上のように，フォード社では労働者の定着を図るために人事部門が設置され，人事管理者への権限の移行がおこなわれた。しかし一般的には，福利厚生職員の地位は1915年の時点でもいまだ不安定であった。すなわち，2，3の例外はあったが，大部分は人事管理者にまで至らず，「賃金，時間，求人，規律の問題や直接生産に影響を及ぼすその他の人事問題，あるいは労働問題について，ただ時折相談をうける社会事業家の地位にとどまっていた」。しかし，かれらは「職長の人事の機能に対する直接的脅威とな」り，「徐々に労働者の採用，訓練，規律といった方面に自分たちの活動を拡大していった」のである。[47]

そして，その転機となったのが第一次大戦であった。1915～20年間の戦争景気はアメリカ産業に大きな変化をもたらし，製造業労働者数は1914年

の 650 万人から 1919 年の 840 万人に増加し，工場規模は 2～3 倍になった。しかし，戦争の勃発はヨーロッパからの移民の流入を停止させ，深刻な労働力不足を引き起こし，それはとくに製鋼，自動車，精肉業の工場で深刻であった。そのため身障者や不適格者が雇用されたし，婦人労働者の雇用も増大し，その結果「大抵の金属関係の工場では，婦人労働者を導入するのと時を同じくして，福利厚生活動が導入され」たのである。さらに，移民が戦前に占めていた不熟練労働者の職位をうめるため，南部から黒人が調達された結果，デトロイト，シカゴ，フィラデルフィアなどの多くの都市で，黒人人口は急速に増大した。[48] こうして，苦労して調達した労働力を訓練し，「労働移動の誘惑に乗らないようにするために，独自の職能として人事管理のより広い認識が生じた」。[49] したがって，「人事管理はなによりも，第一次世界大戦における未曾有の労働力不足と労働移動をその直接的契機として生成してきた」といえる。[50] なお，言うまでもないことだが，労働力不足のもう 1 つの大きな要因は，第一次大戦によって，「アメリカの成年男子労働者が約 500 万人軍に動員された」ことである。[51]

こうした状況を背景に，戦時中に新しい人事管理技術が現れた。1 つは心理テストであり，これはスコット（Walter Dill Scott）によって開発されたもので，1917～18 年にかけて陸軍のために広範なテスト計画が実施され，300 万を越える人達がテストされた。そして，その実績によって，スコットは戦後コンサルタント業に乗り出し，多数の団体の相談を受けることになった。もう 1 つの技術は「職務分析」であり，これによって職務と賃率の標準化と分類が行われるようになったが，これは，雇用管理者が職長から労働者の調達係としての役割を取り上げることによって注目されるようになり，戦後大企業における人事慣行の標準的特徴となった。第 3 の顕著な革新は，「職長訓練制度」の開発であり，「1920 年代までには，職長訓練は，進歩的な人事計画にはつきものの特徴となった」。[52]

戦時中，労働移動問題解決のための方策として重視されたのは，福利厚生制度であった。1916～17 年にかけての労働統計局の調査によれば，診療施

設や簡易食堂，貯蓄制度，図書館，社交クラブ，「家族のための事業」についての関心が増大したが，工場では「新しい」福利厚生制度は導入されなかった。福利厚生活動を助長し，推進していった組織は「雇用部」ないし「人事部」であった。この組織の前身は福利厚生部であったり，雇用事務室であった。雇用部や人事部は従業員の選抜，訓練，解雇にたずさわり，その指導者は生産管理者，牧師，弁護士，教師，医者などであった。つまり，以前の福利厚生職員が雇用管理者に昇格したわけである。1917～18年には，雇用管理者訓練制度が導入され，労働移動や労働不安の減少のために，政府機関が雇用管理者の必要性を力説したし，1918年には全国雇用管理者協会も設立された。このようにして，1920年までに雇用管理者の資格は公的に規定され，社会的に認知された。「雇用管理者は，職長が以前から行使してきた権限の多くを引き継いだ」のであり，その結果新規従業員の選抜，訓練，解雇権をもつことになったが，賃率を実際に決定することはなかった。[53]

この1910年代後半の「人事部」の設置の意味するところは，結局大半の職長権限を集権的な管理機構に吸収することであり，「人事部」は福利厚生事業と職長の管理業務を併せて担当することになった。これはまさに，人事・労務管理の制度化といえるものであった。

しかし，このような人事部への職長権限の吸収は，時間の経過とともに直線的に進行したわけではなかった。むしろ1920年代には，専門職業的な人事管理者が後退し，「職長帝国」への逆行現象もみられたのであった。[54]「解雇は未だ大半の会社では，人事管理者の承認が必要な場合もあったが，職長の排他的特権で」あったし，[55] 人事管理の責任者はライン管理者（職長や部門長）であり，人事部の仕事はあくまでスタッフ的であった。[56] したがって，「人事管理の仕事の日常的なものは，…選択と配置，個人記録の保存，医療サービス，移動の監督で」あった。[57] こうした旧秩序への逆戻り現象の背景として，20年代に製造業の労働市場がそれまでの売手市場から買手市場に変わったことが挙げられる。これによって，1924年以後労働移動性が

著しく低下した。そのため，人事部強化の必要性が弱められ，人事管理の保守化が進行したのである。[58] それは，専門職業的な人事管理者の後退と職長への権力返還を意味したが，このような考え方はアメリカの指導的会社 10 社（ニュージャージー・スタンダード，ベスレヘム・スチール，デュポン，ゼネラル・エレクトリック，ゼネラル・モーターズ，グッドイヤー，インターナショナル・ハーヴェスター，アーウィング・ナショナル・バンク，US ラバー，ウェスチングハウス）の経営者が労働関係と人事管理の政策を調整するために，1919 年に設置した特別協議委員会（SCC）によって唱えられた。SCC は「人事管理の専門職業的集権モデルを受け入れ」ず，職長への権力の返還を主張した。そして，新しく結成されたアメリカ経営者協会（AMA）は，SCC の「保守主義的分権的モデルの指導的提唱者」となり，「ライン組織が人事業務を直接に最初から取り扱」うべきである，と 1923 年の第 1 回会合で宣言した。[59] 職長への権限返還を押し進めた多くの会社では，人事部は年金や有給休暇や団体保険等の福利厚生給付と従業員代表制を管理する以上のことはしなかった。しかし，それでも AMA＝SCC グループの会社は進歩的少数派であり，それ以外は人事部も人事プログラムも不在であった，という。[60] したがって，全体的にみれば，20 年代には「人事部の重要性は減退した」といえる。[61]

この当時，心理テストは生命保険セールスマン，デパート従業員，路面電車やタクシー会社従業員の選択に適用されたが，職務明細書は一般的でなく，訓練については，専門の監督を生産部門におくのが一般的であった。[62] さらに，20 年代には，疲労や単調感が事故や傷害の元となり，安全性への関心が高まった結果，安全対策が重視され，雇用調整，事故防止，団体保険，年金，貯蓄計画，株式購入計画が導入されたし，福利厚生事業として，ピクニックやダンスや体育チームが結成された。[63]

ところで，1920 年代は「組織労働者にとっては，歴史上最も低迷した 10 年であった」といわれ，実際労働組合員数は急減したが，その理由としてオープン・ショップ制による会社側の労働者の脅迫や福祉資本主義，つまり

団体生命保険や老齢年金,住宅補助や労使関係の専門家による苦情処理,そして従業員代表制の導入などが挙げられる。[64]

また,1920年代の労使関係を特徴づけたものの一つに「会社組合」(company union)がある。会社組合とは,熟練労働者を中心とした職種別組合と異なる1つの工場の労働者全員を包含する組織で,「工場委員会」とか「従業員代表制」といわれるものの別称である。会社組合の出現が20世紀の転換期にまで遅れたのは,職長に人事問題の権限を委任するという慣行のためであった。会社組合の起源ははっきりしないが,1908年には最初の重要な組織である「フィレーン協同組合」(Filene Cooperative Association)が現れ,1904年にはナースト・ランプ工場(Nerst Lamp Works)で「工場委員会」(factory committee)がつくられ,1913～14年にはコロラド・フューエル・アンド・アイアン社(Colorado Fuel and Iron Company)で従業員代表の選出やこの代表者と経営幹部との会合,苦情,安全,レクリエーションおよび衛生に関する合同委員会を規定した「ロックフェラー制度」(Rockfeller Plan)が導入された。[65] 第一次世界大戦時,「全国戦時労働委員会,その他の政府団体の要求は,何百という経営者が工場委員会をつくらざるをえないようにしむけた」し,製造業者は労働者間の集団活動の重要性を学んだ。その結果,戦後「工場委員会」数は1918年の225から1922年の725に増大したが,その大部分は「ロックフェラー制度」を模したものであったという。1922年に発表された全国産業協議委員会(National Industrial Conference Board)の報告書によれば,会社組合が人気を博した理由は,当初の目的であった苦情の処理やストライキ回避の安全弁という役割を「第2の目的」にして,「産業の経済的で能率的な運営」と従業員の協力をうることを「主要な目的」にしたことであった,という。[66]

注
1) D. Nelson, *Managers and Workers : Origins of the New Factory System in the United States, 1880-1920*, The University of Wisconsin Press, 1975, 1980ed., p.34.(小林康助・塩見治人監訳『20世紀新工場制度の成立』広文社,1978年,65頁。)
2) H. Diemer, *Factory Organization and Administration*, McGraw-Hill Book Co., 1910,

1921, p.109.
3) 藻利重隆『経営管理総論』第2新訂版, 千倉書房, 1978年, 15-6頁。
4) 塩見治人『現代大量生産体制論』森山書店, 1978年, 264頁。
5) 下川浩一『世界企業6 フォード』東洋経済新報社, 1972年, 341頁。
6) S. Meyer, *The Five Dollar Day : Labor, Management, and Social Control in the Ford Motor Company*, State Univ. of New York Press, 1981, pp.2-3.
7) *Ibid.*, pp.12-5.
8) *Ibid.*, pp.23-5.
9) *Ibid.*, p.26.
10) *Ibid.*, pp.32-5.
11) H. Braverman, *Labor and Monopoly Capital*, Monthly Review Press, 1974, p.147.（富沢賢治訳『労働と独占資本』岩波書店, 1978年, 165-166頁。）
12) S. Meyer, *op.cit.*, p.38.
13) H. Braverman, *op.cit.*, p.148.（邦訳, 166頁。）
14) S. Meyer, "Adapting the Immigrant to the line : Americanization in the Ford Factory, 1914-1921," *Journal of Social History*, 1980, Vol.14, No.1, p.69.
15) *Ibid.*, p.67. 塩見治人『現代大量生産体制論』, 274頁。
16) *Ibid.*, p.69.
17) S. Meyer, *The Five Dollar Day*, pp.83-4. 伊藤健市氏も「フォード社の労働移動は, 職長による解雇権の乱用に加えて, 自己都合退職に示される移民労働者を中心とした労働者の個人的・間接的な反抗の一形態として理解すべきであろう。」と指摘されている。（『アメリカ企業福祉論』ミネルヴァ書房, 1990年, 232頁。）
18) S. Meyer, *The Five Dollar Day*, p.84.
19) *Ibid.*, pp.84-9.
20) *Ibid.*, pp.89-90.
21) *Ibid.*, pp.91-2.
22) *Ibid.*, pp.92-3.
23) 伊藤健市, 前掲書, 234頁。
24) S. Meyer, *The Five Dollar Day*, pp.100-2.
25) *Ibid.*, p.102.
26) *Ibid.*, pp.105-6.
27) H. L. Arnold, "Ford Methods and the Ford Shops, II," *The Engineering Magazine*, April, 1914, p.190.
28) *Ibid.*, pp.190-1.
29) *Ibid.*, p.191.
30) *Ibid.*, p.191.
31) *Ibid.*, pp.192-201.
32) H. Braverman, *op.cit.*, p.149.（邦訳, 168頁。）
33) S. Meyer, "Adapting the Immigrant to the Line," p.67.
34) S. Meyer, *The Five Dollar Day*, p.109.
35) *Ibid.*, p.111.
36) 下川浩一, 前掲書, 192頁。下川氏はこの点を捉えて,「あくまでそれは産業における労資の

II 人事管理の生成と発展　193

対等な関係の認識を前提としたものでなく，開明的な企業主による家父長的恩恵的なものであった。」としている。メイヤーも「フォードの利潤分配制度は根本的に恩情主義的であった」と述べている。(S. Meyer, "Adapting the Immigrant to the Line, p.70.)

37) S. Meyer, *The Five Dollar Day*, p.111.
38) *Ibid.*, p.114. Colorado Fuel and Iron Corp. では 1901 年に Sociological Department というスタッフ部門が組織された。それは同社が，27 カ国語を話す 32 の人種の労働者を雇用していたこと，かれらが 1,000 マイル以上も離れた地域に分散した鉱山にいたこと，労働者の多くが新移民と呼ばれる東南欧系の移民であったこと，衛生上の法律に対する無知に対処する必要があったことなどから設置されたといわれている。(伊藤健市，前掲書，177 頁。)
39) S. Meyer, "Adapting the Immigrant to the Line," p.70.
40) S. Meyer, *The Five Dollar Day*, p.116.
41) *Ibid.*, p.119, p.121.
42) *Ibid.*, p.114.
43) S. Meyer, "Adapting the Immigrant to the Line," p.74.
44) Daniel Nelson, *Managers and Workers*, p.144.（邦訳書，284 頁。）
45) S. Meyer, "Adapting the Immigrant to the Line," pp.74-7.
46) Henry Ford, *Today and Tomorrow*, William Heinemann, Ltd., London, 1926, pp.179-185.（稲葉襄訳『フォード経営』東洋経済新報社，1969 年，219-25 頁。）
47) D. Nelson, *Managers and Workers*, p.119.（邦訳書，230-2 頁。）
48) *Ibid.*, pp.140-6．（邦訳書，277-287 頁。）
49) *Recent Economic Changes*, p.517.
50) 小林康助「人事管理の先駆的形態」同編著『アメリカ企業管理史』第 7 章，ミネルヴァ書房，1985 年，173 頁。
51) 同上書，175 頁。Anthony Bimba, *The History of the American Working Class*, New York, International Publishers, 1927, p.265.
52) D. Nelson, Managers and Workers, pp.151-2.（邦訳書，294-6 頁。）
53) D. Nelson, Managers and Workers, pp.152-6.（邦訳書，296-301 頁。）
54) ジャコービイは，「不況を生き抜いた人事部は，職長に権力を返還する人事管理の保守主義モデルを採用していた」，と述べている。(S. M. Jacoby, *Employing Bureaucracy*, Columbia University Press, 1985, p.178.（荒又重雄他訳『雇用官僚制』北海道大学図書刊行会，1989 年，217 頁。）
55) *Recent Economic Changes*, p.522.
56) 「今日の人事管理は，健全な関係に対するライン管理者（職長や部門長）の責任を強調する傾向にあるが，結果を分析・批判したり，それをさらに前進させる手段を工夫したり設置する仕事を人事スタッフにまかせる傾向がある。」(*Ibid.*, p.518)。
57) *Ibid.*, pp.518-9.
58) S. M. Jacoby, *op.cit.*, pp.171-8.（邦訳書，209-217 頁。）
59) *Ibid.*, pp.180-5.（邦訳書，219-224 頁。）
60) *Ibid.*, pp.185-6, 189.（邦訳書，225・228 頁。）
61) *Ibid.*, p.194.（邦訳書，233 頁。）
62) *Recent Economic Changes*, pp.519-20.
63) *Ibid.*, pp.524-9.

64) R. S. Tedlow, *Keeping the Corporate Image*, JAI Press Inc., 1979, pp.26-7.（三浦恵次監訳『アメリカ企業イメージ』雄松堂出版，1989年，34-5頁。）NICBの調査によれば，「新福利厚生事業」を持っていた大企業の割合は，利潤分配制が5％，従業員持株制が17％，健康・傷害保険が15％，団体年金プランが2％，共済組合が30％，有給休暇が25％，であった。(S. M. Jacoby, *op.cit.*, p.199.（邦訳書，239頁。))
65) D. Nelson, *Managers and Workers*, p.156-8.（邦訳書，302-4頁。）
66) *Ibid.*, p.160-2.（邦訳書，308-310頁。）

Ⅲ　マーケティングの進展

　ポーター（G. Porter）とリブセイ（H. C. Livesay）によれば，アメリカにおけるマーケティング革命（つまり旧来の中間商人に依存したマーケティングから「製造業者支配型マーチャンダイジング・チャネル」への移行）は1890年代の中頃から第一次大戦の間に生じたという。[1]

　19世紀後半には，人口の都市への集中化，鉄道網の整備・拡充，大企業の登場などにより，小規模な地方的分散市場から大規模な集中的市場へと市場が拡大・発展した。ポーターとリブセイは，総需要の増加に伴う需要の一定地域への集中が製造という単一職能のみに従事するメーカーの前方統合を促進したという。そして，この需要の集中化に貢献したのが，顧客としての大企業の登場である。たとえば鉄鋼業においては，「鉄鋼最終製品産業におけるより大規模な企業の成長の結果，鉄鋼1次製品の生産者の潜在的顧客のなかで，大企業がいっそう増え」，大量の安定した注文が，合併ないし買収によって巨大化した生産者側にもたらされた。こうして少数の大規模工場への生産の集中と同時に少数の大企業への需要の集中が出会った時，そしてこれによって「旧い販売網が，新しい生産者直営システムよりもコストがかかることが明白になった時にのみ，製造業者はみずからの販売網を創設しようとした」，というのである。[2]

　鉄鋼業においては，「90年代に全国の主要都市に生産者直営販売営業所網がみられた」，という。その理由としては，1890年代の不況によって流通面の能率化が痛感されたことが挙げられていれるが，いずれにしても今世紀初

頭までに「製造会社による卸売業の担当という現行パターン」が定着した。そして，この「新たな販売パターン展開のパイオニア」がカーネギー・スティール社であった。同社は80年代に，鉄鋼問屋依存型の販売からその地域でのカーネギー製鉄鋼の専売権を持つ代理商を利用しはじめ，こうした代理商はしだいにカーネギー・スティール社の販売営業所になっていった。19世紀末までに，カーネギー・スティール社の販売営業所はボストン，ニューヨーク，フィラデルフィア，シカゴ，モントリオール，ピッツバーク，シンシナティ，クリーブランド，ニューオーリンズ，デトロイト，デンバーなどの主要都市につくられ，広範な地域に及んでいた。また，カーネギー・スティール社は販売代理商に対して全般的状況を書いた週報を送付し，「統括販売代理商」を設置して販売促進を行わせ，部長会に出席させて同社の販売量と売上構成について報告させた。[3]

このような鉄鋼業でみられた自社販売組織によるマーケティングは，生産財を供給する他の多くの産業（たとえば，銅，ニッケル，鉛，アルミなどの非鉄金属のメーカーや火薬，工業用化学品製造業など）においてもみられた。つまり，生産財の製造業者の顧客は製造業者の拡大につれて大規模化し，集中的市場を形成し，これを基盤として製造業者による卸売機能の担当がはじまったのである。[4]

生産財産業のみならず，消費財産業でもこのような動きがみられた。ただ，消費財産業における集中需要は生産財産業と異なり，19世紀末の大都市への人口集中（人口2万5千人を超える都市の数は1870年の52から1900年の160へと増加した）による「密集した市場」として生じた。この「都市の集中需要」が「若干の巨大企業に自社卸売組織を創設させ」，これが都市の顧客に多様な商品を供給したのである。ポーターとリブセイは，企業が中間商人の排除に乗りだすのは，特定の都市における売上高が十分に大きく成長したばあいのみであるとし，「特殊のマーケティング問題を持たない産業では，集中需要は一般に，近代株式会社の登場と寡占の出現の結果であった」，とまとめている。[5] つまり，人口の都市への集中と同時に，「近代

株式会社」という名の支配的巨大企業の登場が全国の都市に向けた卸売業務を自ら担わせたのである。

　要するに，生産財・消費財産業のいずれにおいても，前者の場合は需要・供給両側面において，後者の場合には供給者の側において，市場を支配可能な巨大企業の登場が製造企業の自家販売組織の形成を促す要因である。大企業が垂直統合に乗り出したのは 19 世紀末から 20 世紀初めにかけての第 1 次企業合同運動の時期であった。合併運動は，「多数の産業で売手と買手の数を大幅に減少させ，…精巧な中間商人網に対する必要性を低下させ」，「(都市や少数の大規模顧客間への) 売上高の集中は，製造業者が自社販売網を設立することをあきらかに有利なものとさせた」。そして，「流通におけるこのような変化は一般に，大企業と寡占が存在する産業」，たとえば鉄鋼，石油，ゴム，非鉄金属，タバコ，電気機械，日限的消費財などでみられ，寡占が出現していない産業，たとえば食品，金物，木材，皮革製品，家具調度品，衣料関係などでは，「旧来のマーケティング・パターンが継続する傾向がみられた」という。たとえばスタンダード石油では，1890 年代に都市市場の成長に合わせて卸売支店網を設置し，「競争の減殺と市場の統制」をめざしたし，また U.S.ラバー社は 90 年代中葉に「中央集権的な販売部門」を設置した。[6]

　ところで，企業が直接販売に乗り出した動機は，急速に集中化した需要への対応ということだけでなく，「既存の独立卸売商システムに欠陥」がみられたことによる革新の必要性もあった。[7] たとえば，「既存の流通システムが，日限品を扱う態勢にな」く，直営流通システムを構築した製氷業，1880 年代に既存ジョバー (独立の食肉問屋)・システムが不十分であったために，みずから冷凍牛肉を貯蔵・販売する全国的な営業所網を構築した精肉業，牛肉と同じ状況に直面し，同様の方法で問題を解決したバナナ加工業，ビール産業，カメラ・写真用品業がその例である。これらは，旧来の卸売商システムが日限品を扱うのに不適切であったために，みずから直営のマーケティング組織を設立したのであった。その結果，20 世紀初頭までに流通過

III マーケティングの進展 197

程から卸売中間商人は大幅に排除された。[8]

　日限性以外のマーケティング上の困難, すなわち「個別顧客の特殊の要求, 製品の技術的複雑さ, 高い単位コスト, 操作上の特別な教示の必要性, 修繕の困難さなど」により, 製造業者が顧客と緊密に接触する必要があるにもかかわらず, それを既存の商業組織では満たせなかった産業においてもマーケティング組織が構築された。たとえば, 織物機械・製糖機械・産業用ボイラーなどの産業機械工業や白熱電球・発電機を製造する初期の電機産業では, 19世紀末に全国的な販売営業所が設置され, 専門的な自社セールスマンを擁するようになった。電機製造業者は後方統合も行い, 生産に必要な各種資材を確保するための購買部門を組織化した。[9]

　同様の困難から,「手数料をベースとし, 最終生産財をマーケティングする専属地区代理店システム」を利用した産業も多かった。このシステムのパイオニアである農業機械のマコーミック収穫機会社では, すでに1850年代に農業機械を販売し, サービスするために代理店網を設置した。同様の例は, 事務器のメーカーにおける自社製品の販売・サービスに専門化した代理店チェーンの設置やナショナル金銭登録器会社における地区代理店制の利用にみられる。また, レミントン・タイプライター社は1892年に16の都市に営業所をもっていた。これら産業でみられたマーケティング組織は,「特約代理店制」と呼ばれるもので, 製造業者が直接販売事務所を所有する場合と比べて, はるかに安上がりであった。[10]

　ミシンのシンガー社の場合には, 1850年代以降, 直営販売店網を構築し, 1876年には代理店を全廃した。[11] というのは, 新製品であるミシンを顧客にアピールするためには実演とサービスが必要であり, 販売促進と実演や修繕や教育のためには訓練を受けた専属のセールスマンが必要であったからである。[12]

　自動車産業においては, 特約ディーラーにミシン会社の直営店と同じサービスを行わせた。[13]

　このように,「大量生産の標準機械メーカー, 生鮮食料品の加工業者, そ

してまた大量生産による低価格の包装製品製造業者は，その製品が生産と流通の新しい技術によって前代未聞の量で製造されるようになり，そして，これに対する必要なマーケティング・サービスを既存の卸売商や中間業者が提供しえなかった場合に，こうした流通活動を内部化したのである」が，「このことは，たんにミシン，農業機械および事務機器だけではなく，紙巻タバコ，マッチ，朝食用シリアル，缶詰の練乳とスープ，ロールフィルムとコダックのカメラ，さらには 1,000 マイルも隔てた場所で屠殺された牛肉についても妥当した」のである。[14]

　ところで，「1920 年代までには明らかにマーケティングが，大部分のアメリカのビジネスにとっての主要問題となっていた」[15]のであるが，1920 年以後，とくに経営者の注意をひいたのは製品需要の創造と新製品の発展の問題である。[16] その結果，職能別専門家の採用が拡大し，マーチャンダイジング，販売促進，市場調査，スタイル，製品改良が著しく発展する。[17] その過程で，マーケティング管理主体はセールス・マネジャーからマーケティング・マネジャーへと上昇し，管理領域は販売員の「直接的合理化政策」から広告・サービス・販売促進・市場調査などを含む「間接的合理化政策」へと展開する。「人的販売」から「制度的販売」への転換が 20 年代にみられるわけである。[18] たとえば，広告費は 1870 年頃から増大するが，1925 年にピークに達し，20 年代は新聞・雑誌を中心とした全国的なマス・メディアの広告欄の増大やラジオの普及による商業放送の開始が行われる。さらに，市場調査の問題が論じられるようになるのも 20 年代からであり，公共機関の統計資料の整備とあいまって，市場分析や消費者分析が民間企業によって行われるようになる。[19] たとえば，パーカー万年筆，ウェスチングハウス，ゼネラル・フーズ，ゼネラル・モータースといった会社が 20 年代後半に市場調査を行っている。[20]

　GM 社では 1921 年，スローン（A. P. Sloan, Jr.）によって大幅な管理改革が行われるが，その 1 つは事業部制の確立であり，もうひとつはマーケティングの革新であった。[21] すなわち GM は，フォード社が廉価な大衆車づ

くりをめざして単一モデル（T型）の大量販売政策をとったのに対し，シボレーからキャデラックにいたる所得階層別の多数モデル（1926年GM車の価格体系は，シボレーの525〜775ドル，ポンティアック825ドル，オールズモビル875〜1,115ドル，オークランド975〜1,295ドル，ビュイック1,125〜1,995ドル，キャデラック2,995〜4,485ドルとなっていた）の販売を行い，モデルチェンジによる計画的陳腐化，下取り制度や割賦販売制度を実施していった。GMのこの販売方策は，1920年代後半からの市場の飽和（＝買替市場化）の進行に対応するものであった。[22]

注
1) G. Porter & H. C. Livesay, *op.cit.*, p.228・230.（邦訳書，293・295頁。）
2) *Ibid.*, p.138. 邦訳書，177頁。）
3) *Ibid.*, pp.139-142.（邦訳書，179-180頁。）
4) *Ibid.*, pp.152-3.（邦訳書，189-190頁。）
5) *Ibid.*, pp.154-5.（邦訳書，199-200頁。）
6) *Ibid.*, pp.157-9.（邦訳書，201-203頁。）
7) *Ibid..*, p.166.（邦訳書，213頁。）
8) *Ibid..*, ch.X.（邦訳書，第10章。）
9) *Ibid.*, pp.180-191.（邦訳書，231-242頁。）
10) *Ibid.*, pp.192-4.（邦訳書，242-4頁。）
11) A. D. Chandler, Jr., *The Visible Hand*, The Belknap Press of Harvard University Press, 1978, pp.303-4.（鳥羽欽一郎・小林袈裟治訳『経営者の時代』下，東洋経済新報社，1979年，526-7頁。）
12) G. Porter & H. C. Livesay, *op.cit.*, pp.194-5.（邦訳書，244-5頁。）
13) *Ibid.*, p.195.（邦訳書，245-6頁。）
14) A. D. Chandler, Jr., *The Visible Hand*, p.312.（邦訳書，538頁。）
15) T. C. Cochran, *200 Years of Amerikan Business*, Basic Books, Inc., 1977, p.192.（正木久司監訳『アメリカ企業200年』文眞堂，1989年，266頁。）
16) *Recent Economic Changes*, p.531.
17) *Ibid.*, p.498-9．
18) 橋本勲『マーケティング論の成立』ミネルヴァ書房，1975年，239-242頁。
19) 同上書，192-208頁。
20) 近藤文男『成立期マーケティングの研究』中央経済社，1988年，229頁。
21) 塩見，前掲書，295頁。
22) 近藤，前掲書，190-6頁参照。

Ⅳ　垂直的職能分化の統合

　19世紀末から20世紀初頭にかけて大企業によって展開された垂直統合化戦略は生産・購買・販売という複数職能を製造企業にもたらし，これにより生産，マーケティング，人事，財務などの部門管理が展開された。各部門管理の展開過程は上述したとおりであるが，そのため，これら部門管理を企業全体の立場から統合的に遂行していくための管理システムが必要となった。そして，その枠組みとしての役割をはたしたのが「集権的」職能部門別組織であり，企業活動全体を視野に入れて諸職能部門を経済的に統制するための技法が「予算統制」であった。

　予算制度の本格的普及は20世紀の初頭からとみられる。たとえば先駆的事例として，デュポン社では1903〜1911年にかけて予算を中心としたトップ・マネジメントの経営管理法が生成していたといわれているし，[1] スタンダード石油では予算部が存在していたという。[2] しかし，予算制度の大半は1921年以降に導入されたとみられており，しかもそれは1922年に出版されたマッキンゼー（J. O. Mckinsey）の『予算統制論』（*Budgetary Control*）によって加速された。[3] マッキンゼーは，自著の序文のところで，「ビジネスの特定の局面に適用されるものとしての予算統制について書かれたものは数多いが，本書は著者の知るかぎり，全体的にその問題を提出し，予算計画の全体を包括する最初の試みである。…予算統制は，一方で経営政策を，他方で日常的な経営の仕事を含む。その議論は容易に…経営管理の全分野に及ぶであろう。」と述べて，自己の予算統制概念の全体性を強調する。[4] つまり，予算統制は生産，販売といった個別業務をあつかうのではなく，企業全体のために複数の業務部門の調整を扱う包括的な計画なのである。[5] このことは，20年代には垂直統合戦略によって生じた企業の複数部門，たとえば生産，販売，人事，会計など，の将来の活動をトップ・マネジメントが全体的に調整することが重要な問題であったことを示している。そして，それは「予算

IV　垂直的職能分化の統合　201

システム」という個人から独立した「会計・統計組織」によって行われることになったのである。[6]

このように，予算統制はトップ・マネジメントによる全体的な経営活動の予測・計画化のための管理システムであった。1920年代には，「経営管理者による予測の利用は，まだ普及したとはいえな」かったが，[7] 一部大企業ではすでにその動きが見られた。たとえば，GM，GE，デュポン，シアーズ・ローバックその他の企業は，ほとんどすべての日常の作業活動を綿密な需要予測と結びつけておこなうようになっていたし，「購買，製造，雇用，最終製品の出荷，価格設定の計画さえも…実際の販売実績から周期的に修正された年間需要予測にもとづいて行われるようになってきた」という。[8]

最後に，上述したような組織構造面の分化と統合の進展，部門管理システムと全体的調整のための管理システムの進展は，これに対応した各管理階層の専門化を促した。すなわち，1870～80年代は鉄道管理者の間で専門化が進み，1890～1900年代は機械技師の間で専門化が進んだが，20世紀初頭から20年代にかけては，財務，マーケティング，生産，人事といった職能に従事するミドル・マネジメントの専門化が進行し，その団体や雑誌，教育課程が現れた。そして最後に，「トップの全般管理者」のための協会や教育課程が出現した。20年代の専門家団体はまだ小規模で，雑誌も広範に読まれていたわけではなかったが，しだいにその勢力を増大していったのである。[9]

注
1) 田中隆雄『管理会計発達史』森山書店, 1982年, 225頁。
2) A. D. Chandler, *Strategy and Structure*, p.195.（邦訳書, 201頁。）
3) *Recent Economic Changes*, p.504.
4) J. O. Mckinsey, *Budgetary Control*, Ronald Press Co, 1922, p.iii.
5) *Ibid.*, p.3.
6) *Ibid.*, p.11.
7) *Recent Economic Changes*, p.505.
8) 『チャンドラー　アメリカ経営史』106頁。
9) A. D. Chandler, Jr., *The Visible Hand*, pp.464-8.（邦訳書, 796-802頁。）

結　　　章

　以上，アメリカにおける経営管理の生成に関わる理論と歴史を，先学の諸研究をフォローしながら，著者独自の理解と方法によって，19世紀後半から1920年代までの時期について体系化しようと試みた。そのアプローチの特徴は，従来の学説史的な研究や個別企業の経営史的研究と異なり，経営管理に関する具体的な理論や方法とそれを必要とした背景との関係を歴史的な流れを追いつつ実証的に明らかにしようとするところにあった。最後に，本研究で明らかにした点をまとめておこう。

　まず序章では，土屋・向井論争を取り上げて，アメリカ経営管理論生成に関する諸問題を分析した。

　まず第1の問題点は，管理問題認識の基盤に関わるものであった。土屋氏は従来の諸説を批判し，独占との関連を断ち，東部の機械工業のmachine shopにその基盤を求め，そこで推進された「作業の客観化」を前提として作業現場の計画，組織，調整などの管理問題が認識されるようになったと説くのに対して，向井氏はより一般的に「工業企業の規模の非常な拡大」をもっとも根本的要因と見る。土屋氏が「作業の客観化」というきわめて技術的性格の濃い要因のみをとりあげているのに対して，向井氏は組織的怠業や移民，8時間労働制を求める労働運動などを含めて管理問題を理解している点が両者の相異点である。

　この差異は第2の問題点である能率増進運動の評価の違いとなって現れる。土屋氏は，19世紀末の管理問題があたかも賃金問題のみに収斂するような従来の理解を批判し，能率増進運動を事実に基づかない仮説として退け，作業現場の管理問題全般に関する「体系的管理運動」を当時の管理運動

の主流にすえる。これに対して，向井氏は従来どおり能率増進運動の実在を再確認しており，「生産の組織的合理化」を当時の管理問題とする彼の主張と齟齬をきたしている。著者は能率増進運動と「体系的管理運動」をともに実在のものと認識し，両運動の存在を前提にした上で，管理問題を捉えなおし，管理の歴史と理論をその両面からフォローすることが必要であると考えた。

第3の問題点は，テイラーが問題にした「組織的怠業」は19世紀末の主要な管理問題であったか否か，また19世紀末固有の問題であったか否かという問題である。土屋氏は，従来の通説を否定し，「組織的怠業」は人間の行う集団作業において普遍的・超歴史的に存在すると主張し，向井氏はこれに対して「組織的怠業」を出来高給制度のもとにおける賃率切り下げを原因とし，標準作業時間の非科学的な推測に起因する特殊な歴史現象と主張した。著者は怠業自体は超歴史的現象と考えるが，その解決方法に歴史性があると考える。すなわち，テイラーが結局「組織的怠業」の解決を差別的出来高給制度という経済的刺激に依存せざるを得なかった点にその歴史性をみる。

これらの問題点は，結局管理論史研究の方法に関連している。土屋氏の問題提起は，従来の賃金問題のみを中心とした管理論史の狭隘性を打破し，工場管理問題全般へとわれわれの視野を拡大せしめたところにその意義がある。しかし，氏は通説批判に性急でありすぎ，賃金問題の重要性を極端に低く評価した。土屋氏の場合，組織的怠業問題を管理の科学形成へのインパクトとして否定することによって，労働問題との関連を断ち切り，管理のもつ技術的側面のみを強調した結果，労使の対立的側面が切り捨てられ，管理問題の一面的・生産力的把握に帰結することになった。

本研究では管理問題の生産力的側面を押さえつつ，労働運動や労使関係を複眼的に捉える視点に留意した。

次に第1章では，体系的管理が登場する以前の1880年までの工場管理機構として内部請負制度を取り上げ，その構造と機能，存在理由，普及基盤と

時期，消滅プロセスを個別企業の事例を取り上げながら，詳細に論じた。アメリカでは，1880年までに工場制度が成立したといわれているが，1880年以前における工場管理のあり方は旧来の手工的作業職場のそれと基本的に変わらず，工場の管理運営は職長や熟練労働者に委ねられていた。彼らは仕事の手配から労働者の雇用，訓練，解雇にいたる諸機能を掌握し，職場における一切の管理権限を有していた。彼らの権限がもっとも強大であったのは，ニュー・イングランドと中部大西洋沿岸諸州の機械製造工場であり，これらの工場においては内部請負制度が第一次大戦まで重要な産業組織であった。ここでは内部請負制度を「職長帝国」の典型と捉え，これを中心に考察した。内部請負制度は工場主にとっていくつかのメリットを有していたが，それは同時にデメリットでもあった。製造に関する知識をもたない所有者が実質的に管理権限を行使できるのは請負価格の設定に際してだけであり，内部請負制度は本質的に間接的・分権的管理であった。また，内部請負人は事業家としての側面と労働者としての側面を持ち，請負価格の決定において両者の利害は真っ向から対立した。

　内部請負制度の普及基盤については，ローランド，グリーン，ウィリアムソン，クローソン，ネルソンの諸説を検討した結果，ニュー・イングランドを中心とする北東部の機械工業であることが確認できた。ここでは内部請負制度と鉄鋼業で普及していた「助手制度」の区分が問題となったが，鉄鋼業における熟練工の地位は職長の下にあり，その管理権限は限られていたということから，内部請負制度と区別した。続いて北東部の機械工業に属する代表的な産業である紡織機械，銃器，工作機械，ミシン製造業を取り上げ，個別企業の事例を検討した。

　内部請負制度の普及プロセスについてはチャンドラーとネルソンの研究を検討することにより，紡織機械，銃器，工作機械，ミシン製造業の発展が1850～60年代にかけて急速に進展し，これにともなう工場制度の普及を基盤として内部請負制度は普及していったと考えた。

　内部請負制度は1873年恐慌後の不況が引き金となって消滅していくので

あるが，その消滅過程を個別企業の事例を取り上げて詳述した。その消滅理由を一般化すれば，次のようになる。まず根本原因は，制度自体が内包する固有の矛盾にあった。すなわち，内部請負制度固有の特徴である内部請負人の強力な権限と独立性にもとづく分権的管理は，ひとたび経営側が直接的管理を必要とした場合には，桎梏に転化するということである。また，1880年代以降の企業規模の急速な拡大は部門間調整の問題をより重要なものにし，工場全体の調和を不可欠にしたが，内部請負人による自治はその障害となった。1870年代以降企業環境が一変する中で，会社側の生産過程と労働力の直接的掌握によるいっそうの原価削減が意図され，内部請負制度のメリットがデメリットに転化し，矛盾を顕在化し，内部請負人側のメリットも減少する中で，内部請負制度は徐々にその存在理由を喪失して，1910年代までに消滅していったのである。

　第1章で取り上げた内部請負制度の下では，いわゆる熟練工が職場の支配者であり，多くの権限を持ち，管理者として行動していた。これはいわゆる属人的管理と特徴づけてよいであろう。しかし，1880年代以降，職場に管理システムが導入されるようになり，管理のあり方は一変した。現代的管理機構の形成がここから始まった。いわば管理者個人の意向に左右されない客観的管理システムの生成がここに始まったといえる。体系的管理が登場した現代的意味は大きい。これは企業における官僚制の出現とも言える重要な転換である。というのは，体系的管理は，文書やルールに則って従業員の行動を管理し，職場における管理者や労働者の権限を奪い，事務所（Bureau）で集中的に管理することを目指しているからである。第2章では，内部請負制度の消滅に伴って登場してきたこの管理のシステム化の動き，すなわち「体系的管理運動」を取り上げた。体系的管理はまず個別システムとして発展した。そこでは，体系的管理に原価計算システムや生産管理システムのみならず，賃金システムが重要な課題としてとりあげられていることを明確にし，従来言われてきた能率増進運動が体系的管理に包含されていることを示した。したがって，賃金問題を中心とした能率増進運動は体系的管理と対立

するものではなく，むしろその重要な一部分として扱われるべきものと考えられる。さらに，従来あまり強調されることはなかったが，体系的管理はその基本的志向において中央による統制力の強化，すなわち中央集権的管理を目指しており，いわば集中的管理の条件整備の役割を果たしたと言える。テイラーの科学的管理も標準化概念を基軸とした体系的管理論による条件整備を土台としたからこそ，計画部による集中的管理を志向しえたのである。このことと職能別職長制度による現場職長の管理権限の縮小，指図書による現場の裁量をなくすほどの細かな指示などに両者の類似性を見ることができる。したがって，ここではテイラーは体系的管理論者の1人として位置づけた。

　体系的管理の流れは今日までつながっていると考えられるが，そのひとつの証左として，サイモン（H. A. Simon）の *Administrative Behavior*，1945（邦訳『経営行動』）の中での記述が挙げられる。サイモンは「組織の影響の機構」の中で，個人の意思決定に組織の影響を及ぼす具体的方法として，課業を与えることと並んで，「標準的な手続きを確立する」ことを挙げている。これはまさに体系的管理の特徴そのものである。

　第3章では体系的管理の代表的論者とされながら，これまで体系的な研究が不十分であったチャーチの管理論を取り上げてその内容を詳細に論じた。チャーチは組織能率の問題に取り組んだルイスの薫陶を受け，製造間接費の配賦問題に取り組んだことから，管理職能とその能率の考察に導かれていった。彼は経営管理の「決定の要素」を除外し，製造工場における「有機的管理職能」として，「設計」，「設備」，「統制」，「比較」，「作業」の5つを取り上げて，詳細に論じた。そして，これら職能の役割分担を組織図上に位置づけた。さらに，これら職能の歴史的委譲過程を説明し，管理者の職能として残るのが統制職能であり，統制こそ「偉大な調整職能」とした。

　チャーチの管理論を構成するもうひとつの要素は管理原則論である。彼は3つの大原則，すなわち①経験の体系的蓄積と利用，②努力の経済的統制，③個人的効率の促進を掲げているが，それらは先の5つの管理職能と

密接に関わっており，管理職能を規制するものとして管理原則が立てられている。ここでは彼の管理原則について細則を含めて詳細に検討した。

そして，チャーチの実際の工場運営という問題に則した管理原則の管理職能への適用，すなわち「有機的職能の組織化」について取り上げ，5つの管理職能に管理原則がどのように適用されるかをそれぞれの職能に則して具体的に分析した。

チャーチは主著の中でテイラー派の理論を「管理分析学派」と呼び，その成果を取り入れ，標準化や時間・動作研究の考え方を利用しているが，それらはあくまで批判的摂取であり，基本的に原価を構成するすべての要素を含めて捉える自己の方法に取り込んでいる。チャーチの視点からすれば，テイラーの「科学的管理」は作業技術に関する科学であり，「管理の科学」でなく，機械工場にのみ適用できる無駄排除をめざす「技術研究」と評価されるのである。

また，チャーチは管理の科学と管理者の関係について，管理者は管理の科学の外側に立っており，管理の科学どおりにやればうまくいくというものではなく，能力のある管理者が必要という。しかし，「偉大なリーダーは作られるのではない」という観点に立ったため，ファヨールと異なり，管理教育論への展開をおこなわなかった。

工場管理としての体系的管理は，1910年代には多くの企業に広まっていったと考えられるが，それでは企業管理全体の管理機構はどうであっただろうか。チャンドラーは1870年代以降，企業の垂直統合戦略により多職能化が進み，集権的職能部門制組織ができあがったことを明らかにした。これによって，生産管理，人事管理，マーケティングなどの職能部門の管理が1920年代にかけて確立されていったと考えられる。

そして，これら部門管理の分化と予算統制による統合システムの展開は，トップ・ミドル・ロワーマネジメントという管理階層を必然化し，ここにおいてアメリカにおける経営管理機構の確立をみるのである。

そこで，最終章の第4章では，まず1920年代アメリカの社会的・経済的

特徴を概観し，この時期経済的に繁栄し，国民の購買力が増大し，「消費者志向社会」が進行したことをみた。また，政府は合理化の後れた産業分野の合理化に乗り出し，20年代初頭の「産業合理化運動」を展開した。さらに，20年代は組織的な組合つぶしも進展し，福祉資本主義的な活動が活発化した。企業経営の面では，1880-1890年代に登場した巨大な多職能企業を運営するための職能部門別組織が第一次大戦末に普及し，全社的管理機構が作り上げられた。この職能化の動きは20年代にも受け継がれ，人事管理，マーケティング，生産管理などの部門管理が展開された。

そこで最初に，「産業合理化運動」を従来の理解のようにアメリカ産業全体の合理化の牽引車としてではなく，合理化の後れた産業分野の合理化という新たな観点で捉え直し，『産業における無駄 Waste in Industry』報告書を詳細に再吟味した。その結果，当時の建設・紳士服・靴・印刷・金属・織物業などの経営管理の実態は近代的管理システムの導入という点でいまだ不十分であり，フォード的な意味での「標準化」も後れていたことを明らかにした。したがって，1920年代の「産業合理化運動」は，1910年代に現れた先進的合理化モデルを後れた領域に普及させるための運動であり，経済の弱い環をなくす経済全体の「組織化」の試みであったことを確認した。

次いで，人事管理の生成と発展のプロセスを概観した。1910年頃まで労働者の雇用・監督・訓練・解雇に関する権限は現場職長に属していたが，人事部が雇用，教育，福利厚生，労使関係などを扱うことになり，工場管理はしだいに企業側による直接的管理に向かい，職長の管理権限は漸次的に縮小していった。この代表的な事例としてフォード社を取り上げた。同社においては，移民労働者の適応問題，大量の労働移動問題，組合対策などの理由から1913年に「雇用部」を設け，労働関係全般を扱うことにした。雇用部はしだいに職長の人事職能を奪い，集中化した。当時のフォード社では多くの書式が利用されていたが，これも人事管理の集中化を示す証左である。また，1914年には日給5ドル制，社会生活指導部，1916年にはヘンリー・フォード職業学校などが設けられた。

こうした事例を筆頭に第一次大戦中の労働力不足や労働移動を契機として1910年代後半に人事管理者や人事部が普及していった。人事管理技術としての心理テストや職務分析も導入された。しかし，人事部への職長権限の吸収は直線的に進んだわけではなかった。20年代にはSCCを中心とした人事管理の保守主義的流れが現れ，人事管理者の後退と職長への権力返還が進行した。しかし，その一方で，組合運動が低迷する中，福利厚生的諸施策や従業員代表制が導入された。

　続いて19世紀末から，20年代の大衆消費社会に対応したマーケティングの展開に至る過程を概観した。1890年代から第一次大戦時にかけて，製造会社は従来の中間商人に依存したマーケティングから直接販売に乗り出し，マーケティング革命が起こった。この時期は第1次企業合同運動の時期であり，市場を支配可能な巨大企業の登場が製造企業の自家販売組織の形成を促した要因であった。こうして1920年までにマーケティングは大部分の企業にとって主要な問題となり，1920年代には職能別専門家の採用が拡大し，マーチャンダイジング，販売促進，市場調査，広告などが展開され，マーケティング管理主体はセールス・マネジャーからマーケティング・マネジャーへと上昇し，管理領域は販売員の「直接的合理化政策」から広告・サービス・販売促進・市場調査などを含む「間接的合理化政策」へと展開した。これは「人的販売」から「制度的販売」への転換を意味した。

　以上のごとく，19世紀末から20世紀初頭にかけて展開された垂直統合化戦略は生産・購買・販売という複数職能を製造企業にもたらし，これにより生産管理，マーケティング，人事管理，財務管理などの部門管理が展開された。これら部門管理を全般的視点から統合的に遂行していくための管理システムが集権的職能部門別組織であり，その統制技法が予算統制であった。予算統制はトップ・マネジメントによる全体的な経営活動の予測・計画化のための管理システムであり，1920年代に大企業に導入されていった。そして，上述した組織構造面の分化と統合の進展，部門管理システムと全体的調整のための管理システムの進展はこれに対応した管理階層の専門化を促した。20

世紀初頭から20年代にかけて，生産，マーケティング，人事，財務などの職能に従事するミドル・マネジメントの専門化が進行し，その団体や教育課程が現れ，最後にトップ・マネジメントのための協会や教育課程が出現した。

　以上，本書は19世紀後半から1920年代までのアメリカにおける経営管理の生成過程をその歴史と理論の両面から体系化しようと試みた。しかし，経営管理を企業全体の管理と考えると，まだまだ不十分な点が多いといわざるを得ない。特にマーケテイングや財務管理の領域については十分な分析ができていない。これらを含めた1930年代以降の経営管理の理論と歴史の研究は今後の課題である。

補章
現代経営管理論概説

　経営管理論は，1920年代に実施されたホーソン実験を契機として大きな転換を遂げる。本章では20年代以降に登場し，今日までその影響を及ぼしている主要な経営管理論を取り上げて，その特徴を概説する。

I　ホーソン実験と人間関係論

1　ホーソン実験

　フォード・システムによる大量生産方式は，自動車産業以外の工業部門にも波及し，数多くの産業に普及していった。このベルト・コンベヤーを用いた大量生産方式は，生産の機械化と作業の細分化によって，たしかに製品の生産時間を短縮し，生産性を高めていったが，それがもたらした人間労働の機械的化は，新たな管理問題をひきおこした。すなわち，作業の単純反復化により，労働者の側に疲労や単調感が増大し，作業能率が低下するという問題が生じたのである。この問題に対して，新たに産業心理学的アプローチが採用され，1916年には全国調査研究会議が設立され，多くの企業において実験や調査が行われたが，「人間関係論」との関係でもっとも重要なのは，AT&T（アメリカ電信電話会社）の電話・電信機器の最大メーカーであったウェスタン・エレクトリック社のホーソン工場で行われた実験であった。

　この「ホーソン実験」と呼ばれる調査は1924年に開始され，以下の諸実験が行われた。

(1) 照明実験

　これは照明の量と生産高の関係を調べることを目的に2年半にわたって行われた実験であるが，結果は照明量に関係なく生産高が上昇し，照明が労働者の生産高に影響するという仮説は否定された。

(2) 継電器組立実験

　これは35の部品を4本のドライバーを使って1分間で組み立てる単純反復作業を行う5人の女子従業員を対象として工場内の実験室で実施されたものである。実験期間に，集団出来高払制度や休憩時間の導入，労働時間の短縮などが実施されたが，結果的にはそのような物理的作業条件の変化とは無関係に生産高が上昇した。その結果，作業集団内の感情や監督方式の変更がその要因として指摘されたが，この段階では，まだ経済的要因の影響を無視できなかった。そこで，次の実験が行われた。

(3) 第二継電器組立実験と雲母剥離作業実験

　これらの実験の結果，賃金という経済的要因によっては生産高上昇の説明が困難であり，監督方式などの社会的要因の重要性が指摘された。この実験における従業員志向型の監督方式によって，女子工員たちは束縛感をもたず，実験に協力的な態度をとるようになったことが明らかになった。こうして，作業集団の置かれている「作業情況」が生産高上昇の主要因と考えられるようになった。

(4) 面接計画

　2万人を超える従業員に対して面接が実施され，従業員の感情的な不満が分析され，その背景にある社会的情況が重視されることになった。

(5) 配電器捲線作業観察実験

　ここでは14名からなる作業集団が観察され，その作業集団には2組の仲間集団が存在し，それら集団内には独自な掟があることが判明した。つまり，会社の仕事を中心としたフォーマルな組織の中にインフォーマルな仲間集団が自生的に存在することが明らかになったのである。

　こうした「インフォーマル組織」の発見と人間の感情的な部分への着目は，

経営管理論に新たな視点を提供し，従来とはまったく異なる理論を生み出した。すなわち，人間関係論の生成がそれである。

2　メーヨーの人間関係論

　ホーソン実験に参加したハーバード大学教授メーヨー（Elton Mayo）は，産業労働における疲労や単調感の原因を特定の原因によって起きる一種の「生体的均衡の破綻」と呼び，ホーソン実験における低い勤労意欲の原因は「周囲の現実との間の精神的均衡の喪失」であると考えた。これには各人の経歴や生活，監督や作業条件が関係する。メーヨーは，これを産業社会一般の問題に飛躍させ，産業の発達につれて個人生活と社会生活双方に社会学でいう「アノミー」（無計画性）状態が発生し，有効な協働のための非論理的伝統や社会規範が崩壊し，人間的協働が崩壊するという悲観的結論を導いた。

　しかし，かれは第二次世界大戦中の調査から人間的協働の回復にはリーダーシップが重要であることに気づき，管理者が「社会的人間的能力」（social human skill）を身につけることによって，部下の非論理的な心情まで理解することが必要であると主張した。そして，そのための具体的方策として，①リーダーシップの教育訓練，②コミュニケーション（カウンセリングの設置や従業員の意識調査）を提唱した。

3　レスリスバーガーの人間関係論

　レスリスバーガー（F. J. Roethlisberger）は新しい人間行動のモデルである「社会的人間観」を提唱し，人間の行動は単に外界の条件変化によって直接に反応が決定される変化・反応型ではなく，変化がいったん人間の内部にとりこまれて，態度ないし感情に反映した後，間接的に反応が決定されるとした。そして，この態度は個人的来歴（過去の家庭生活・社会的交際を通して，個々人が現在自分の職場に対していだくにいたった感情）と職場情況（自分の属している職場の仲間と上司との社会的接触を通じて得ている人間

的満足）によって異なるとした。（図補－1参照）

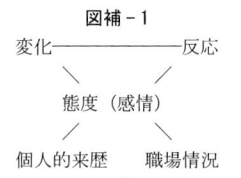

図補－1

```
    変化――――――反応
      ＼    ／
     態度（感情）
      ／    ＼
  個人的来歴  職場情況
```

出典：レスリスバーガー著『経営と勤労意欲』，24頁。

レスリスバーガーはまた，経営組織における3大人間問題として，
(1) 組織内のコミュニケーションに関する問題―すなわち，上から下へのコミュニケーションと同時に下から上へのコミュニケーション（作業方法や作業条件に関する感情の表明）を図る問題，
(2) 組織内部の均衡状態維持の問題―すなわち，最低のコストで製品を生産するという技術目的と，従業員に意義ある職場生活を送らせるという社会目的を同時達成する問題，
(3) 個々人を集団へ適応させる問題―すなわち，個々の従業員がその職務に対していだいている要求の性質と，かれをめぐる全体的情況がその要求を満たしているか否かという問題，である。

レスリスバーガーはこれら3つの問題を解決することによって，作業集団の成員間における協力が達成され，協働が得られるとしている。しかし，その解決のためには現実の経営組織の人間的情況に関する正しい診断と理解が必要であるとし，経営組織における人間的情況を考察する。

まずかれは，経営組織の中の個人を取り上げ，個人はそれぞれの経歴や経験から職務についての特定の希望をもっているという。しかし，この個人にはかれをとりまく職場情況からの圧力がはたらく。この個人の行動を規制する職場情況はフォーマル組織とインフォーマル組織という2つの側面をもつ。フォーマル組織は経済目的を能率的に達成するうえでの人々相互間の関係を規定し，組織図によって示されるものである。これに対して，インフォーマル組織は個人が相互に親密な関係を結ぶことによって生じる社会的集団であり，そこには一定の行動規範や慣例が存在する。このインフォーマ

ル組織は組織の成員に安定感，帰属感，一体感をもたらすことによって，人々の効果的な協働のための基盤を提供する。このように，レスリスバーガーは個人の行動を規制するインフォーマル組織こそ社会的協働のための効果的基盤であり，その評価の母体たる感情が人間の行動を決定する重要な要因であると考えた。

以上述べたように，人間関係論は基本的な問題として人間的協働の回復をかかげ，「社会的人間観」という新たな人間観に立って，人間行動における態度（感情）の決定的役割を重視し，職場の人間関係が作業能率に決定的な影響を及ぼすことを主張したのである。これは，従来の技術的・経済的要因を重視した管理論とまったく異なる新しい視点を提供した点で，管理論史における大きな画期をなした。

II　バーナードの管理論

「現代経営学の父」とも呼ばれるバーナード（C. I. Barnard）は，AT＆T傘下のニュージャジー・ベル電話会社の経営者としての長い経験（1927〜1948年）から，人間行動にもとづく新たな管理論 *The Functions of the Executive*, 1938（邦訳『経営者の役割』）を発表した。かれの管理論はまず個人の考察から出発し，協働，組織，管理の考察へと展開される。

(1) 個人論

まず，個人は「過去および現在の物的，生物的，社会的要因である無数の力や物を具体化する，単一の，独特な，独立の孤立した全体」と定義され，人間の特性は「活動」，「心理的要因」，「一定の選択力」，「目的」の4つの要因によってとらえられる。個人の行動は心理的要因の結果であり，心理的要因とは「個人の経歴を決定し，さらに現在の環境との関連から個人の現状を決定している物的，生物的，社会的要因の結合物」を意味している。これは人間関係論で登場した人間行動の背後にある態度（感情）に近いものであると考えられる。そして，人間には選択力，自由意思があるが，それは限られ

たものであり、選択条件をせばめることによって目的が設定されるという。しかし、ここでの目的は「主として組織化された活動に関連ある目的を問題とする」とされ、単なる個人的目的は取り上げられない。バーナードが個人の問題を考える場合、あらかじめ組織との関係が組み込まれていることに注意しなければならない。つまり、人間は個人としては自由意思をもち、自由に選択力を働かせることができるようにみえるが、組織の中ではさまざまな社会的関係によって制約をうけるのであり、個人はその葛藤に苦しむのである。しかし、人間をただ組織の中で上から命令を受けて受動的に働くだけの存在としてではなく、個人として自由な意思をもつことを認めている点にバーナード理論の独自性があり、現代性がある。こうして、バーナードは人間を「特定の協働システムの参加者としての人間」と「なんらかの特定の組織の外にあるものとしての人間」という2側面からとらえることになる。協働システムの参加者、すなわち組織の中の人間は機能的存在であり、非人格化されるのに対して、組織の外の人間は限られてはいるが一定の選択力をもつ個人として存在し、これに対立する。つまり、個人は組織に同化しつつも一定の自立性をもって組織に対峙するのである。

バーナードは個人的側面における人間の活動を決定する欲求、衝動、欲望を「動機」と呼ぶ。この動機とは個人の特性の一要因である心理的要因を言い換えたものである。こうして、個人の行動は、動機と目的の両面から説明されることになる。この動機と目的はバーナード独自の概念である「有効性」と「能率」の基礎概念であり、個人的行動において、目的が達成された場合、その行為は「有効的」であるといい、動機が満足された場合、その行為は「能率的」であるという。バーナード理論においては、人間の行動は目的の達成と動機の満足の両面からとらえられるわけである。

(2) 協働論

この有効性と能率の概念は続く協働論でも登場する。協働は、個人の力ではなしえないときに必要とされ、個人の生物的制約を克服するときに有効となる。協働の「有効性」とは協働システムの社会的、非人格的な性格の協働

目的の達成にかかわり，協働の「能率」とは協働システムの構成員の個人的動機の満足に関連する。協働システムを維持するためには，個人の負担と満足をつり合わせることが必要となる。以上がバーナード理論の導入部であり，以後の理論展開の基礎をなす。

(3) 組織論

バーナードが組織の問題を取り上げる場合の組織とは基本的には公式組織のことである。もちろん，非公式組織への言及もなされてはいるが，中軸をなすのはあくまで公式組織である。以下，バーナードの公式組織論についてみていこう。

バーナードは協働システムを「少なくとも1つの明確な目的のために2人以上の人々が協働することによって，特殊の体系的関係にある物的，生物的，個人的，社会的構成要素の複合体」と定義づける。具体的には，協働システムは教会，政党，政府，企業，学校，家庭などの特定の具体的な団体を指す。これに対して組織とは，協働システムに共通する一側面であり，物的環境，社会的環境，人間そのものを除いた「2人以上の人々の意識的に調整された活動や諸力のシステム」と定義されるのである。したがって，組織は実体のない「抽象的システム」であり，電磁場や磁力の場のような人「力」の場である。このように定義された組織は，「(1) 相互に意思を伝達できる人々がおり，(2) それらの人々は行為を貢献しようとする意欲をもって，(3) 共通目的の達成をめざすときに，成立する」。それゆえ，組織を成立させる3要素は，(1) 伝達（コミュニケーション），(2) 貢献意欲，(3) 共通目的である。組織が存続するためには有効性と能率が必要である。なぜなら，組織が存続するには個人の貢献意欲が必要であり，この貢献意欲は目的が達成できるという信念を必要とし，意欲が継続するには各貢献者が一定の満足を得なければならないからである。

公式組織の要素としては，以下の4つの要素が挙げられている。
① 専門化—この基礎は作業が実施される場所・時間，作業を共にする人々などであるが，専門化の第一義的側面は，目的の分析，すなわち

一般目的を中間目的ないし細部目的に分析することである。
② 誘因の経済—貢献意欲とは人格的行動の自由の放棄を意味し，これなくして組織は存続しえない。したがって，組織は個人の動機を満たす「誘因」を提供し，貢献意欲をひき出さなければならない。誘因には2つの側面がある。ひとつは客観的側面であり，もうひとつは主観的側面である。客観的誘因を提供する方法を「誘因の方法」と呼び，報酬，優越と威信，物的作業条件，理想の恩恵などが含まれる。これに対して，主観的誘因を提供する方法は「説得の方法」と呼ばれ，具体的には強制，機会の合理化（宣伝や説得による），動機の教導（教育や宣伝の過程）を意味する。そして，この客観的誘因の提供と説得の実施から生まれる物の収支の純成果のことを「誘因の経済」と呼び，十分な誘因を提供するには支出を収入が上回らなければならないとする。しかし，バーナードは，利潤は産業組織の目的ではないとする。ヘンリー・フォードにならって，物財とサービスの生産が目的であるとするのである。
③ 権威—これには主観的側面と客観的側面の2つの側面があり，客観的側面としての権威は伝達そのものの性格であるとしている。主観的側面については命令を受け取る側の者，すなわち受令者が伝達を権威あるものとして受け取るかどうかによってその伝達が権威をもつかどうかが決定されると，バーナード独自の見解を示している。ここにも，人間の自由意思を認めるバーナード理論の考えが現れているのである。
④ 意思決定—バーナードは，組織行為は無意識的，反応的な行為ではなく，論理的過程によって特徴づけられるとする。つまり，個人行動と対照的に意思決定行為が組織行動を特徴づけるというのである。意思決定行為には，努力を貢献するかどうかを決める個人的意思決定と非人格的組織的になされる組織的意思決定がある。ここで問題とされるのは組織的意思決定の方であり，これは管理者によってなされる。したがって，この組織的意思決定こそ「管理者職能の本質」なのである。

組織的意思決定には「道徳的要因」と「機会主義的要因」があり，前者は組織の目的に関係し，後者は手段にかかわる。「機会主義的要因」は客観的な領域に関連し，目的達成の手段および条件に関係する。したがって，これはそれを取り除くか実現させると目的が達成できるという意味での「戦略的要因」をさがし出すことであり，この「戦略的要因は意思決定の環境の中心点」をなす。そして，道徳的側面とは，「物的，生物的，社会的経験の無数の経路を通じて人々の感情に影響を与え，そして協働の新しい特定目的を形成する，態度，価値，理想，希望の」側面であり，これは最後に考察される。

(4) 管理論

　バーナードは最後に管理の問題に言及し，「管理職能とは協働努力の体系を維持する専門業務である」としている。したがって，管理職能は本質的に組織を維持することであり，具体的には (1) 伝達体系の提供，(2) 不可欠な努力の確保の促進，(3) 目的の定式化を意味する。しかし，管理職能は「全体としての組織過程」の部分であり，一側面にすぎない。全体としての組織過程の「本質的な側面は全体としての組織とそれに関連する全体情況を感得することである」とするのである。ここでバーナードは，組織の有効性と能率の問題を論じているのであるが，結局のところ，「全般的な管理の過程は，その重要な面においては知的なものではなく，審美的，道徳的なものである」とし，「この過程の遂行には，適合性の感覚，適切性の感覚および責任」が必要であるとして，「管理責任の性質」に言及する。ここでは先に述べた意思決定の「道徳的側面」が考察される。ここでいう「責任」とは，個人の行動を規制する特定の「私的道徳準則の力」を指し，管理者は組織において，法律や免許規定や一般目的や部下の一般的道徳準則の対立を調整しつつ道徳準則を創造し，組織をまとめてゆかなければならない。これこそリーダーシップの本質であり，これによって個人準則と組織準則が一致しているという「確信」が生み出され，組織が存続できるのである。したがって，「組織の存続はリーダーシップの良否に依存し，その良否はそれの基礎にあ

る道徳性の高さから生ずるのである」。

　このようにバーナードは人間の自由意思を認め，組織の中で制約をうけながらも，個人は協働の中でのみ発展できると説いたのである。

Ⅲ　サイモンの意思決定論

　サイモン（H. A. Simon）はバーナードの意思決定に関する考え方を受け継ぎながら，1945年の著書 *Administrative Behavior: A Study of Decision-Making Process in Administrative Organization*（邦訳『経営行動』）において，初めて意思決定論を体系的に展開した。サイモンは序の中で，「意思決定こそが管理の核心であること，そして管理の理論の用語は，人間の選択の論理と心理から導き出されねばならない」，と述べている。

　バーナードと異なり，サイモンの「選択」，つまり「決定」概念はたとえばタイピストがキーを打つような反射運動から計画設定まで，あらゆる種類の選択が含まれる。つまり，意識的・無意識的選択のすべてが含まれているのである。

　また，サイモンはバーナードと異なり，意思決定の要素から「事実的」要素のみを取りあげ，科学にはなじまないとして「価値的」（倫理的）要素を排除する。サイモンは事実と価値を手段と目的に関係づけることにより，目的を所与とし，意思決定の問題を目的達成のための最適な手段の選択の問題に制限する。そして，この意思決定が客観的合理性をもつ（「与えられた状況のもとにおいて与えられた価値を極大にする」）ためには，行動主体が，「(a) 意思決定にさきだって，パノラマのように代替的諸行動を概観すること，(b) 各選択によって生ずる複雑な諸結果の全部を考慮すること，(c) 基準としての価値の体系でもって，全代替的行動から一つの行動を選抜すること」が必要になる。

　しかし，実際の行動は，① 結果の知識はつねに部分的なものにすぎず，② 諸結果は将来のことであるから，その価値は不完全にしか予測できず，

③ すべての可能な代替的行動のうちほんの2，3の行動しか思い出さない，ので客観的合理性に到達できない。そこで，サイモンは，ある程度で満足する「経営人モデル」を提唱する。このモデルによれば，人間の選択の型は，代替的行動のなかからの選択というよりも，刺激反応の型に近く，人間の合理性は，心理的な環境の範囲内で働くにすぎない。この心理的な選択の環境を注意深く整え，個人の行動に高度の統一性と合理性をもたらすのが，組織の役割であり，これによって組織は組織のメンバーの意思決定を組織の目的に適合させる。

こうして，管理の理論における基本的問題は，この意思決定の網をいかに設定するかということになる。具体的には，まず第1に，広範な「計画立案の」意思決定と，より狭い範囲の「執行的」意思決定との間の適切な分業を決定することである。第2の基本的問題は，「手続的計画立案」，すなわち計画立案の意思決定によって執行的意思決定を有効に統制するための機構を考案する問題である。こうした意思決定の機能の分布と割当を対象とする研究を「組織の解剖学」と呼ぶ。

これに対して組織がそのメンバーのそれぞれの意思決定に影響している，つまり意思決定に前提を与えている過程を対象とした研究を「組織の生理学」と呼ぶ。その具体的方法としては以下のようなものがある。

(1) 組織は，各メンバーに完成すべき特定の課業を与える。
(2) 組織は，標準的な手続を確立する。
(3) 組織は，オーソリティと影響の制度をつくることによって，組織の階層を通じて，意思決定を下に（そして横に，あるいは上にさえも）伝える。
(4) 組織は，すべての方向に向かって流れるコミュニケーションの経路を提供する。この経路に沿って意思決定のための情報が流れる。
(5) 組織は，そのメンバーを訓練し教育する。これを影響の「内面化」と呼ぶ。

個人はこうしたメカニズムを通じて所属する組織の行動に統合されるので

あるが，それではなぜ個人はみずから進んで組織された集団に参加し，個人の目的を組織の目的に従わせるのか，この問題をサイモンは「組織均衡」問題として考察する。その答えは，組織が組織メンバーに提供する「誘因」にあり，その誘因には3つの種類がある。すなわち，

① 組織の目標を達成することから直接えられる個人的報酬—顧客が受け取る製品やサービス，
② 組織によって提供され，組織の規模と成長に密接な関係にある個人的誘因—企業の株主がえる利益，
③ 組織によって提供される誘因から生じるけれども，組織の規模と成長には関係のない個人的報酬—労働者の受け取る賃金，である。

サイモンは，ある集団の「貢献」は別の集団の「誘因」の源泉になる（たとえば，顧客が支払う金銭が株主が受け取る利益や労働者が受け取る賃金の源泉）という関係にあり，この誘因と貢献のバランスがとれれば，その組織は存続し，成長するであろうと，「組織均衡」の重要性を説く。そして，この組織の均衡は「支配集団—すべての参加者に対して，メンバーとしての関係を設定する権力を持っている集団」によって維持される。

こうしたことによって，個人は当初はオーソリティーの行使によって組織の目的や価値をおしつけられるが，しだいにそれらは個人に「内在化される」ようになり，「個人は組織に対する愛着ないし忠誠心を獲得し，それによって，外部からの刺激を必要とすることなく，自動的に，組織の目的にかなった意思決定を間違いなくすることとなる」のである。これをサイモンは個人としてのパーソナリティーとは異なる「組織人としてのパーソナリティー」と呼んでいる。こうして個人の「組織への一体化」がおこなわれるわけである。

Ⅳ　リーダーシップ論

1　リッカートのリーダーシップ論

リッカート（R. Likert）はMITから移ってきた集団力学研究センターと合併して，1947年に設立されたミシガン大学社会科学研究所初代所長に就任し，その後多種多様な産業企業，官庁，病院，政治団体などの団体の調査研究を行った。その目的は，最上の成果が上がる組織体の構造と，そのためのリーダーシップと，経営管理の原理と方法を発見することであった。一連の調査・研究を行った結果，監督方式とリーダーシップの質が生産性と密接な関連をもつことを強調し，従業員の自発性を重視する「従業員中心的監督方式」が「仕事中心的監督方式」よりも有効であると主張した。また，リッカートは経営管理システムを「独善的専制型＝システム1」，「温情的専制型＝システム2」，「相談型＝システム3」，「集団参画型＝システム4」の4つの類型に分類し，アンケート調査を行った結果，大部分の回答がシステム2・3に集中していること，システム4が使われている会社がより生産的で，原価が低く，すぐれた労使関係を示していることがわかったとしている。ここから，リッカートはシステム4への転換を説いた。システム4には3つの基本概念が含まれている。すなわち，

① 経営管理者が支持的関係の原理を用いること―組織体の中のメンバーが人間関係の中で自分が支持されているという実感をもつようにすること，
② 経営管理者が集団的意思決定ないし管理における集団的方式を用いること―各作業集団はほかの集団と，ある特定の人（「連結ピン」）を通じて連結されていること，
③ 管理者が組織のため高い業績目標を設けること―同時に従業員自身も高水準の目標を自ら設定できるメカニズムをつくりだすこと，である。

要するに，組織メンバーの意思決定への参加の度合いを高めることによって，従業員のモラールが高められ，生産性が高められるという主張である。

2 アージリスのリーダーシップ論

アージリス（C. Argyris）は，1957年に*Personality and Organization*

(邦訳『組織とパーソナリティ』）を著し，個人とシステムとの葛藤について考察した。すなわち，「健康な成人は，もしも，彼らが受身よりももっと積極的であり，依存よりも独立的に，短い展望よりも長期の展望を持ち，同僚よりも高い地位を占め，彼らの世界を管理し，彼らのもっと深く，重要な，多くの能力を示すことを彼らに許す職務が与えられているならば，労働の中に最適のパーソナリティーを獲得しやすい」のであるが，公式組織の原理はこの健康な個人に対して，彼らの欲求に適合しない要求をする。たとえば，「仕事の専門化」，「指令の統一」，「管理の限界」（管理する部下の数を5・6人以下に限定）などであるが，これらは従業員に自己統制を許さず，受身で依存的にし，短期の展望を持つようにし，心理的失敗に陥らせ，その結果個人は公式組織と不適合に陥る。この不一致を減少させるには，「職務拡大」(job enlargement)，すなわち従業員が遂行する課業の数を増加することと，「参加的な，あるいは従業員中心的なリーダーシップ」を導入することが必要であるとされている。

V モチベーション論

1 マズローの欲求階層説

マズロー（A. H. Maslow）は，心理学的アプローチから「欲求階層」説と呼ばれる独自のモチベーション理論を展開した。彼によれば，人間には以下の5つの欲求があるという。

① 自己実現欲求—自分がなりうるものになろうとする欲求，
② 尊敬の欲求—自己尊敬と他人からの承認に対する欲求，
③ 所属と愛情の欲求—所属する集団や家族においての位置の欲求，
④ 安全の欲求—安全，安定，恐怖・不安からの自由，秩序・法を求める欲求，
⑤ 生理的欲求—食欲，性欲，睡眠などもっとも原初的な欲求。

人間の行動はこれらの欲求によって動機づけられるのであるが，これらの

欲求は階層をなしており，人間の最も根源的な生理的欲求からスタートして，安全の欲求，所属と愛情の欲求，尊敬の欲求へとステップアップし，最高次の自己実現欲求に至る。この欲求階層の特徴は，低次の欲求が満たされるまでは，高次の欲求に動機づけられないという点にある。また，いったんある欲求が満たされれば，その欲求は動機づけにはならない，という特徴を持っている。

こうした特徴をもつマズローの欲求階層説は，その後の動機づけ理論に大きな影響を及ぼした。

2 マグレガーのX・Y理論

マグレガー（D. McGregor）は，経営者の背後にある考え方に着目し，伝統的な経営者の見解をX理論と呼び，経営者がとるべき新しい見解をY理論と名づけた。

X理論の考え方は，普通の人間は生来仕事が嫌いで，あまり野心も持たず，責任を回避したがり，命令されるほうが好きであり，そのために，経営者は企業の要求に適うように仕事を監督し，従業員の行動を厳しく統制しなければならないというものである。このX理論から導き出される統制方法は，「専制主義的」やり方と「温情主義的」やり方であり，いわゆるアメとムチによる統制方法である。しかし，マグレガーは，このアメとムチによる統制方法が有効なのはマズローのいう低次の欲求が満たされていない場合であり，技術の発展によって生理的欲求や安全の欲求が満たされている現代社会においては，アメとムチによる統制方法は従業員をやる気にさせることはできない，という。

そこでマグレガーはY理論を提唱する。Y理論の内容は，以下のとおりである。

① 経営者の仕事は事業に必要な要素である資金，原材料，設備，従業員などを利潤追求に適うように構成することである。

② 従業員は，企業の要求に対して，もともと，消極的だったり，反抗的

だったりするのではない。
③ やる気を起こす原動力，成長能力，責任をとる能力，企業目標に向かって努力する用意，これらは現に従業員が持ち合わせている。
④ 経営者に不可欠の任務は，従業員が自ら企業の繁栄のために努力することによって，各自の目標を最高に成し遂げられるように，企業内の条件や運営方法を整備することである。

　以上のように，Y理論では仕事の中での人間の自己実現欲求の実現が目ざされており，「統制による管理」を原則にするX理論とは大きく異なり，「目標による管理」を原則としている。

　具体的な管理手法は以下の通りである。
① 分権と権限委譲―従業員に自主性を与え，自分で決めて行動させ，責任を持たせ，自我の欲求を満足させる。
② 職務の拡大―会社の末端まで責任を持たせる。
③ 参加と協議による経営
④ 業績評価―被評定者に自分自身で目標を設定させ，自分自身で評価させる。

3　ハーズバーグの動機づけ-衛生理論

　ハーズバーグ（F. I. Herzberg）の理論の元になっているのは，ピッツバーグの約200人の技師と会計士に対して行った職務満足についての面接調査である。その結果，達成，承認，仕事そのもの，責任，および昇進の5つの要因が「満足要因」として，逆に会社の政策と運営，監督，給与，対人関係，および作業条件が主要な「不満要因」として取り出された。ハーズバーグは「満足要因」を，個人をよりすぐれた遂行と努力へ動機づける効果をもつことから「動機づけ要因」と呼び，他方「不満要因」を，本質的に環境を表していて，主として職務不満を防止する役目をし，積極的職務態度にはほとんど効果をもたないことから，「衛生要因」と名づけた。ハーズバーグは人間には2組の異なる欲求があるとしており，1組は人間の生理的欲求であ

り，これは職務環境に刺激され，もう1組は人間の成長欲求，自己実現欲求であり，これは職務内容によって刺激される。

それでは，人間が彼の従事する職務から継続的に満足を得るのに必要な職務内容とはどのようなものか，それは動機づけ要因との関連で次のようにまとめられている。

① 職務の達成機会の存在と承認
② 責任の増大のために職務の複雑性を増大すること
③ 課業の記述に空白部分を含むことにより成長の余地を残すこと
④ より高度の課業をあてがうこと
⑤ 課業から興味をひきだせるように職務に魅力をもたせること

これは後の著作で「正統的職務充実」と呼ばれたものであり，人間はこれによって仕事の中で自己の能力を発揮することができるとされている。

VI コンティンジェンシー理論

コンティンジェンシー（状況適合）理論は，組織をクローズド・システム（閉鎖系）ととらえず，組織と環境の相互作用を強調するオープン・システムズ・アプローチをとる理論である。そして，コンティンジェンシー理論は企業がおかれた環境（＝状況要因）と組織構造が適合している時，その企業の業績が上がると主張する考え方の総称であり，1960年代に現れた。

コンティンジェンシー理論に大きな影響を与えたのは，イギリスのタヴィストック人間関係研究所のトリスト（E. L. Trist）らの「社会―技術システム論」であるといわれている。かれらは技術システムと社会システムの間に一義的関係は存在せず，同じ技術的条件のもとで，異なる社会的・心理的効果をもつ生産組織のシステムの複数の類型をつくりだすことが可能，すなわち「組織選択」の余地があると主張した。

また，かれらは「開放的社会―技術システム」概念を打ち出し，企業をインプット―変換―アウトプットの形で，資源を環境と交換するオープン・シ

ステムであると捉えた。かれらは企業と環境との間の関係を媒介するものが技術であり，技術と社会的・心理的要因との巧みな結合によって環境に適合することが企業の存続にとって重要であると論じた。

また，イギリスのエジンバラ大学のバーンズ（T. Burns）とストーカー（G. M. Stalker）は，技術・市場条件と企業の管理システムとの相互関係に着目し，「比較的安定した市場」には，「機械的管理システム」が適合し，「急速に変化する流動的技術・市場環境」には，「有機的管理システム」が適合すると主張した。機械的システムは，仕事の専門化とトップダウン型の意思決定構造を特質としており，いわゆる官僚制的組織構造になっている。これに対して有機的システムはネットワーク型の組織構造を特質としており，責任は共有され，個人の仕事は組織全体との関係で決定され，ヨコのコミュニケーションが頻繁にとられる組織である。

さらに，ウッドワード（J. Woodward）は1953〜63年にかけてサウス・エセックス新興工業地帯の製造業100社の実態調査にもとづいて，生産技術と組織構造の関係を体系的に分析した。その結果，単品・小バッチ生産技術の企業には命令系統の短い，低くて底の広いピラミッド構造の組織が適合し，装置生産企業には命令系統の長い，高くて底の狭いピラミッド構造の組織が適合し，大バッチ・大量生産技術を持つ企業には典型的なピラミッド構造の組織が適合するとした。

これに対して，ピュー（D. S. pugh）を中心としたアストン・グループは，バーミンガム地域の52の作業組織の実証研究にもとづいて，生産技術と組織構造の間には有意の相関がなく，むしろ規模が大きくなるにつれて「活動の構造化」（専門化，標準化，公式化）が高まるとし，組織構造の差異の要因を技術よりも規模に求めた。

コンティンジェンシー理論の命名者であるローレンスとローシュ（P. R. Lawrence & J. W. Lorsch）は，1967年に*Organization and Environment*（邦訳『組織の条件適応理論』）を著し，コンティンジェンシー理論をはじめて定式化した。本書の目的は「企業がさまざまな環境変化，とりわけ技術や

市場の変化の種類やスピードの違いに効果的に対処するために必要な組織特性を開明すること」とされている。ここでは，組織はオープン・システムであり，そのなかのメンバー行動は相互に関係があるものととらえられる。

その上で，組織の「分化」と「統合」という概念が使用される。「分化」とは単に部門の分割とか知識の専門化という事実を示すものではなく，「態度や思考の違い」の意味で用いられる。分化には以下の4つの特性がある。

① 特定の目標に対する指向―販売部門の管理者の目標（たとえば売上数量）と製造管理者の目標（たとえば製品の原価低減）。
② 時間指向―製品開発技師は長期的な問題を扱うのに対して，製造部門管理者は短期的な問題を扱う。
③ 対人指向―所属部門の違いによって，管理者が仕事の達成の方を優先して考えるか，同僚との良好な人間関係維持に注意を払うか。
④ 構造の公式性―製造部門では管理階層に多くの段階があり，研究開発部門ではわりあい少ない。

分化の度合いが高いというのは，いろいろな部門の管理者が4つの特性において全く違うということであり，分化の度合いが低いというのは，相対的に類似しているという意味である。

「統合」とは，「環境の要求によって，活動の統一を求められる諸部門の間に存在する協働状態の質」と定義されている。彼らは職能の違いによって各専門家の物の見方が異なり，方針決定をめぐるコンフリクトが発生し，それは避けられないことだと認識する。その上で，「必要な分化を犠牲にしないで統合を促進する方法は何か」を追求する。また，これまでの理論ではあらゆる組織に通用する「ワン・ベスト・ウェイ」を想定していたが，かれらは「効果的な組織にあっては，外部条件の違いに応じて，内部の特性や行動パターンも違ったものが必要になる」というアプローチをとる。たとえば，同じように高収益を上げながら，上質紙の製造会社の場合には公式の規則や手続きはほとんどなく，トップの統制範囲も非常に狭く，多くの重要な意思決定が管理階層の最末端で行われ，精肉会社のケースでは手続き類がきわめて

詳細に規定され，管理階層の数が多く，トップの統制力が強力であった。この2つの組織スタイルの違いは製造技術や市場という外部条件の違いとどう関連しているのかを問題にする。

　こうした問題を考えるために，かれらは比較研究という方法によって2段階の調査を行った。第1段階の調査は技術的にも市場的にも急速に変化しているプラスチック産業6社に関して行われた。まず，面接とアンケート調査によって，環境領域のうち科学的環境がもっとも不確実性が高く，次が市場環境，そして技術・経済的環境がもっとも確実性があることがわかった。

　第2の研究段階では，比較のために成長と変化が非常にゆるやかな容器産業と成長と変化の度合いが中程度である包装食品産業が付け加えられた。プラスチック産業における主要な競争要因はイノベーションであり，科学，市場，技術・経済の部分環境の不確実性が高く，容器産業では主要な競争要因が配送と品質管理であり，各部分環境の確実性が他の2つの産業よりも高い。環境が組織の部門間の分化に要求する度合いは，容器産業がもっとも低く，食品産業，プラスチック産業の順に高くなっていることが判明した。要求される統合の度合いは3つの産業環境すべてにおいて似ていたが，その性質に重要な違いがあることがわかった。プラスチック・食品産業では，統合はイノベーション問題を中心に展開されたために，研究部門は製造・販売両部門と緊密な協力が必要であった。これに対して容器産業では，相対的に環境の確実性が高く，あらかじめ計画可能な問題を中心に統合が展開され，製造部門が研究・販売両部門と緊密な関係が必要であった。また，容器産業の組織における統合は高い階層で行われ，プラスチック・食品産業では低い階層で行われた。

　こうした比較研究からローレンスとローシュは，「この三つの効果的組織の内部状態やプロセスの相違は，それぞれの外部環境の違いに基づいて解明できることがわかった」と結論づけ，ワン・ベスト・ウェイではなく，経営者は自社の環境条件に適合する組織設計をすべきであると主張した。

参考文献

〔ホーソン実験〕
・奥林康司他著『労務管理入門』，有斐閣，1978年。
・E. メーヨー著，村本栄一訳『新訳産業文明における人間問題』，日本能率協会，1971年。
・津田眞澂著『人事労務管理の思想』，有斐閣，1977年。
・北野利信編『経営学説入門』，有斐閣，1977年。

〔メーヨーの人間関係論〕
・E. メーヨー著，村本栄一訳『新訳産業文明における人間問題』，日本能率協会，1971年。
・津田眞澂著『人事労務管理の思想』，有斐閣，1977年。

〔レスリスバーガーの人間関係論〕
・F. J. レスリスバーガー著，野田一夫・川村欣也訳『経営と勤労意欲』，ダイヤモンド社，1973年。

〔バーナードの管理論〕
・C. I. バーナード著，山本安次郎他訳『新訳経営者の役割』，ダイヤモンド社，1971年。
・飯野春樹著『バーナード研究』，文眞堂，1978年。

〔サイモンの意思決定論〕
・H. A. サイモン著，松田武彦・高柳暁・二村敏子訳『経営行動』，ダイヤモンド社，1976年。
・権泰吉著『アメリカ経営学の展開』，白桃書房，1984年。
・井上昭一・仲田正機・渡辺峻著『経営管理概論』，文理閣，1979年。

〔リッカートのリーダーシップ論〕
・R. リッカート著，三隅二不二訳『経営の行動科学』，ダイヤモンド社，1967年。
・R. リッカート著，三隅二不二訳『組織の行動科学』，ダイヤモンド社，1972年。

〔アージリスのリーダーシップ論〕
・クリス・アージリス著，伊吹山太郎／中村実訳『組織とパーソナリテイー』，日本能率協会，1970年。

〔マズローの欲求階層説〕
・A. H. マズロー著，小口忠彦訳『〔改訂新版〕人間性の心理学』，産能大学出版部，1991年。

〔マグレガーのX・Y理論〕
・ダグラス・マグレガー著，W. G. ベニス／E. H. シャイン編，高橋達男訳『リーダーシップ』，産業能率短期大学出版部，1972年。

〔ハーズバーグの動機づけ・衛生理論〕
・F. ハーズバーグ著，北野利信訳『仕事と人間性』，東洋経済新報社，1976年。
・F. ハーズバーグ著，北野利信訳『能率と人間性』，東洋経済新報社，1978年。

〔コンティンジェンシー理論〕
・権泰吉著『アメリカ経営学の展開』，白桃書房，1984年。
・野中郁次郎著『組織と市場』，千倉書房，1982年。
・土屋守章・二村敏子編『現代経営学説の系譜』，有斐閣，1989年。
・P. R. ローレンス／J. W. ローシュ共著，吉田博訳『組織の条件適応理論』，産業能率大学出版部，1981年。

参 考 文 献

<海外参考文献>

American Machinist, Editorial, "F. W. Taylor and the Steel Mills", March 9, 1911.
American Arms and Ammunition, *Scribner's Monthly*, January 1880.
Arnold, H. L., "Ford Methods and the Ford Shops, II," *The Engineering Magazine*, April, 1914.
Barnard, C. I., *The Functions of Executive*, 1938. (山本安次郎他訳『新訳経営者の役割』1971年版、ダイヤモンド社)。
Bimba, Anthony, *The History of the American Working Class*, New York, International Publishers, 1927.
Blackford, M. G., *Business Enterprise in American History*, Houghton Mifflin Co., 1986. (川辺信雄監訳『アメリカ経営史』ミネルヴァ書房, 1988年)。
Bolles, A. S., *Industrial History of the United States*, Henry Bill Pub., 1879.
Braverman, H., *Labor and Monopoly Capital*, Monthly Review Press, 1974. (富沢賢治訳『労働と独占資本』岩波書店, 1978年)。
Burlingame, L. D., "Pioneer Steps Toward the Attainment of Accuracy," *American Machinist*, Vol.41, No.6, August 6, 1914.
Buttrick, J., *The Inside Contract System, The Journal of Economic History*, Vol.XII, No.3, Sammer 1952.
Buttrick, John, The Inside Contract System, *The Journal of Economic History*, Vol.XII, No.3, summer 1952.
Cardullo, F. E., "Industrial Administration and Scientific Management," *Machinery*, vols.18-19, 1912, in C. B. Thompson, *Scientitic Management*, Harvard Univ. Press, 1922.
Carosso, Vincent P., *Investment Banking in America : A History*, Harvard University Press, 1970. (アメリカ資本市場研究会訳「アメリカの投資銀行」(上)、『証券研究』第55巻, 1978年5月。
Chandler, Alfred D. Jr., *The Visible Hand*, 1977. (鳥羽欽一郎・小林袈裟治訳『経営者の時代(上)』1979年)。
Chandler, Alfred D. Jr., "The Beginnings of "Big Business" in American Industry", *Business History Review*, Vol.XXXIII, No.1, 1959.
Chandler A. D., ed., *Pioneers in Modern Factory Management*, Arno Press, 1979. (三戸公他訳『タウン、ハルセー、ローワン賃金論集』1967年)。
Chandler A. D., Jr., "Anthracite Coal and the Beginnings of the Industrial Revolution in the United States," *Business History Review*, Vol.XLVI, No.2, Summer 1972.
Chandler, A. D., Jr., *Strategy and Structure*, The M.I.T. Press, 1st edition 1962, 1984, p.40. (三菱経済研究所訳『経営戦略と組織』実業之日本社, 1977年版)。
Church, A. H., *The Science and Practice of Management*, New York, Engineering Magazine Co., 1918.

Church, A. H., "The Meang of Commercial Organisation", *Engineering Magazine*, Vol.20, No.3, Dec. 1900.
Church, A. H., "The Meaning of Scientific Management," *Engineering magazine*, Vol.41, No.1., Apr. 1911.
Church, A. H., "The Meaning of Scientitic Management", *Engineering Magazine*, vol.41, No.1, Apr. 1911.
Church, A. H., "The Proper Distribution of Establishment Charges, I, —The Need for Interlocking General Charges with Piece Costs," *Engineering Magazine*, Vol.XXI, No.4, July 1901.
Church, A. H., "The Proper Distribution of Establishment Charges, II. —Various Plans for Distributing Expense to Individual Jobs, *Engineering Magazine*, Vol.XXI, No.5, Aug. 1901.
Clawson, Dan, *Bureaucracy and the Labor Process*, Monthly Review Press, 1980.
Cochran, T. C., *200 Years of Amerikan Business*, Basic Books, Inc., 1977.（正木久司監訳『アメリカ企業200年』文眞堂, 1989年）。
Darlington, P. J., "Methods of Remunerating Labor." *Engineering Magazine*, Vol.17, No.3, June 1899.
Deyrup, F. J., *Arms Makers of the Connecticut Valley: A Regional Study of the Economic Development of the Small Arms Industry*, 1798-1870, 1948.
Diemer, H., "The Commercial Organization of the Machine-Shop, IV—The Production Department : The Execution of the Work," *Engineering Magazine*, Vol.19, No.6, sept. 1900.
Diemer, H., "Functions and Organization of the Purchasing Depertment," *Engineering Magazine* Vol.18, No.6, March. 1900.
Diemer, H., "The Commercial Organization of the Machine-Shop, VI—The Figuring of Total Costs," *Engineering Magazine*, vol.20, No.2, Nov. 1900.
Doorn, R. F. Van., "A Complete System for a General Iron Works," in H. L. Arnold, (compiled), *The Complete Cost*-Keeper, first published in 1899, Arno Press, reprint edition 1979.
Drury, H. B., *Scientific Management, a History and Criticism*, AMS., 1918.
Fillipetti, G., *Industrial Management in Transition*, Richard D. Irwin, Inc. 1953.
Fitch, C. H., "Report on the Manufactures of Interchangeable Mechanism," in Report on the Manufactures of the United States at the Tenth Census, 1880, in Maxwell Reprint Company, compiled, *American Industry and Manufactures in the 19th Century: A Basic Source Collection*, Vol.8, 1970.
Friedman, G., *Industrial Society*, The Free Press of Glencoe, 1964.
Gibb, G. S., *The Saco*-Lowell Shops, Harvard University Press, 1950.
Gibb, G. S., *The Saco*-Lowell Shops : Textile Machinery Building in New England 1813-1949, Harvard University Press, 1950.
Gilman, N. P., *Profit Sharing Between Employer and Employee*, 1889.
Gordon, D. M., R. Edwards and M. Reich, *Segmented Work, Divided Workers : The Historical Transformation of Labor in the United States*, Cambridge University Press, 1983.（河村哲二・伊藤誠訳『アメリカ資本主義と労働』東洋経済新報社, 1990年）。
Gunn, J. N., "Cost Keeping ; A Subject of Fundamental Importance," *Engineering Magazine*,

Vol.20, No.4, Jan. 1901.

Haber, S., *Efficiency and Uplift*, The University of Chicago Press, 1964. (小林康助・今川仁視訳『科学的管理の生成と発展』広文社，1983 年)。

Henry Ford, *Today and Tomorrow*, William Heinemann, Ltd., London, 1926. (稲葉襄訳『フォード経営』東洋経済新報社，1969 年)。

Jacoby, S. M., *Employing Bureaucracy*, Columbia University Press, 1985. (荒又重雄他訳『雇用官僚制』北海道大学図書刊行会，1989 年)。

Jelinek, M., "Toward Systematic Management : Alexander Hamilton Church," *Business History Review*, Vol.54, No.1, spr. 1980.

Kendall, H. P., "Unsystematized, Systematized, and Scientific Management," 1911, in C. B. Thompson, ed., *Scientitic Management*, Harvard Univ. Press, 1922.

Kimball, D. S., *Srinciples of Industrial Organization*, McGraw-Hill Company 1933.

Knowlton, E. H., *Pepperell's Progress : History of a Cotton Textile Company*, 1844-1945, Harvard, 1948.

Lewis J. S., *The Commercial Organization of Factories*, reprint of the 1896 ed., Hive Publishing co., 1980.

Lewis, J. S., "Works Management for the Maximum of Production, II. —The Labour Factor in the Intensification of Output," *Engineering Magazine*, Nol.17, No.2, Nov. 1899.

Lewis, J.S., "Works Management for the Maximum of Production, I—Organization as a Factor of Output," *Engineering Magazine*, Vol.18, No.1, Oct. 1899.

Lincoln, J. T., "Material for a History of American Textile Machinery," *Journal of Economic and Business History*, Vol.IV.

Litterer, J. A., ph. D. diss., *The Emergence of Systematic Management as shown by the Literature of Management from 1870 to 1900*, University of Illinois, 1959.

Litterer, J. A., "Alexander Hamilton Church and the Development of Modern Management," *Business History Review*, Vol.35, No.2, 1961.

Litterer, Joseph A., "Systematic Management : Design for Organizational Recoupling in American Manufacturing Firms", *Business History Review*, Vol.XXXVII, No.4, 1963.

Litterer, Joseph A., "Systematic Management : The Search for Order and Integration", *Business History Review*, Vol.XXXV, No.4, 1961.

Littleton, A. C., *Accounting Evolution to 1900*, The American Institute Publishing Co., Inc., 1933, New York. (片野一郎他訳『リトルトン会計発達史』同文舘，1968 年)。

Mayr, O. and R. C. Post ed., *Yankee Enterprise : The Rise of the American System of Manufactures*, Smithsonian Institution Press, 1981.

Mckinsey, J. O., *Budgetary Control*, Ronald Press Co, 1922.

Metcalf H., "The Shop-order System of Accounts," *Transaction of A. S. M. E.*, vol.7, 1885.

Metcalfe, H., *The Cost of Manufactures and the Administration of the Workshops, Public and Private*, 1885.

Meyer, S., *The Five Dollar Day : Labor, Management, and Social Control in the Ford Motor Company*, State Univ. of New York Press, 1981.

Meyer, S., "Adapting the Immigrant to the line : Americanization in the Ford Factory, 1914-1921," *Journal of Social History*, 1980, Vol.14, No.1.

Nadworny, M. J., *Scientific Management and the Unions, 1900~1930*, Harvard Univarsity Press, 1955. (小林康助『新版科学的管理と労働組合』広文社，1977 年)。

Navin, T.R., *The Whitin Machine Works Since 1831*, New York, Russell & Russell, 1969.
Nelson, D., *Frederick W. Taylor and the Rise of Scientific Management*, The University of Wisconsin Press, 1980.
Nelson, D., *Managers and Workers*, The University of wisconsin Press, 1975. (小林康助・塩見治人監訳『20世紀新工場制度の成立』広文社, 1978年)。
Nelson, D., "Scientific Management, Systematic Management, and Labor, 1880-1915," *Business History Review*.
Nevins, Allan., *Ford : Expansion and Challenge 1915-1932*, Charles Scribner's Sons, 1957.
Partridge, W. E., "Capital's Need for High-Pricad Labor," *Transaction of A. S. M. E.*, Vol.8, 1886.
Pollard, S., *The Genesis of Modern Management : A study of the Industrial Revolution in Great Britain*, Penguin Books, 1968.
Pollard, Sidney, *The Genesis of Modern Management*, Penguin Books, 1968.
Porter, G., & H. C. Livesay, *Merchants and Manufacturers*, The John Hopkins University Press, 1971. (山中豊国他訳『経営革新と流通支配・生成期マーケティングの研究・』ミネルヴァ書房, 1983年)。
Roe, J. W., "Development of Interchangeable Manufacture," *American Machinist*, Vol.40, No.25, June 18, 1914.
Roland, H., "Cost-Keeping Methods in Machine Shop and Foundry, III—Control of the Store-Room and Checking of Piece-Production," *Engineering Magazine*, Vol.14, No.3, Dec. 1897.
Roland, H., "Cost-Keeping Methods in Machine-Shop and Foundry, I—The Elements of Cost and the Influence of Wage Systems," *Engineering Magazine*, Vol.14, No.1, Oct. 1897.
Roland, H., "Effective Systems of Finding and Keeping Shop Costs," *Engineering Magazine*, Vol.16, No.2, Nov. 1898.
Roland, Henry, "Six Examples of Successful Shop Management," V, *The Engineering Magazine*, Vol.XII, No.6, March 1897.
Rosenberg, N., "Technological Change in the Machine Tool Industry 1840〜4910," *Journal of Economic History*. 1963, Vol.23, No.4.
Schloss, D. F., *Methods of Industrial Remuenration*, 3rd ed. 1898.
Schloss, D. F., "The Basis of Industrial Remuneration," *Economic Journal* Vol.2, Dec. 1892.
Sobel, R., *The Age of Giant Corporations*, Greenwood Press, 1972.
Strassman, P., *Risk and Technological Innovation : American Manufacturing Methods during the Nineteenth Century*, first published in 1959, reprinted edition, Greenwood Press, 1981.
Taylor F. W., *The Principles of Scientific Management*, Harper & B., 1923. (上野陽一訳・編『科学的管理法』産業能率短期大学出版部, 1973年)。
Taylor, F. W., *Shop Management*, Harper & Brothers Publishers, 1911.
Taylor, F. W., *The Principles of Scientific Management*, Harper & Brothers Publishers, 1923.
Taylor, F. W., "A Piece-Rate System, Being a Step Toward Partial Solution of the Labor Problem," *Transaction of A. S. M. E.*, Vol.16, 1895.
Tedlow, R. S., *Keeping the Corporate Image*, JAI Press Inc., 1979. (三浦恵次監訳『アメリカ企業イメージ』雄松堂出版, 1989年)。

The Committee on Elimination of Waste in Industry of the Federated American Engineering Societies, *Waste in Industry*, reprint of the 1st ed., 1921, Hive Publishing Company, 1974.

The Committee on Recent Economic Changes, of the President's Conference on Unemployment, *Recent Economic Changes*, 1929.

Thompson, C. B. ed., *Scientific Management*, Harvard Univ. Press, 1922.

Urwick, L. F., ed., *The Golden Book of Management*, new expanded edition, American Management Associations, 1984.

Whitten, D. O., *The Emergense of Giant Enterprise*, 1860-1914 : American Commercial Enterprise and Extractive Industries, Greenwood Press, 1983.

Williamson, H. F., ed., *The Growth of the American Economy*, second edition, New York, 1955.

Williamson, Harold F., *Winchester : The Gun that Won the West*, Washington D. C., Combat Forces Press, 1952.

Zieger, R. H., "Herbert Hoover, The Wage-earner, and the 'New Economic System', 1919-1929," Business History Review, 1977, Summer, Vol.51, No.2.

＜邦文参考文献＞

泉卓二『アメリカ労務管理史論』ミネルヴァ書房，1978年。
伊藤健市『アメリカ企業福祉論』ミネルヴァ書房，1990年。
稲村毅「アメリカ経営学理論の生成」(『経営研究』大阪市立大学，第28巻第4号，1977年)。
稲村毅『アメリカ経営管理論史』1985年，ミネルヴァ書房。
稲村毅『経営管理論史の根本問題』ミネルヴァ書房，1985年。
井上忠勝『アメリカ経営史』神戸大学経済学経営研究所，1961年。
角野信夫「もう一つの科学的管理・A. チャーチの管理論・」『愛媛経済論集』第5巻，第1号，1985年7月。
角野信夫『アメリカ企業・経営学説史』文眞堂，1987年。
小林袈裟治「近代的企業的成立期における一経営形態──部品互換方式の経営的基礎──」(『竜谷大学経済学論文集』3巻1号，1963年7月)。
小林袈裟治『アメリカ企業経営史研究』有斐閣，1979年。
小林袈裟治他編『西洋経営史を学ぶ』(下)，有斐閣，1982年。
小林健吾『原価計算発達史』中央経済社，1981年。
小林康助「人事管理の先駆的形態」同編著『アメリカ企業管理史』ミネルヴァ書房，1985年。
近藤文男『成立期マーケティングの研究』中央経済社，1988年。
西郷幸盛・相馬志都夫『アメリカ機械製造工業の発展とIndustrial Management―1860〜1900』中京大学商学研究叢書編集委員会，1981。
佐々木恒男「チャーチ研究──土屋守章教授の所説にかかわらしめて──」(『武蔵大学論集』第24巻，3・4・5号，1976年)。
塩見治人『現代大量生産体制論』1978年，森山書店。
下川浩一『世界企業6フォード』東洋経済新報社，1972年。
新川健三郎「ハーバート・フーヴァーと労働問題」東京大学教養学部人文科学科紀要『歴史と文化』15，1984年。

新川健三郎「革新主義より『フーヴァー体制』へ政府の企業規制と実業界」(阿部斉他編『世紀転換期のアメリカ──伝統と革新──』東京大学出版会, 1982年)。
寿永欣三郎「アメリカ経営学生成史論 (1), (2), (3)」(『国学院経済学』第23巻第3・4号, 1975年, 第24巻第2号, 1976年, 第25巻第2号, 1977年)。
大東英祐「アメリカ工作機械工業の技術と経営」(『経済研究』成城大学, 第34号, 1966年)。
田中隆雄「F・W・テイラーと19世紀末アメリカにおける管理会計制度の萌芽──デュポン社管理会計制度の源流としてのジョンソン社──」(『法経研究』静岡大学, 第29巻2号, 1980年)。
田中隆雄『管理会計発達史』森山書店, 1982年。
チャンドラ, A.D., 丸山恵也訳『チャンドラー アメリカ経営史』亜紀書房, 1986年。
津田真澂『アメリカ労働運動史』総合労働研究所, 1972年。
津田真澂『日本的経営の論理』中央経済社, 1977年。
土屋守章「管理機構の編成原理──米国巨大企業におけるその歴史的展開を媒介として──」(『商学論集』福島大学, 第33巻第1号, 1964年)。
土屋守章「経営管理史とF.W.テイラー──向井武文氏の批判にこたえて──」(『ビジネス・レビュー』第14巻1号, 昭和41年6月)。
土屋守章「米国経営管理論の生成, (1), (2), (3)」(『経済学論集』東京大学, 第31巻4号, 昭和41年1月, 第32巻1号, 昭和41年4月, 第33巻1号, 昭和42年4月)。
鳥羽欽一郎『企業発展の史的研究』ダイヤモンド社, 1981年。
鳥羽欽一郎『企業発展の史的研究』ダイヤモンド社, 1981年。
中川敬一郎「米国における巨大企業の成立とマス・マーケティングの発達」(『経済学論集』東京大学, 第31巻第3号, 1965年)。
中川敬一郎「米国における大量生産体制の発展と科学的管理運動の歴史的背景」(『ビジネス・レビュー』第11巻3号)。
中川誠士「F.W.テイラーの両義性─『科学的管理』研究のための代替的戦略に関する若干の考察─」(『福岡大学商学論叢』第33巻第2号, 1988年)。
仲田正機「チャーチ経営管理論の特質──『管理』概念の批判的再検討──」(『長崎県立国際経済大学論集』第2巻第2号, 1968年)。
中根敏晴「工場管理運動と原価計算」(小林康助編著『アメリカ企業管理史』ミネルヴァ書房, 1985年)。
中根敏晴「製造間接費配賦論の展開」中村萬次編著『原価計算発達史論』国元書房, 1978年。
野口祐『経営管理論史』森山書店, 1981年。
橋本勲『マーケティング論の成立』ミネルヴァ書房, 1975年。
馬場敬治『産業経営の職能と其の分化』大鐙閣, 1926年。
平尾武久「管理問題の歴史的性格──アメリカ労務管理形成史の方法に関連して──」(札幌大学『経済と経営』第11巻第1・2号, 1980年)。
平尾武久「内部請負制の展開と労務管理の歴史的性格──産業資本確立期のアメリカ鉄鋼業を中心として──」(札幌大学『経済と経営』第12巻第3号, 1981年12月)。
向井武文「アメリカにおける管理論の生々とテイラー ──土屋守章氏の批判にこたえて──」(『ビジネス・レビュー』第15巻2号, 昭和42年9月)。
向井武文「生産管理と経営学──経営学会大会の討論を中心として──」『ビジネス・レビュー』第13巻4号, 1966年3月。
森昊「大量生産体制の歴史的性格」(『経済学研究』北海道大学, 第29巻第4号, 1979年)。
森昊「比較経済史学におけるアメリカ資本主義」(『経済学研究』北海道大学, 第22巻第4号,

1973年)。

藻利重隆『経営管理総論』第2新訂版,千倉書房,1978年。

藻利重隆『工場管理』新紀元社,1961年。

吉富勝『アメリカの大恐慌』日本評論社,1965年。

ランデス,D.S.,石坂昭雄・冨岡庄一訳『西ヨーロッパ工業史——産業革命とその後 1750-1968——』1,みすず書房,1980年。

事項索引

【ア行】

アメリカ化計画　178
アメリカ機械技師協会　163
アメリカ経営者協会（AMA）　190
アメリカン・システム　61
移動組立ライン　177
移動式組立法　153
インフォーマル組織　212, 214, 215
請負価格の切下げ　34
請負価格引下げ　32
請負収入　44, 45
請負単価切下げ　72
請負単価の切下げ　67, 69
請負利潤　29, 32, 49, 72
ASME（アメリカ機械技師協会）　9, 11, 24, 94
AFL（アメリカ労働総同盟）　181
X理論　225, 226
オープン・ショップ　180, 181
　──制　190

【カ行】

会社組合（company union）　191
科学的管理　16, 70, 96, 97, 98, 99, 100, 123, 124, 142, 181
　──運動　154
　──法の原理　17
科学的機械率法　106
課業概念　20, 83
課業管理　22
　──システム　21
間接的・分散的管理　171
間接費（overhead costs）　77, 81, 82, 106, 127, 142
間接費概念　79
管理回避　61
　──方式　31

管理の科学　4, 12, 13, 19, 21, 22, 25, 26, 127, 128, 142
管理の集権化　24
機械工（machinists）　46, 53
協働システム　216, 217
経営人モデル　221
計画部　96, 99
計画部門　20
原価記録制度（cost-keeping system）　39
公式組織　217, 224
工場管理論　21
後方統合　148, 149
互換性部品生産方式　48

【サ行】

作業の科学　19, 21
作業の客観化　4, 5
指図票制度　20
差別的出来高給制度　20, 96, 97, 165
産業合理化運動　152, 153, 172
産業心理学　127, 128, 141
産業における無駄排除運動　145
産業無駄排除運動　172
時間研究　83, 96, 98, 123
時間・動作研究　129, 142
事業部制　198
　──組織　149
自治的クラフツマン　176
社会生活指導部　178, 186
社会的人間観　213, 215
社会的人間の能力　213
従業員代表制　191
集権の職能部制　146
集権的職能部門別組織　147
「集権的」職能部門別組織　150, 200
集団請負制度　82
集団出来高払制度　212

熟練度にもとづく分業　64
熟練の移転　4, 117, 121
職長帝国　28, 74, 104, 174, 189
　　──の崩壊　24
職能部門別組織　149
職能別職長制度　20, 96
職務拡大　224
助手制度（helper system）　39, 40, 41
垂直統合　196
　　──化　148
　　──化戦略　149, 200
　　──戦略　200
　　──の戦略　146
生産制限（Restriction of Output）　15
製造現場の直接的管理　24
前方統合　148
組織怠業　167
組織的怠業　13, 14, 15, 17, 18, 23, 24, 25, 167
　　──問題　6, 26

【タ行】

体系的管理（Systematic Management）　4, 6, 7, 12, 26, 74, 75, 76, 77, 80, 88, 89, 94, 95, 96, 97, 98, 99, 100
　　──運動　5, 14, 24
大量生産システム　181
多角化戦略　149
タスク　165
単一職能企業　146
直接的管理　62, 174
直接労務費の標準化　31
低価格・高賃金問題　64
テイラー
　　──・システム　7, 19, 20, 21, 22, 95, 96, 97
　　──の科学的管理　8, 13, 94
　　──の「科学的管理の原理（The Principles of Scientific Management）」　14
　　──の科学的管理法　9
　　──の管理思想　21
　　──の「工場管理（Shop Management）」　9
　　──の地位　12
　　──の問題認識　20
出来高給　76, 81, 82
　　──制度　15, 16, 17, 18, 25, 52, 61, 80, 81, 82, 83
動作研究　123, 137
特別協議委員会（SCC）　190
トップ・マネジメント　200, 201
トレジャラー（treasurer）　42

【ナ行】

内部請負制度　24, 28, 29, 30, 31, 32, 33, 34, 36, 37, 38, 39, 40, 41, 42, 43, 45, 46, 49, 53, 58, 59, 61, 65, 66, 67, 69, 70, 71, 72, 74, 174
　　──の消滅　4, 63
　　──の普及　58, 59, 62
　　──の普及基盤　61
内部請負人　29, 31, 32, 33, 34, 39, 46, 47, 48, 52, 61, 62, 64, 65, 66, 67, 69, 70, 71, 72
　　──の権限と機能　49
日給5ドル制　178, 181, 185, 186
人間的協働　213, 215
能率増進運動　7, 8, 9, 10, 11, 12, 13, 24, 25, 99, 123, 124

【ハ行】

ハーバート・フーヴァー商務長官　145
ハルシーの割増制度（Premium Plan）　17, 83
万能職場　48
　　──作業組織　45, 62
非公式組織　217
一つの出来高給制度（A Piece Rate System）　14, 21
標準化（Standardization）　124, 129, 142, 158, 161, 166, 168, 171, 172
品種別職場作業組織　48
品種別（部品別）職場作業組織　62
フォード・システム　153, 172, 175, 211
フォーマル組織　214
福祉資本主義　146, 185, 190
複数職能企業　146, 147
　　──化　149
分益制度　82
「分権的」事業部制　148
ホーソン実験　211, 213

【マ行】

マーケティング革命　194
ミドル・マネジメント　201

【ヤ行】

有機的管理職能　109
予算統制　200, 201
欲求階層説　224, 225

【ラ行】

ライン・アンド・スタッフ　119
ライン・スタッフ組織　89
利潤分配　77
　──制度　131

レイオフ　157

【ワ行】

Y理論　225, 226
割増給　76
割増制度　127

人名索引

【ア行】

アージリス（Argyris, C.） 223
アーノルド（Arnold, H. L.） 78, 79, 81
アルフォード（Alford, L. P.） 116
ウェーバー（Weber, M.） 16
ウッドワード（Woodward, J.） 228
エマーソン（Emerson, H.） 147, 154

【カ行】

ガント（Gantt, H. L.） 94, 162

【サ行】

サイモン（Simon, H. A.） 220, 221, 222
ストーカー（Stalker, G. M.） 228
スローン（Sloan, A. P. Jr.） 198

【タ行】

タウン（Towne, H. R.） 4, 8, 12, 25, 94, 95
チャーチ（Church, A. H.） 7, 75, 91, 95, 97, 101, 102, 103, 104, 105, 106, 107, 108, 109, 111, 112, 113, 116, 117, 118, 120, 122, 123, 124, 125, 126, 127, 128, 129, 130, 131, 132, 134, 136, 138, 139, 140, 141, 142, 143
チャンドラー（Chandler, Alfred D. Jr.） 146, 147, 148
テイラー（Taylor, F. W.） 1, 7, 9, 13, 15, 18, 22, 24, 25, 83, 95, 96, 97, 101, 119, 142, 147, 154, 162, 165, 167, 171
トリスト（Trist, E. L.） 227
トレゴーイング（Tregoing, J.） 74, 84, 90
トンプソン（Thompson, S. E.） 9

【ナ行】

ネルソン（Nelson, D.） 16

【ハ行】

ハーズバーグ（Herzberg, F.I.） 226
バーナード（Barnard, C.I.） 215, 216, 217, 218, 219, 220
バーンズ（Burns, T.） 228
ハルシー（Halsey, F. A.） 8, 18, 25, 94, 95
ピュー（Pugh, D. S.） 228
ファヨール（Fayol, H.） 143
フィッチ（Fitch, J. A.） 14
フーヴァー（Hoover, H.） 151, 152, 154, 155, 156, 170, 172, 173
フォード（Ford, H.） 176, 180, 218

【マ行】

マグレガー（McGregor, D.） 225
マズロー（Maslow, A. H.） 224, 225
マッキンゼー（Mckinsey, J.O.） 200
ミュンスターバーグ（Münsterberg, H） 127
メーヨー（Mayo, E.） 213
メトカルフ（Metcalf, H.） 4, 12, 77, 84, 94, 95

【ラ行】

リー（Lee, J. R.） 182, 183, 185, 186
リッカート（Likert, R.） 223
リッテラー（Litterer, J. A.） 4, 5, 6, 7, 10, 11, 12, 74, 75, 76, 87, 94, 96, 97, 98, 101
リトルトン（Littleton, A. C.） 105
ルイス（Lewis, J. S.） 80, 85, 90, 91, 102, 103, 105
レスリスバーガー（Roethlisberger, F.J.） 213, 214, 215
ローレンスとローシュ（Lawrence, P. R. & Lorsch, J. W.） 228
ローワン（Rowan, J.） 25

著者略歴

今井　斉
（いまい　ひとし）

1947 年　香川県生まれ
1977 年　明治大学大学院経営学研究科博士課程単位取得満
　　　　期退学
現　在　名城大学経営学部教授（経営管理史，現代経営管理
　　　　論担当）

〔主要著・訳書〕
『アメリカ企業管理史』（共著）ミネルヴァ書房，1985 年，『企業管理の生成と展開』（共著）ミネルヴァ書房，1987 年，『経営管理と現代社会』（共著）八千代出版，1994 年，『アメリカ大企業と労働者』（共著）北海道大学図書刊行会，1998 年，『現代労務管理の国際比較』（共著）ミネルヴァ書房，2000 年，『アメリカ企業経営史』（共著）税務経理協会，2000 年，『経営から視る現代社会』（編著）文眞堂，2008 年，ダニエル・ネルソン著『科学的管理の生成』（共訳）同文舘，1991 年，ジョージ・フィリペッティ著『経営管理論史』（共訳）同文舘，1994 年，ダン・クロースン著『科学的管理生成史』（監訳）森山書店，1994 年　など。

アメリカ経営管理論生成史

2004 年 6 月 10 日　第 1 版第 1 刷発行	検印省略
2009 年 3 月 10 日　第 1 版第 3 刷発行	

著　者　　今　井　　　斉

発行者　　前　野　　　弘

発行所　　株式会社　文　眞　堂
　　　　　東京都新宿区早稲田鶴巻町 533
　　　　　電話　03（3202）8480
　　　　　FAX　03（3203）2638
　　　　　http://www.bunshin-do.co.jp
　　　　　郵便番号（162-0041）振替00120-2-96437

組版・モリモト印刷　印刷・モリモト印刷　製本・イマキ製本所
Ⓒ 2004
定価はカバー裏に表示してあります
ISBN978-4-8309-4478-9　C3034